生態学的建築史試論

妻木宣嗣
Tsumaki Noritsugu

清文堂

生態学的建築史試論　　目次

第Ⅰ部

第1章　歴史的環境把握のための一省察 ……… 3
　　　　　──室生寺での実験調査から

　はじめに
　1　研究の背景・目的・方法
　2　研究史の整理と本書の射程
　　　(1)本書に関連する1970年代以前の研究
　　　(2)本書に関連する1980年代以降の研究
　　　(3)諸研究を踏まえた上での本書の射程
　3　室生寺におけるシークエンス的分析
　　　(1)室生寺境内景観の分析──シークエンス景観を考察する上で用いるEMRの有効性
　　　(2)金堂と金堂前の鎧坂周辺
　　　(3)五重塔と五重塔前の石段周辺
　　　(4)仰角27度前後について
　　　(5)室生寺境内における視覚行動特性
　おわりに

第2章　歴史的環境把握のための一省察 ……… 28
　　　　　──長谷寺での実験調査から

　はじめに
　1　境内空間構成の概要
　2　下登廊の構成
　3　下登廊を歩く被験者の視覚行動
　4　中登廊・上登廊の構成
　おわりに

第3章　歴史的環境把握のための一省察 ……… 54
　　　　　──奈良県橿原市今井町での実験調査から

　はじめに
　1　研究の方法
　2　被験者がみる範囲(レンジ)に関する考察
　3　分　析
　4　被験者のみる左右視覚行動──滋賀県彦根市キャッスルロード
　おわりに

第4章　京都府京丹後市域の神社における空間構成 …………………… 64

　はじめに
　1　京丹後市域の在郷神社について
　2　京丹後市域の神社が持つ特徴
　3　日吉神社境内におけるふるまいについて
　　　　(1)日吉神社について
　　　　(2)研究の目的・分析方法
　4　日吉神社境内におけるふるまいの特性
　　　　(1)開始地点におけるふるまい　　(2)境内での視覚行動
　　　　(3)突き当りの壁に対するふるまい　　(4)割拝殿風建物に対する視覚行動特性
　　　　(5)割拝殿風建物に対する視認位置を用いた考察
　　　　(6)割拝殿風建物に対する視認時間を用いた考察
　　　　(7)割拝殿風建物付近でのふるまい　　(8)本殿に対する視覚行動特性
　　　　(9)本殿に対する視認位置を用いた考察　　(10)本殿に対する視認時間を用いた考察
　　　　(11)日吉神社境内が持つ特性について　　(12)まとめ
　おわりに

第Ⅱ部

第1章　「名所図会」に描かれた近世商業空間──その成立過程 ……… 89

　はじめに
　1　「名所図会」以前の名所案内記
　2　『都名所図会』の成立とその後
　3　絵画を通してみた景観と建築空間
　4　『日本名所風俗図会』に描かれた店舗の特徴
　おわりに

第2章　画師の描いた近世商業空間
　　　　　──『花の下影』に描かれた近世商業空間 ……………………… 103

　はじめに
　1　食のガイドブック
　2　描写の視点場とその対象範囲
　3　人物描写の特徴とその傾向
　おわりに

第3章　近世における商業空間の特質 ……………………………………… 111
――軒先空間を中心に

はじめに

1　対象史料の限定

2　業種と平面形式

3　客から見た店舗空間

　(1)「客」の定義　　(2)「客」の位置と体勢

　(3)店員と会話する「客」の位置と体勢　　(4)腰掛体勢の「客」の位置

　(5)腰掛体勢の「客」の向き

4　店舗空間における客と店員の関わり

　(1)店員の位置

　(2)「客」と店員の位置関係

5　しつらいと店舗空間――商品陳列を中心として

　(1)商品陳列の位置

　(2)商品陳列の向き

6　店舗空間の距離関係

おわりに

第4章　江戸の寺院境内配置と生態学的把握 ……………………………… 133

はじめに

　(1)研究の目的

　(2)完成したデータ

1　「諸宗作事図帳」と「御府内寺社備考」について

　(1)「諸宗作事図帳」について　　(2)「御府内寺社備考」について

　(3)「諸宗作事図帳」と「御府内寺社備考」の寺院の記載内容について

2　「諸宗作事図帳」と「御府内寺社備考」の指図の比較

　(1)考察の目的と方法

　(2)比較結果の考察――両史料での類似性の大きさと相違の原因について

　(3)考察のまとめ

3　寺院空間構成の具体的な検証

　(1)考察の内容と結果の考察

　(2)考察のまとめ

おわりに

第Ⅲ部

付章　仮設店舗が構成する参道空間における人のふるまい……………155

はじめに

1　基礎データの収集法
   - (1)予備調査
   - (2)本調査
   - (3)データ加工

2　参道での客の購買直前行動と仮設店舗の庇との関係について
   - (1)客と店に立ち止まる位置の考察——行動パターン①を中心に
   - (2)店別の傾向について
   - (3)購買直前行動と時間による考察
   - (4)まとめ

3　仮設店舗の庇下空間と参拝者の歩行行動について
   - (1)仮設店舗ごとの考察
   - (2)仮設店舗ごとの類型による考察
   - (3)まとめ

4　参道空間における人の密度変化の概要
   - (1)データの扱いと加工について
   - (2)空間別にみた密度分布パターン
   - (3)まとめ

5　店舗別庇下空間における人の密度変化の概要

おわりに

◎あとがき…………248

第Ⅰ部

はじめに

　筆者は、かつて日本建築史を、社会・人との関係から論述したことがあるが、本書は主に、人の生態と日本建築空間との関係について論述したものである。

　これまでも多くの論文が日本建築史と人をテーマとして論述された。筆者も例外ではなく、建築と建築規制を中心にそれを取り巻く社会について、かつて考察を試みたことがある（妻木宣嗣『近世の建築・法令・社会』2013年、清文堂出版・妻木宣嗣、橋本孝成、曽我友良『近世の法令と社会』2017年、清文堂出版など）。

　本書はさらに建築空間をつくる人々、建築環境を参拝する人々、修行をする人々、商いをする人と客、といった、より具体的な人々と空間を対象として歴史的建築・建築空間と人との考察を生態学的に試みている。

　第Ⅰ部では、主に歴史的環境に身を置く人が、どういう行動を行うかを考察することによって、日本歴史空間のアフォーダンス性、シークエンス性について考察する。

　具体的にはアイマークレコーダー（人の視線を読み取る装置）を用いて、日本歴史空間のアフォーダンス性、シークエンス性について考察をしている。

　続く第Ⅱ部では、絵図などの絵画史料から人と空間との関係を論述したものである。さらに建築空間をつくる人々、建築環境を参拝する人々、商いをする人と客、といった、より具体的な人々を対象として建築・建築空間と人との考察を試みている。

　内容は主に近世期の絵図などの絵画史料を手がかりに、近世期の人々がどのような、ふるまいを行ったのか、空間にどのようなふるまいをおこなうような仕組みを持っていたのかについての考察を試みている。具体的には、歴史的環境に身を置く人が、どういう行動を行うかを考察することによって、日本歴史空間のアフォーダンス性、シークエンス性について考察を試みている（実空間のアフォーダンス、シークエンスについては第Ⅰ部を参照のこと）。また近世の商業空間や描写した絵図などの絵画史料から、客と店員の位置、客の目線などについて考察することで、近世商業空間の構成について肉迫している。さらに寺院史料を素材に境内空間構成と人のふるまいについて考察を試みる。

　最後に第Ⅲ部付章では、仮設店舗（屋台）の庇の出と、人のふるまいについて、考察を試みる。

第1章　歴史的環境把握のための一省察
——室生寺での実験調査から

はじめに

　本書は日本の歴史的環境[1]を日本建築史学的アプローチでみるのではなく、環境デザイン学的アプローチから考察するものである。

　筆者はプロパーとしては日本建築史学あるいは社会史学に属しているが、本書は、生態学的歴史学なる新たな研究アプローチから、日本の歴史環境の仕組みについて考察する。

　以下、その方法論について説明する。一つはアフォーダンス[2]。アフォーダンスの説明でよく用いられるのは、「椅子は座ることをアフォードしている」などである。

　次の概念が、ひとのふるまい(Human Behavior)[3]。これはその名の通りであるが、本書ではアフォーダンスとか、このあとに議論するシークエンスなどとの説明のために語られる。つまり人の行動が、物や環境が無意識のうちに誘発(誘導)される場合の、人と物・環境との関係性を意味する。今回考察の手がかりにするシークエンスとアフォーダンスの関係について述べると、シークエンスは移動を伴った視覚であるのに対し、アフォーダンスは、人と環境との関係性である。したがってシークエンス景観(環境)には、視覚行動をアフォードする環境がある、この点において、人のふるまい(Human Behavior)、アフォーダンスとシークエンスは、複合的な関係にあるといえる。人は景色を立ち止まったまま、対象をみることは少なく、動きのなかで景色を眺めることが多い。この動き(一番多いのは歩行、あるいは自動車からの車窓など)があるが、こういった景色のことをシークエンスと呼ぶ[4]。

　歴史的環境を環境デザイン学で描くことは、歴史的環境を建物だけや仏像だけではなく、人の存在からはじめることであるといえる。今まで歴史的環境を扱う学問は人の存在を無視しすぎた。それは「人なき歴史環境論」「人なき歴史」であった。全ての歴史的環境はそもそも参拝する者、修行する者、いずれも「者」のためのものであった。その「者」がどう感じ、どう思い、どう考えたのかを分析することは、建物が何年に建てられたとか、仏像がどのような仕組みで構成されているのかを議論するのと同様に重要である。

第Ⅰ部

1　研究の背景・目的・方法

「環境」とは樋口忠彦氏にしたがえば[5]、「(前略)一般に環境というものを、視点と外的な対象との間の視知覚的な関係性(以下略)」であるとあり、本書もこの定義に従う。人のふるまい(Human Behavior)やアフォーダンス、景観とシークエンス景観とを比べると、「前者がある一つの対象景または複数の対象景の集合のいずれにおいても、時間的概念を含めないのに対し、後者の場合は、やや乱暴であるが、時間的概念がそのなかに含まれた景観といっていいだろう。時間的概念が景観に導入される場合、ある時間のなかで継起的に現れる対象景は、その展開において連続性や順序性などが必然的に発生し、対象景の連続的な移り変わりの変化性がシークエンス景観の特性となっている。このようなシークエンス景観は、景観に対する一つの見方であり、時間性を導入した一つの捉え方であることから、現実のある対象となるシークエンス景観は、このような視点から捉えるなら、あらゆる景観はそこに人間の行動を介在させることにより、シークエンス景観として成立するともいえる。ある意味でシークエンス景観とは、そのような時間が介在した行動の結果からの現象である(後略)」[6]とある。また後述する「シークエンス環境」は樋口忠彦氏によると、「行動することによって知覚できる周囲の空間世界、あるいは人間の歩行に基づき次々と展開していく空間のことを意味する」とある。つまり「移動に伴って次々と出現する周囲の空間世界がシークエンス環境であり、それらを人間の視点が受けとめていくことにより、シークエンス景観が成立する」とある。さらに「視覚的行動」とは、「ある空間のなかを移動するときの、人間の視覚に関わる行動を意味する」とある。

2　研究史の整理と本書の射程

(1)　本書に関連する1970年代以前の研究

ここでは今回、歴史的環境を分析する上で重要な歴史的環境に関する研究、景観、シークエンス景観に関する研究について本書と関連した既往研究の整理を行う。

景観・シークエンス景観に関する論考は、1960年代に登場する生態心理学や環境デザイン学など様々な分野でさまざまな試みがみられる(M＝ポンティの影響も大きい)。また生態学的アプローチとしては、T. H. ホールの「かくれた次元」もこの時期に発表されているし[7]、環境デザイン学会(EDRA)は1969年に発足している。彼らは、ともに従来の研究でおこなわれていた考え方、つまり人間を研究するときに「日常の環境から切り離し、ある統制された実験条件下のなかから、抽象的な数量化をおこなう方法」ではなく、「ある環境が総合的な役割をもって作用している状況下で、人間の行動を考えるという姿勢」を貫いている。つまり人間が環境を

どのように知覚しているかということを、特定の条件下（観念的空間）ではなく、実際の環境のなかでありのままの姿で観察することを重視していた。

　一方、わが国における景観に関する論考は、1960～1970年代から活発になる。この時期の論考は、日本景観の特徴、あるいは景観構成要素と構造について、さまざまな視点が提示され、考察が展開されると共に、その後の研究の視点の多くは、この時期の論考に見いだすことができる。代表的な論考としては、芦原義信氏の論考[8]や、伊藤ていじ氏ら都市デザイン研究体による金比羅、日光東照宮、清水寺などの指摘[9]、樋口忠彦氏の景観全般に関する研究、樋口忠彦氏ほかの回遊式庭園のシークエンス景観のＳＤ法による分析、中村良夫氏による論考などがある[10]。またこの時期、井上充夫氏による「移動的空間」に関する考察や[11]、樋口忠彦氏ほかの社寺参道のシークエンス景観の情報理論による分析といった、シークエンス景観に関する研究がみられる[12]。

(2) 本書に関連する1980年代以降の研究

　さてわが国では、1960年～1970年代に景観あるいはシークエンス景観に関する、さまざまな視点が提示されたのに続き、1980年代に入ると先学が提示した景観、あるいはシークエンス景観の概念に対する視点・論点を手がかりに、より具体的な解析が行われるようになる[13]。また例えば船越徹氏[14]らによる、街路空間や日本の参道空間に対する考察や、同氏による街路空間における空間構成要素について多変量解析などを用いた論考がある。

　ところで、1980年代の論考の多くは、1970年代までの論考手法である、複数の概念提示による景観論考という手法はとらず、一つの概念を特定の分析法で、より精緻に考察する論考が多くを占める。つまり1970年代の研究が、少なからず論者の個人的な概念提示を手がかりに考察が行われているため、客観性・実証性に不確実性があるのに対し、1980年代の研究は、重回帰分析法、多変量解析、ＳＤ法などを用い、またコンピュータープログラムによる情報処理分析を伴うため、客観性と実証性が付加され、当時としては画期的な研究であった。ただ2010年代からみると、大掛かりな被験者の設定と分析を経た結論が、非常に単純、また非常に難解なものが多く見られるのが、この時代の研究の一つの限界性であったといえよう（あるいは実証という行為を行った結論は、概念的に1970年代の論考を大きく乗り越えるには至らなかった）[15]。

　先にも述べたが、1980年代における景観研究、特にシークエンス景観研究のなかで、もう一つの大きな潮流が、シークエンス景観の記述を試みた論考である。シークエンス景観に対する記述については、T. H. シール氏が、1961年に提唱しているが、日本では1980年代に多くの論考が確認できる。これらの論考は、シークエンス景観の記述法を考察することを通して、シークエンス景観の解明を試みたものであるが、残念ながら多くの論考は、非常に複雑な図や表を伴い、ややもすると、その著者しか読み込めないようなものもみられるといった状況を生んだ[16・17]。

　一方で日本の歴史的な神社境内を素材に、シークエンスについて考察した論考に、船越徹氏

らによる研究がある[18]。氏の論考では、景観を考える際のパラメータについての積極的な議論が行われている。しかし船越氏らの論考には、いくつかの点で疑問を感じざるを得ない。

　船越氏の論文のうち、特に「参道空間の分節と空間構成要素の分析(分節点分析・物理量分析)—参道空間の研究—(その一)」の「1 研究目的・意義」の部分にある以下のような言説である。この論文は、その冒頭で「日本の歴史的空間は空間構成という観点からみたその歴史性、文化性を除いて見ても、現代に通ずる非常に興味深いものがある」と述べている。なぜ日本の歴史的空間を素材にしているにも関わらず、歴史性・文化性を除くことができるのか。素材にする段階で、それは歴史性・文化性を巻き込んだ議論になるのではなかろうか。これは明らかに、日本の歴史的空間を対象とする研究に対して日本建築史学、歴史学、民俗学などの研究史を無視した、超越論的発言といわざるを得ない。また船越氏の論考のなかで、「本研究は、参道をフィジカルな面からとらえ、それを構成する要素、要素相互の関係等を分析し、さらにそこでの心理的作用にまで言及しようとするものである。したがって、日本の歴史や文化に鑑みた研究の当初の目的とするのではなく、どのように参道が作られたか、変化したという歴史的考察は一応保留し、現存する参道のシークエンスに着目し研究を行ったものである」とある。ここでも「歴史的考察を一応保留」といったフッサールのような言説を行いながら、歴史的空間を素材にするという自己矛盾をおこしている。また船越氏らの研究スタンスによる論考を読むと、歴史的空間にシークエンス景観的要素が盛り込まれていることを表明しているわけであるから、歴史的考察の保留には当てはまらないはずである。筆者は、船越氏らの論考が意図的に避けている分野の専門家である。つまり日本の歴史・文化・風土が培ってきた、歴史的な空間について、逆にシークエンスという概念を通して、この特質(歴史的景観の特質)を明らかにすることを目的としている。つまり本書は船越氏の論考と異なり、こうした研究スタンスが歴史性・文化性を語る上で有効であることを証明することを第一義の目的としている。

(3) 諸研究を踏まえた上での本書の射程

　さきにも述べたが、主に1970年代までの景観研究は景観を考える上で非常に示唆に富む指摘が多いが、建築家などによる直感的な観察・指摘が多く、ややもすると実証的な検証が乏しくなりかねない。これに対し1980年代に多くみられる研究は、重回帰分析法・多変量解析・SD法など定量的な研究によって、景観をみる人の感性と景観との関係について、ある指標を作成する試みであり、研究の意義は大きい。ただ大がかりな分析をしているわりには、——例えば日本の歴史的な街並みに対して「華寂性」、「力動性」などといった——予定調和的な因子を結論としている。特にシークエンス景観に関する研究は、定量的解析が一人歩きしている感は否めず、また研究者がそれぞれの対象と指標を用い、おのおのの見解を示しているため、研究相互の議論が、なかなか成立していないのが現状である。繰り返しになるが、確かに多変量解析などに基づいた研究は、景観をみる人の感想(よい景観、わるい景観など)と景観との関係について、ある指標の作成を目指すのであるから研究の意義は大きい。しかしこの種の研究は、特定

第1章　歴史的環境把握のための一省察

の解析法・プログラムに依拠しすぎた結果、シークエンス景観における人のふるまい、あるいは人が歩きながら対象を見る仕組みを認識する上で重要な要素・概念など、対象とするシークエンス景観構造そのものに対する論考が不足しているのが現状であるといえよう。

ところで1970年代および1980～1990年代、日本においてシークエンス景観を考える上で示唆的な三氏による指摘および論考がある。井上充夫氏[19]は日本の近世における建築空間を「行動的空間」とし、その独自の空間概念を明らかにし、近世において発達した「行動的空間」は、人間の行動を通して捉えられた空間であり、西洋における近世の「幾何学的空間」とは、大きく異なる空間概念であったという。また前者は、空間把握において動視点的でありあるのに対し、後者は定点的であるといえる。あるいは前者は、ある同じ空間に対し空間の形態から指摘しているのに対し、後者は人間の視点を通した景観から指摘している。本書でいう日本の歴史的空間における「シークエンス景観」とは、この井上氏のいう「行動的空間」と関連をもち、「行動的空間」が空間形態を基準に考えられているのに対し、「シークエンス景観」は、その空間のなかを歩いていく人間の視点によって捉えられた景観を基準とした見方である。

一方樋口忠彦氏は[20]、日本の歴史的な空間について「(前略)日本において、陸上において歩行以外の移動手段がほとんど発達しなかったこともあって、歩行に伴い展開するシークエンス景観について、回遊式庭園、茶庭の路地、社寺の参道等かなり洗練された例を挙げることができる(中略)日本の社寺参道はシークエンス景観としてとらえた場合、心にくいばかりの配慮がなされている」と述べ、シークエンス景観としての日本の伝統的な空間に着目している。いうまでもなく、シークエンスに関する議論を具体的に提示したのは、J. J. ギブソン、T. H. シール氏らである。つまり特定の視点場からみえる景観に対し、移動を伴う景観の変化を景観とする場合、そうした変化そのものを含めてシークエンス景観とよぶわけである。

さてわが国におけるシークエンス景観に関する、具体的かつ精緻な研究の嚆矢としては、宮岸幸正氏の一連の研究がある[21]。宮岸氏の論考は多岐に渡るが、本書との関わりのなかで、最も重要な点は、日本の歴史的な境内や参道、庭園などに内包されたシークエンス景観構造を、定性的かつ定量的に明らかにした点にある。例えば宮岸氏の論文[22]の前半では、主に由岐神社や清水寺境内を素材に、「みる」という行為の類型化と、それぞれの場(面)におけるシークエンス構造について、定性的に論考され、後半は日本の廻遊式庭園を素材に、日本廻遊式庭園の基本構造がシークエンス景観における開放度とインパクト度という概念によって説明できる点を定量的に指摘している。

このように宮岸氏がシークエンス景観概念の構成要素を明らかにするまで、シークエンス景観に関しての総括的な著作は、『土木工学大系13　景観論』の第三章において樋口忠彦氏らが、まとめたものがあげられる程度で、シークエンス景観研究は極めて数の少ないものであった。また現在において景観研究は非常に多いが、「歴史的な景観など特定の場を、シークエンスのどのような諸要素で説明できるのか、あるいは空間構成要素として少ない歴史的景観から、どのようなシークエンス的特質を見出すことができるのか」に関する議論は少ない(宮岸氏はシー

第Ⅰ部

クエンスなる概念を構成する諸概念についてこれを明らかにしたわけだが、こうした指摘は本書において非常に示唆的である)。

ところで宮岸氏は、井上氏の「行動的空間」に関連して、歴史的景観にシークエンス概念が内包している点を以下のように述べている。

> (前略)ここで日本の近世における空間の特質である「行動的空間」をあげたのは、シークエンス景観のもつ意味が、景観というものを人間が移動とともに変化していくなかで捉えていこうとする、時間性を含めた継起的な概念であって、そのような概念がもともと日本の中世から近世においては独自に存在していたものであり、それは井上充夫のいう「行動的空間」という、空間に時間軸を含めた捉え方と同一の視点であるからである。言い換えれば、本論文で提出する「シークエンス景観」という概念は、そもそも西洋近世の空間概念とは異なる独自の空間概念をもっていた日本の伝統文化のなかで、特に中世から近世にかけて発達した景観を捉えていく上での認識概念であって、景観に対するそのような認識から、多くの独自の歩行空間における空間構成手法が生まれたといってよい。このような「シークエンス景観」概念の背景から、これまでのシークエンス景観に関する諸研究は、分析対象として社寺の参道や露地や庭園などのいずれも日本の歴史的空間をとりあげていることが多かった。逆にいえば、<u>日本の中世から近世における、都市の街路、社寺の境内や参道、茶庭の露地などのアプローチ空間、廻遊式庭園などの日本庭園などの外部空間において、明らかにシークエンス景観――歩行者の視点の移動による継起的な景観の変化――を意識することにより演出された様々な手法が存在し、これらの伝統的空間においてシークエンス景観が意図されてきたが故に試みられてきたといえる。そして、これらの歴史的空間が、単なる歴史的だけでなく、歩行空間としての豊かさを持ちながら、なかでもその景観におけるシークエンス性によって、いまなおわれわれを引きつける多くの魅力を兼ね備え、名所となって長く親しまれ、淘汰された普遍性を保持してきたといえる</u>(後略)

(下線は筆者による)

本書第Ⅰ部では、こうした宮岸氏の指摘に基づき、室生寺・長谷寺・今井町、在郷の神社を素材に日本の歴史的空間のシークエンス景観特性に着目、考察する。なお概念としてのシークエンス環境を手がかりに、日本の歴史的な寺院境内の環境を明らかにすることは、日本文化論としても希有な方法である。

3 室生寺におけるシークエンス的分析

本章は、先に挙げた宮岸氏の指摘に基づき、室生寺を素材に日本の歴史的空間のシークエンス景観特性に着目し、考察を行う。

ここでは日本の歴史的な環境の一つである室生寺の境内環境を対象とする。なお概念として

第1章　歴史的環境把握のための一省察

表1　宮岸氏による清水寺の視覚行動例

視覚的行動の類型	視覚的行動の表現	説明抜粋
①視距離	「望む」、「見晴らす」、「眺める」、「見遣る」	
②視覚行動時間	「見据える」、「見詰める」、「見入る」	・定量的には、どの程度の時間が経過したかは厳密に規定されないが、「見る」という行動の標準的なそれに費やす時間に比較し、相対的に長く「見た」場合に用いられる。
③視覚角度	「見上げる」、「見下ろす」、「仰ぎ見る」	・我々の日常の視覚行動の中で、視線が垂直方向に変化する場合と、水平方向への変化を比べた場合、頭の回転の特性上左右には、頻繁に回転させるのに対し、上下には、それほど頻繁に移動させていない。上下の回転においては、俯角と仰角を比べた場合、俯角が10度近傍のところは、人間にとって見やすい領域であるとされ、「見下ろす」行動の中で中心領域となっている。樋口によれば垂直角0度よりも10度付近が見やすい領域であるとし、中心領域と名付けている（「人間の安定した視線の方向は、俯角10度近傍で、そもそも水平より下である。」(樋口忠彦「景観の構造」技報堂、1975年、p50-52))。 ・俯角は、我々の身近な空間のなかで成立し、日常的に可能な行動であるが、身体的な制約の中で意識的または強制的な行動であるといえる。以上のことから両者は、他の視覚行動と明確に区別され、ある状態を規定する用語として独自に存在するものと考えられる。
④窺視行動（透視行動）	「覗く」、「窺う」、「垣間見る」	・視点に近接して、視線を遮る物が配置された状態で成立する行動であるといえる。 ・「覗く」は、気づかれないようにそっとのぞいて見るという意味を持ち、他人の自分への視線をも意識されている。「垣間見る」は、垣の間からみるという日本の伝統的空間構造の中から発生した表現であるといえる。 ・日本の伝統的な空間を仕切る技法は、西洋における壁の機能に相当するような閉鎖性の高いものによって遮断するだけではなく、垣や門などのように開放性をもたせながら空間を仕切るという手法が用いられ、そのことによりこれらの透視性や窺視性の意味内容を含めた言葉が適切に存在するものと思われる。
⑤回頭行動	「見回す」、「見向く」、「眼を配る」、「見返す」	

第Ⅰ部

⑥奥行透視行動	「見通す」	・「見通す」は①始めから終わりまで全部見る。②さえぎられずに遠くまで見る。としるされている。①は物事のある流れの中で、時間をかけて最初から最後まで見るという意味であり、②はさえぎられずにみるという透視性と遠くまで見るという遠望性の2つの意味内容が含まれている。 ・日本の伝統的空間においては、バロックの都市のように「見通す」のきく直線路が少なく、直線路であっても「折れ曲がり」や「隅違い」などにより先を見えなくなる工夫がなされ、また、曲線を用いることにより、「凹み」や「歪み」を発生させ、隠れて見えない奥を作り上げた。 ・折れ曲がりの例は、清水寺の境内、銀閣寺のアプローチ、大徳寺の各塔頭のアプローチ、同じく大徳寺や妙心寺などの寺院境内における伽藍や塔頭街の構成などに、その典型がみられる。 ・つまり、歩行時において前方が折れ曲がりなどにより急に変化し、新たな景色が奥行性を持ったとき「見通す」こととなり、「見通す」は、場合展開と次の新たな場合における奥行性が出現したときに、発生するということができる。

第1章　歴史的環境把握のための一省察

表2　宮岸氏による清水寺おける視覚行動例

分析エリア	空間の描写と視線行動	「見る」に関する類語を使い分ける基準となる指標
①起点〜仁王門前（閉鎖→開放へ）	◆清水坂が終わると、清水境内前の広場に到達→前方に仁王門、右手奥に西門、さらにその上に三重の塔という清水寺の伽藍のほぼ全容が現れる。これまでの清水坂の閉鎖的空間が開け、開放性が一挙に高まり、空間の変化の著しい地点→歩行者の行動は、移動状態から静止、休止状態となり、時には広場特有の滞留行動もみられる。	
②仁王門下の階段前から仁王門まで（急な階段）	◆急な階段、階段→行動は極端に規制◆階段の上がり→閉鎖性が高まり、全景を階段そのものが遮る→「足元をみる」回数が増える→足元を見る行動を中心に前方へ進路確認行動のために見上げる行動がはいる→視覚的行動は頭の上下運動を中心とした単調な行動となる。	足元をみる―見上げる
③仁王門―ばち型の階段前	◆門をくぐり、新たな空間へと進む境界性の高い区間→ここでの行動は、階段の上がりを終え、一息つきながら、階段での視覚行動規制からのがれ、自由な角度に視線は行き、余裕が産まれる→その接近した仁王門に「目を配る」「目を留める」などの行動もみられる。	
④仁王門通過点―階段上（ゆるやかな階段）	◆緩やかな階段を上る区間→勾配が緩やかなため、それほど行動を規制せず、比較的余裕のある行動も見られる→足元を見る行動は少なく、足場の余裕から、レベル変化を伴うシークエンス景観を楽しんでいる光景も見られる。語らいも生まれ、周囲の景観を「見回す」「見向く」行動も現れる。	足元を見る―見通す―見回す―見向く
⑤階段終―慈心院広場	◆行き止まりとなる小広場。絵馬(カケ)や燈籠、手水鉢などの装置が置かれている。行き止まりにより右折していく区間であり、小広場となっているため、滞留行動がみられる。◆進行方向右手には三重塔が位置し、前方右手を「見上げる」「仰ぎ見る」「振り仰ぐ」行動も見られる。◆全体に進行方向が切り替わり、装置群の広い空間特有の周囲上下を見るなどの回頭性が多く見られる。	見回す―目を配る
⑥右折し、小階段―三重塔と経蔵の間の通路（折れ曲がり）	◆右折し急激に見通しが開けるコーナーでは、体の転回以前に積極的に頭を回転させ、次へのコースを「見通す」行動が多発。◆閉鎖的空間から折れ曲がりにより一気に開放的空間へと変化するコーナー→目的地への新たなコース確認や先を見通すなどの環境視が多くなる。◆折れ曲がり地点はシークエンス景観の大きな変化を伴い、視覚的行動が多発するポイントとなる。	
⑦三重塔通過後折れ曲がり地点―轟門前（規制が少ないと特徴的な視覚行動はみられない）	◆この区間は、緩やかなスロープを直進する見通しのきく区間であり、道幅も広く、ベンチなどのストリート・ファニチュアなども設置され、比較的自由な行動も可能な区間→行動の規制が少なく多様であり、特徴的な視覚的行動はみられない。◆大きくは、空間の開閉度に対応しながら、その変化に応じて開放性が高まると、視覚的行動も多くなる傾向がみられる。いずれにしてもこの	見通す―目に留まる―目を配る

第 I 部

	区間は、次の本堂へと至る前の過渡的な空間である。	
⑧轟門―本堂出世大黒天前（アイストップとして）	◆この区間は、手水舎、橋、門と空間を仕切る境界のための装置が配置され、分節性が高くなっている。◆正面には大黒天が配置されアイストップとして機能し、この付近ではアイストップに「目を留める」行動がみられる。	見通す―垣間見る―目を留める
⑨本堂内部（折れ曲がりと一気に広がる風景）	◆本堂内部へ入り舞台へと至る区間→出世大黒天前を右折すると急に視界は開け、舞台の一つ手前の本堂内部から外の風景がみられるようになっている→ここでの行動は、右折後すぐに開ける風景に「目を奪われる」舞台へと行く直前にここで早くも遠望を楽しむ人が多く見られる。視界は開け滞留行動のなかで「見渡す」「見通す」「見遣る」「見晴らす」などの遠望行動を大半の人が楽しんでいる。	視界は開け滞留行動のなかで「見渡す」「見通す」「見遣る」「見晴らす」などの遠望行動を大半の人が楽しんでいる
⑩清水の舞台（パノラマ景）	◆舞台からは一気に視界が開け、南に子安塔を点景にもつ山並、西に市内を見下ろす、パノラマ景を存分に楽しむ行動がみられる、遠望行動が長時間行われる。風景を鑑賞しようと、舞台の欄干に接近するため極端に混雑しない限り舞台中央部は移動のための空間となり、欄干よりの舞台のエッジ部分が滞留空間として機能する。	舞台からは一気に視界が開け、南に子安塔を点景にもつ山並、西に市内を見下ろす、パノラマ景を存分に楽しむ行動

のシークエンス環境を手がかりに、日本の歴史的な寺院境内の環境を明らかにすることは、日本文化論としても非常に有効な方法である。またこの点において宮岸氏の論考は、きわめて興味深い。宮岸氏の論考のうち、本章に関して示唆的な考察に、清水寺を事例にし「見る」（視覚行動）を類型化した論考がある（表1、2）。宮岸氏は清水寺の境内をシークエンス景観の特質ごとに分類し、それぞれの環境において、さまざまな「みる」があることを明らかにした。この部分で宮岸氏は、清水寺に認められるシークエンス環境にみられる「見る」（視覚行動）を指摘された。

本章では、これら宮岸氏の清水寺境内にみとめられる視覚行動に関する指摘を手がかりに、室生寺境内にある①急な階段でみられる視覚行動、②緩やかな階段でみられる視覚行動、③折れ曲がりでみられる視覚行動などに注目、アイマークを手がかりに検証を行い、宮岸氏の指摘に対する検証と、歴史的な寺院環境におけるシークエンス景観の質について考察を試みる。「特に何をみたか」よりも「どう見たか」に重きを置いて考察を行った。

(1) 室生寺境内景観の分析――シークエンス景観を考察する上で用いる EMR の有効性

考察に際して室生寺境内の実測図を作成し、環境を展開図のように描いた図（以下、「景観展開図」とする）を作成した（おそらく日本ではじめての試みであろう）。

ところで歴史景観を分析する方法として、有効な実験方法に EMR（アイマークレコーダー、被験者がメインで見ているところを映像へ記録する装置）を用いる方法がある。EMR は簡単にいうと、人がみる視点を画像に記録する装置であり、これにより被験者が何を見て、何を見てい

ないかを知ることができる。今回の実験では、このEMR-9を用いる。

今回は室生寺のご協力のもと、NAC社製のアイマークレコーダー(EMR-9)を被験者に装着させ、境内参道を歩いてもらい、視覚データを収集した。実験の日時などは以下の通り。

・調査日時：2013年8月5日～10日(9時から16時)
・調査場所：室生寺
・被験者数：25名
・有効データ：8名

被験者には、参道を自由に歩いて良い(停止も含む)とした。こうして得られたデータを分析することで、定量的な議論から室生寺境内の環境特性について、より客観的な指摘が可能となる。また被験者を背後からビデオ撮影し、被験者の行動および位置もデータ化した。

なお寺院境内構成については、その信仰が手がかりになっているという意見がある。確かにそういった部分はあると思われるが、筆者は空間としての見せ場すべてを信仰が決めたとは考えにくいという立場をとる。もし信仰がきめたのなら、「信仰を具体化した結果、造形が具現化している」と読みとることができよう。筆者は最終的な造形は神・仏がつくったのではなく、造形者によるのであって、彼らが境内を歩く参拝者の目を引く、足をとめる、といった見せ場を(宗教的に)計画した結果、室生寺のような景観が構成されていったと考える。したがって信仰のためにこういう環境になったという姿勢は、造形者の造形行為を媒介として行われたと解釈する。

(2) 金堂と金堂前の鎧坂周辺

アイマークの議論に入る前に景観展開図で明らかになった点をいくつか述べたい。

金堂とその前にある鎧坂を描いた景観展開図(図2)では、鎧坂の真下にいる歩行者だと金堂の屋根と長押周辺が見えるが、長押より下は石段によって見えない。また金堂の棟頂部から鎧坂の真下にいる歩行者の目までを結んだ目線と、地平線による仰角は27度前後である(被験者の身長を図面上で160cmと想定した場合)。

次に、鎧坂を上がりだすとすぐに踊り場に至るが、この踊り場までは歩行者が長押より上の屋根しかみることはできない。その後角度27度前後の石段を一段ずつ登るごとに金堂長押より下が徐々に姿を現し、弥勒堂が建つ地面レベルから六段下がったところで、金堂懸造の石垣を含め金堂の全容が姿をみせる。

ところで、現在金堂は懸造となっているが、この懸造部分は近世期の造築であり、創建当初(平安前期)は、この懸造はなかった。

(3) 五重塔と五重塔前の石段周辺

次に五重塔前の石段における歩行空間について、金堂と同じく景観展開図を用いて考察する。五重塔の場合では、本堂前を通り右に折れ曲がったところで五重塔のほぼ全容(一層目か

第Ⅰ部

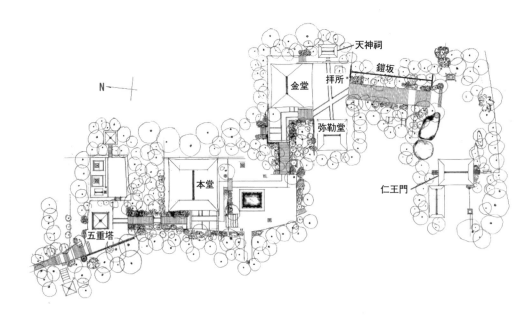

図1　室生寺境内配置図

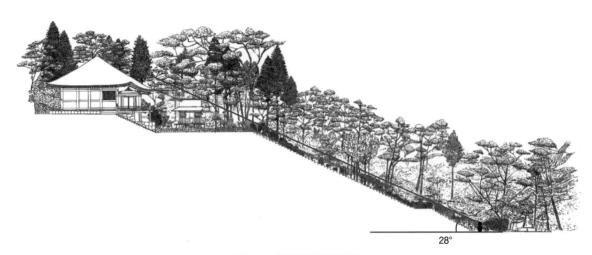

図2　金堂現状景観展開図

第1章　歴史的環境把握のための一省察

図3　五重塔景観展開図

ら上)を目の当たりにする。これは室生寺の歩行空間演出(造形)における、金堂との最も顕著な相違である。また五重塔の一層目から上の全てがみえるという視覚的特徴は、五重塔前の石段全てのポイントにおいて認められることから、五重塔へ向かう歩行空間は、参道としては第一義的に、「五重塔の見え」を意識したものであると考えられる。なお仰角は、本堂前を右に折れ曲がって一番始めにみえる五重塔相輪頂部と被験者の視角とを結んだ線が27度前後となる。また石段の角度は下から、はじめの踊り場までの石段は約18度、五重塔直前の石段は約20度となる。

　さて金堂の鎧坂から金堂がほとんどみえないのに対し、なぜ五重塔では、本堂を右にみながら折れ曲がった瞬間から、塔の一層目以上がみえるのか。展開図にはいくつかの手がかりがうかがえる。まず金堂前の鎧坂は五重塔前の石段にくらべ、蹴上げが高く段数も本堂が六九段、五重塔前の石段は四八段ある。また石段の角度が類似しているが、金堂前の鎧坂には小さな踊り場が一つあるのに対し、五重塔は本堂前の折れ曲がり路に平場がある。また金堂鎧坂下から金堂がぎりぎりみえる角度と棟の上端がみえる角度の差が約3度あるのに対し、五重塔下端と相輪の頂部との差は約20度ある。また金堂は五重塔にくらべ、セットバックが大きい。

　金堂と五重塔には、景観展開図的にこのような差異があり、これらの差異から参拝者がはじめてみる金堂のみえと五重塔のみえに違いを生んでいると考えられる(こうした石段の差異がEMRの分析からどのような現象として現れるのかについては後述する)。

第Ⅰ部

(4) 仰角27度前後について

ところで、室生寺の金堂前の鎧坂と、五重塔前の石段における仰角などにおいて、27度前後という角度が多く認められた。この仰角27度前後について樋口忠彦氏は、メルテンスの法則（北村徳太郎訳「都市計画上視力の標準」『都市公論』1927年）について、次のように述べている。「(前略)建物のみが全視野を占用し比較的大きな建築物部分殊に静止的想義あるもののみが眼に映ずる、あるいは其の存置の場所には環境の何物の介入なく前面創作物は特別且つ一個の小世界となって現れるという、様相に近い(後略)」。つまり仰角27度前後とは、メルテンスの法則にある、視覚的に建造物が存在感を示す角度であると考えられる。

(5) 室生寺境内における視覚行動特性

ここでは、金堂を中心に考察する。ここで重要な点は、鎧坂の直下で被験者が金堂のほとんどを目視できないことにある。さらに創建当初の造形に復原された金堂の場合だと、鎧坂直下にいる被験者は金堂の棟しか確認できないことが先に述べている。このことから金堂は、室生寺境内にとって金堂は、極めて隠された存在であるといえる。

本章では、鎧坂を被験者が歩行した際の前方・高度または左右方向における注視方向についてグラフを作成した。なお前方・垂直方向のシークエンスの凡例がグラフ1であり、各被験者のグラフがグラフ3―A～Hである。同様に左右方向のシークエンスの凡例がグラフ2であり被験者のグラフがグラフ4―A～Hである。

さて鎧坂を上がる被験者の注視点を確認すると、その多くは①足元・金堂と視覚的に同じ割合でみていることがわかる。また足元を暫く見た後、金堂を一瞬見る。

石段を見る→②金堂を一瞬見る→③石段を見る→④②より大きい金堂を一瞬見る、とした行動によって金堂が被験者の視覚に徐々に入り込んでゆく。この場面でのEMRの映像を見ると、足元を見る時は金堂を見ないことになるため、金堂に目をやるときにはそのつど金堂が大きく見える。金堂を全く見ない被験者は少なく、被験者は足元を見つつも、時々金堂を見ていたことが分析によって明らかになった。そして徐々に眼前に大きく現れる金堂を目の当たりにするのである。

これに対して、左右をみる運動は、被験者ごとにまちまちで、これといった特徴は見られなかった。このことは、言い方を換えれば、被験者ごとに好きなものをみていることになり、「見る」というよりは、確認に近い動作である共に、左右への興味はまちまちであることを物語っている。

次に、五重塔を中心に考察する。五重塔被験者は前にある一つ目の緩やかな石段を登り、足元をあまり見ないで五重塔を見ていた。また五重塔の周囲にある森林は、五重塔を邪魔することなく、森林と五重塔による独自の空間を構成している。このことから結果として被験者は、他に邪魔されずに金堂より五重塔を多く注視したことが考えられる。つまり五重塔は、鎧坂下からみた金堂の見え方とは全く異なる視覚行動空間であるといえる。五重塔前の石段を含む周

辺の空間では五重塔を被験者が多く見ていることから、作者は五重塔を意識させるために造形されたものであると言えよう。

　グラフから五重塔前の石段を歩く参拝者の視覚行動をみていくと、全体としては、足元をみる参拝者は少なく、五重塔をより多くみながら、歩を進めていることがわかる。

　また今回データ化していないが観察した限り、被験者に特徴的な行動、つまり、五重塔前の石段を登りきり、五重塔を目の当たりするところで、被験者はほとんどの場合、立ち止まり、五重塔の細部、軒先、垂木、軒下、など、五重塔の特定の細部をみることがわかった。こうした被験者が止まる場所があるということは、「室生寺伽藍を設計した者による、見せ場の造形としての一つの意図」を読み取ることができよう。

　また踊り場を通り、二つめの石段に歩をすすめると、足元をみる頻度はますが、足元をみる→五重塔、といった視覚リズムが構成されている。さらに歩をすすめると、より五重塔をみる、といった視覚行動をみることができる。

　また五重塔前の石段において、いきなり五重塔の全貌をみせられた被験者は、立ち止まり、五重塔をしっかりと見ていることが観察によって明らかになった。

　次に歩行者は緩やかな石段を登り、足元をあまりみないで五重塔をみる。また踊り場を介した二段目の石段では、足元を多く見ながら、せまりくる五重塔の軒裏部分がどんどん近づきつつ五重塔をみるという、シークエンス景観を構成している。被験者が石段で五重塔をみる時間は、金堂前鎧坂で被験者が金堂をみる時間より明らかにながい。また五重塔に対峙した被験者は、右手に本堂をみるが、ほとんどの被験者がこれをみない点も注目される。

おわりに

　以上、室生寺という平安前期の建物や伽藍の様子をうかがい知ることができる、世界的に貴重な歴史的境内空間の特質について考察を試みた。その結果、以下のことが明らかになった。
①金堂前の石段と、五重塔の石段とは、シークエンス的に異なる空間構成をもっている。
②金堂は、鎧坂直下からは、ほとんどみることができず(現行金堂は復原すると屋根の棟しかみえない)、石段を登りながら、徐々にその姿をみせるよう計画されていた。その際、後で述べる五重塔前の参道のように、石段に大きな踊り場のような平地なものはなく、六十九段の石段を設けている結果、被験者は石段→金堂といった視覚行動をメインに行うことで、金堂の全体像が非連続的に見えるよう計画されていた。
③金堂の石段の角度は27度前後であった。
④被験者は、鎧坂終盤、金堂がほぼその全容を明らかにし、なおかつ金堂左右の彌勒堂、天神社拝殿が見え始めた頃から、金堂をみる頻度が極端に減り、左右の建物を重点的にみていることがわかった。

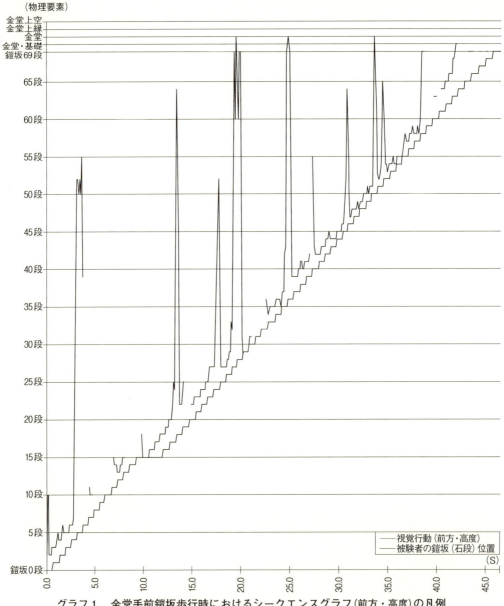

グラフ1　金堂手前鎧坂歩行時におけるシークエンスグラフ(前方・高度)の凡例
横軸は時間を縦軸は何を見ているかを示す。

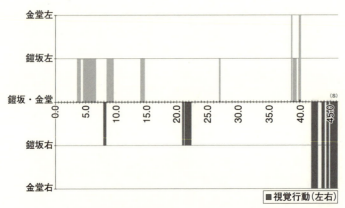

グラフ2　金堂手前鎧坂歩行時のシークエンスグラフ(左右)の凡例
上部が左、下部が右を示す。

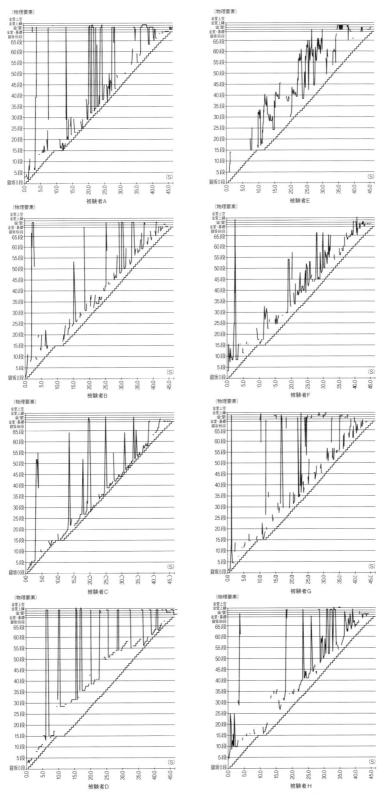

グラフ３　金堂手前鎧坂歩行時におけるシークエンスグラフ
初めに見上げその後、石段、前方を見つつ、金堂をより多くみている様子がわかる（同じようなエレメントをみているところに注目）またグラフの「とぎれ」はアイマークがとれなかったことを示す。

第Ⅰ部

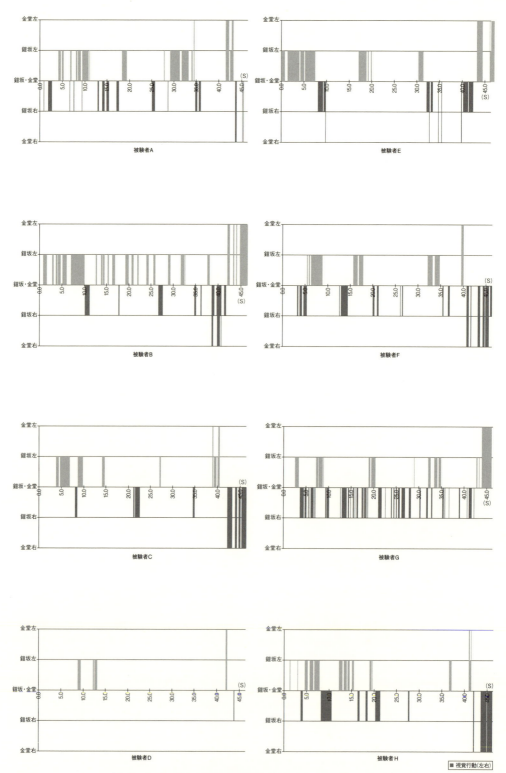

グラフ4　金堂手前鎧坂歩行時におけるシークエンスグラフ
左右の視線は個人差がある。

20

第 1 章 歴史的環境把握のための一省察

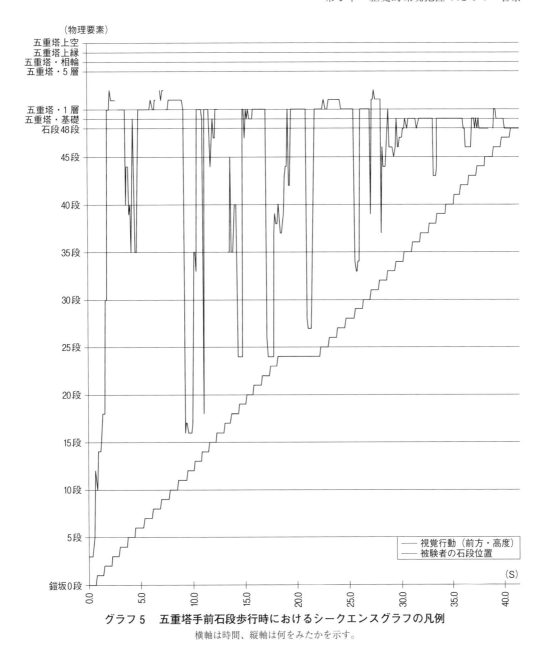

グラフ 5　五重塔手前石段歩行時におけるシークエンスグラフの凡例
横軸は時間、縦軸は何をみたかを示す。

21

第Ⅰ部

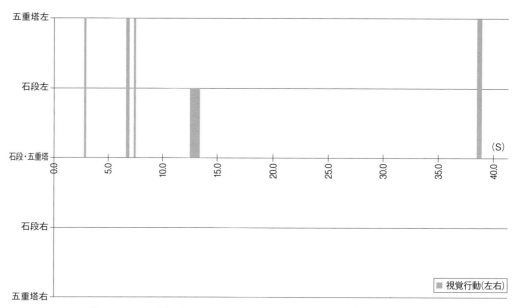

グラフ6　五重塔手前石段歩行時におけるシークエンスグラフの凡例
プラス方向が左側、マイナス方向が右側をみたことをしめす。

第1章 歴史的環境把握のための一省察

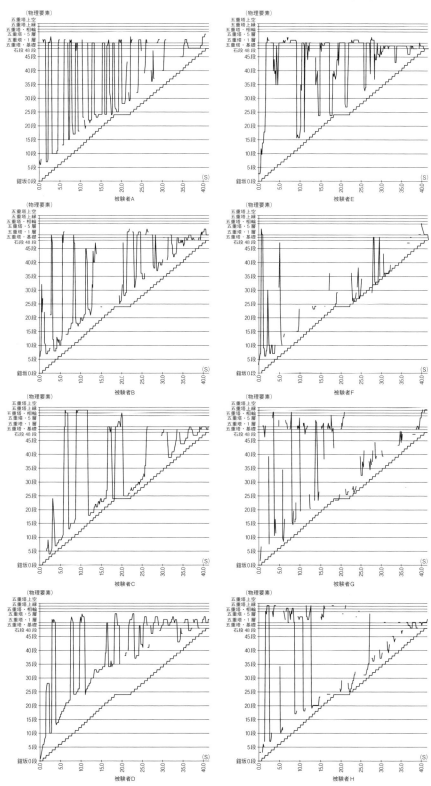

グラフ7 全被験者の五重塔手前石段歩行時におけるシークエンスグラフ（前方・高度）
（塔を頻繁にみていることがわかる）

23

第Ⅰ部

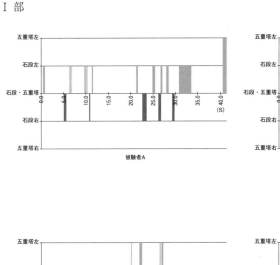
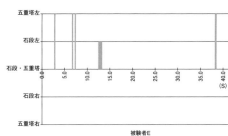
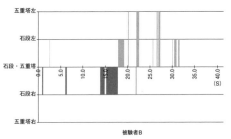
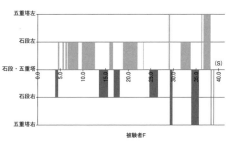
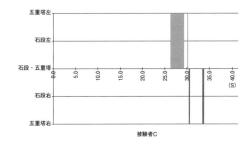
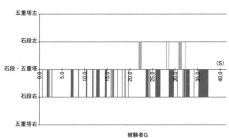
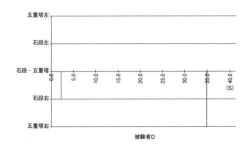
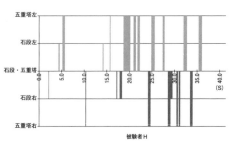

■ 視覚行動(左右)

グラフ8　五重塔手前歩行時におけるシークエンスグラフ
左右の視線は少ない。

⑤本堂を右にみながら、左に折れ曲がった被験者は、眼前に五重塔をみることになる。また五重塔は一層目から上、つまり五重塔がほとんどすべてみえるよう造形されていた。この五重塔の見せ方は、金堂とは全く異なる。結果的に被験者に対する両者のこうした見せ方の違いも、当時の造形者がシークエンス景観を考慮した造形を行っていた可能性がある。

⑥本堂を右にみながら、右に折れ曲がった途端に多くの被験者は立ち止まり、五重塔全体の姿を均等に眺めることがわかった。

⑦⑥の後、被験者は五重塔へ向かって歩き出すが、そのときの視覚行動は金堂とは異なり、石段より多く五重塔をみるものが多かった。このことは、先ほどの石段における金堂と塔の違いに加え、仰角の27度前後によって被験者が五重塔を多くみる要因の一つ、あるいは造形者が視覚的存在感を増すために行った造形行為であると考えられる。

⑧⑦に関連するが、五重塔前参道はどの地点からも五重塔の第一層以上が見えるように計画されていた。

⑨また本堂を右に折れ曲がった直後に被験者の視線と塔の相輪上端とを結んだ角度は、27度前後となり、メルテンスの説明でいえば、被験者は理想の状態で五重塔をみるという状況が計画されていた。

⑩五重塔の石段の角度にも27度前後を読みとることができた。

さて今回抽出した事柄が全くの偶然であるとは考えにくい。特に五重塔前の石段前での立ち止まりや、五重塔をみながら足元をほとんどみない区間、石段→五重塔→石段……といった石段という「間」をあけながらの五重塔への目視は、段階をもちながら近づいていくような印象をもつ。

⑪一方、金堂前の鎧坂は、最下部から石段のながさと勾配から、金堂を一部分しかみせない。また鎧坂は、石段→金堂→石段……といった金堂を非連続的にみる。また塔の場合は五重塔をよくみる、というような動きは、石段を挟みながらも、連続的に近づいていく様を現しているような印象をもつ。このことは次々と展開される、そして視覚行動が頻繁な「見せ場」、その見せ場だけをみせるのではなく、展開(見せ場)の前段階の構成、例えば展開を繋ぐ場としての階段の重要性を物語っている。

⑫また(1)仁王門から鎧坂へのL字折れ曲がり、(2)金堂から本堂へ向かう際のL字折れ曲がり、(3)金堂と本堂の間にある石段からL字に折れ曲がり本堂を正面にみるとき、(4)本堂を右手にみながら五重塔がみえる際のL字折れ曲がり、といったように室生寺には多くのL字折れ曲がりを確認することができる。これは参拝者が、L字に折れ曲がった瞬間に、次の景観をはじめてみるよう、意図的に造られたつなぎの場といえ、瞬間に見せ場をもっていく作り手の造形的意図をここからも読みとることができよう。

本章で指摘した諸点は以上である。室生寺境内は、単調な参道ではなく、登る、見え隠れ、折れ曲がり、時には対象物を一気にみせる。また金堂・五重塔への仰角が27度前後であるな

ど、視覚・歩行運動において、さまざまな仕掛け(トラップ)が内包されていることが明らかになった(ひいては、こうした歴史的景観から抽出したトラップを今後多く見つけられれば、現在の造形に活用することもできよう)。

そもそも当時、これだけの大伽藍を造形者が適当につくるわけがない。あらゆる造形、文化は苦悩して造られる。近年の造形において行われているコンセプト云々の中身の乏しいものではなく、歴史的空間造形から見せ場をつくろうとする意識を学ぶ必要があろう。

なお今回の考察では、宮岸氏の清水寺におけるシークエンス描写を手がかりに、室生寺の石段を実証することができた点においても研究の意義があると考える。

一方今回の考察では、研究の目的と方法で述べた、シークエンス景観の新たな視点(概念)の提供はできなかったが、室生寺の境内景観について主に金堂前、および五重塔前の石段における被験者の歩行・視覚行動について分析、この一連の考察から歴史的な参道における石段の役割について、これをテーマとして考察できる可能性を指摘できた(つまり高低差によって生じるアフォーダンスに関する研究である)。

今後は室生寺以外の歴史的景観について実験・分析・考察を深め、日本建築歴史・文化論について、環境デザイン学的アプローチによって議論を深めていきたい。

なおこうしたシークエンシャルな景観が空間構成上重視されたのは、飛鳥・奈良時代には少なく、平安期あたりからさかんになったようである(回遊式庭園が一般化するのもこの時期である)。つまり我が国に伝来した仏教、およびそれ以前からあった修験道などが、複雑に影響しあい、平安期にシークエンスを意識した造形が生成された可能性がある。とすれば、平安前期に建立された寺院、例えば山仏寺投入堂(鳥取県)も実験・分析・考察の必要があろう。

〔注〕

1) ここでいう環境とは、例えば寺院であれば建築、建築相互が構成する境内、境内を囲むまわりの自然、それらが構成する景色・景観などを総称した、非常に広い意味での環境である。
2) アフォーダンスに関する総合的な論考は枚挙に暇がない。
3) 樋口忠彦『景観の構造』(技報堂、1975年)。
4) 前掲注3)樋口著書、K. リンチ『都市のイメージ』(1960年)、P. Thiel. 1961. *A sequence experience notation for architectural and urban spaces.* T. H. シール・船津孝行訳「物理的な環境の知覚的、認知的な属性を記述、尺度化、表示、譜面化することについての覚え書き」(『環境研究の方法』誠信書房、1970年)、B. ルドフスキー『人間のための街路』(1969年)、J. J. ギブソン『生態学的視覚論』(1979年)などが景観に関する論考を提示している。
5) 前掲注3)樋口著書。
6) 前掲注3)樋口著書。
7) E. T. ホール『かくれた次元』(みすず書房、1970年)。
8) 土木工学大系編集委員会『土木工学大系13 景観論』(彰国社、1977年)。
9) 都市デザイン研究体『日本の都市空間』(彰国社、1968年)。
10) 中村良夫『風景学入門』(岩波書店、1979年)、中村良夫・北村真一・矢田努「地点識別に基づく都

市景観イメージの解析方法に関する研究」(『土木学会論文報告集』1980年)。
11) 井上充夫『日本建築の空間』(鹿島出版会、1969年)。
12) 鈴木忠義・樋口忠彦ほか「アプローチとしての歩行空間に関する基礎的研究—神社・寺院のアプローチ—」(『土木学会年次学術講演会概要集』1977年)、土木工学大系編集委員会『土木工学大系13 景観論』(彰国社、1977年)。
13) もっともわが国では、「景観」という概念ではなく、風景や景色といった事柄について論じているものは、1960年代以前にも多くある。例えば研究ではないが俳句、また景観を絵画として強調・記憶する浮世絵などがその代表格といえるだろう。
14) 船越徹・積田洋「街路空間における空間意識の分析(心理量分析)—街路空間の研究—(その一)」(『日本建築学会計画系論文報告集』1983年)、船越徹・積田洋「街路空間における空間構成要素の分析(物理量分析)—街路空間の研究—(その二)」(『日本建築学会計画系論文報告集』1986年)、船越徹・積田洋「街路空間における空間意識と空間構成要素との相関関係の分析(相関分析)—街路空間の研究—(その三)」(『日本建築学会計画系論文報告集』1987年)、船越徹・積田洋「参道空間の分節と空間構成要素の分析(分節点分析・物理量分析)—参道空間の研究—(その一)」(『日本建築学会計画系論文報告集』1988年)。
15) 岡島達雄・渡辺勝彦ほか「街並みのイメージ分析—日本の伝統的街並みにおける空間特性—(その一)」(『日本建築学会計画系論文報告集』1987年)、岡島達雄・渡辺勝彦ほか「景観構成要素とその景観評価への影響—日本の伝統的街並みにおける空間特性—(その二)」(『日本建築学会計画系論文報告集』1988年)。
16) 大野隆造「環境視情報の記述法とその応用に関する研究—環境概念と環境視情報の記述法—(その一)」(『日本建築学会計画系論文報告集』1993年)、宮宇地一彦「人間移動に伴う視覚的シークエンスの研究(その二)シークエンスの特徴分析と表記法の検証」(『日本建築学会計画系論文報告集』1994年)、鈴木信弘・志水英樹・塩田洋「参道空間における視覚・記憶構造に関する研究」(『日本建築学会計画系論文報告集』1994年)、大野隆造・近藤美紀「感覚刺激情報源としての環境の記述—廻遊式庭園のシークエンスに関する研究—(その一)」(『日本建築学会計画系論文報告集』1994年)。
17) 三浦金作「街路の形態について—ヴェネツィアの都市空間に関する研究—(その一)」(『日本建築学会計画系論文集』2003年)、三浦金作「探索歩行時の注視傾向について—街路空間における探索歩行時の注視に関する研究—(その二)」(『日本建築学会計画系論文報告集』2005年)、三浦金作「歩行条件の異なる歩行者の経路選択と探索行動について—街路空間における探索歩行時の注視に関する研究—(その三)」(『日本建築学会計画系論文報告集』2008年)、三浦金作「歩行条件の異なる歩行者の注視傾向について—街路空間における探索歩行時の注視に関する研究—(その四)」(『日本建築学会計画系論文報告集』2014年)。
18) 船越徹・積田洋・清水佐和子「参道空間の分節と空間構成要素の分析(分節点分析・物理量分析)—参道空間の研究—(その一)」(『日本建築学会計画系論文報告集』1988年)。
19) 井上充夫『日本建築の空間』(鹿島研究所出版会、1969年)。
20) 前掲注3)。
21) 材野博司・宮岸幸正「基本構造シークエンス景観と行動シークエンス景観との関係」(『日本建築学会計画系論文報告集』1992年)、宮岸幸正・材野博司「シークエンス景観における景観行動と空間の開放度・インパクト度との関係」(『日本建築学会計画系論文報告集』1992年)。
22) 宮岸幸正『景観行動から見たシークエンス景観に関する基礎的研究』(京都工芸繊維大学学位論文、1993年)。

第2章　歴史的環境把握のための一省察
──長谷寺での実験調査から

はじめに

　ここでは奈良県の古刹、長谷寺の境内空間の仕組みについて、参拝者の視覚行動を手がかりに考察を行う。なお考察に際して長谷寺境内の実測図を作成し、景観を展開図のように描いた図(以下「景観展開図」とする)を作成した。次に長谷寺の境内空間について記述・写真・図を手がかりに考察し、境内を構成する景観要素について考察する[1〜5]。さらに今回は長谷寺のご協力のもと、NAC社製のアイマークレコーダー(EMR9)を被験者に装着させ、境内参道を歩いてもらい、視覚データを収集した。実験の日時などは以下の通り。

・調査日時：2013年8月19日〜24日
・調査場所：長谷寺
・被験者数：12名

　得られたデータを分析することで、長谷寺境内の景観特性について、客観的な指摘を行う(「何を見ているか」よりも、「どう見ているか」に重点をおいた)。また被験者を背後からビデオ撮影し、被験者の行動・位置もデータ化した。なお先にも述べたが、寺院境内構成については、その信仰が手がかりになっているという意見がある。確かにそういった部分はあるが、その見せ場すべてをダイレクトに信仰と関連づけるには無理がある。筆者は、最終的な造形は造形者が(宗教的な意味を含めて)境内を歩く、参拝者の目を引く、足をとめる、といった「見せ場」を計画した結果、長谷寺のような景観が構成していったと考える。つまり今回は、アフォーダンスを意識した造形ポイントを信仰からは切り離し、修行者、参拝者の行動から見せ場を探し出す方法をとる。

1　境内空間構成の概要

　結論を先にいえば、長谷寺の最も重要な見せ場は下登廊を見通す仁王門部分と、本堂前の舞台からの眺めである。まず長谷寺の境内において特筆できる点は登廊の規模であろう。東アジア寺院のなかでも珍しい特徴をもつ当寺院の登廊は、仁王門からはじまり下・中・上登廊の三つによって構成され、本堂に接続される。このうち下廊が最も長く柱間四〇間あり、極端に低い蹴上げと広い踏面によって緩やかな登りを構成する。次の中登廊は進行方向右手におれ、

第 2 章　歴史的環境把握のための一省察

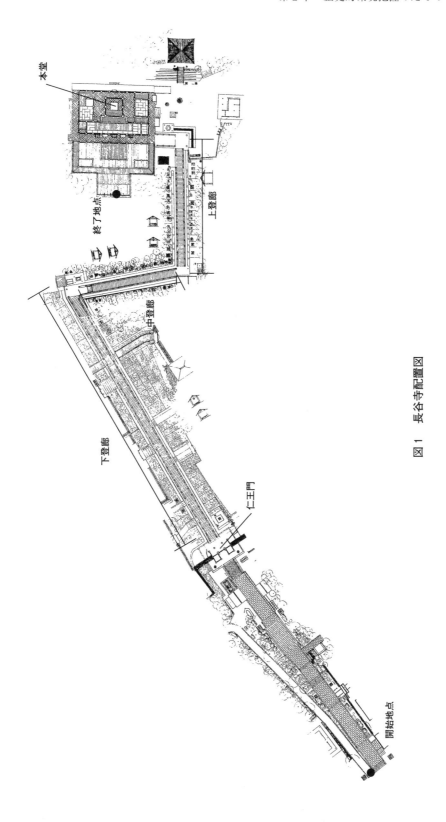

図 1　長谷寺配置図

第Ⅰ部

写真1　仁王門から登廊がみえる直前

写真2　下登廊

柱間一四間と短くなるとともに、登りがややきつくなる。この中登廊から左に折れると中登廊とほぼ同じ登りの上登廊が続き本堂に接続される。また本堂前には清水寺などと同様の懸造の舞台が設置され、そこから山々を望むことができる。次に具体的な分析を行う。

2　下登廊の構成

長谷寺の下登廊からの廊下の見えは、圧巻である。だれしもが、この山門あたりからみえる緩くながく続く廊にしばしの時間を失う、それほどの迫力がこの下登廊にはあるといえよう。本堂前の舞台からの景色をより迫力ある、アジアには他に例のない姿を私たちにみせてくれる。これから続く中登廊・上登廊は、下登廊ほどの迫力はなく、この下登廊の迫力が長谷寺の造形的見せ場であるといえよう。

さて参拝者は刻々とかわる環境とはいえ、それほど環境構造に大きな変化がみられないため、環境把握のための視覚行動は穏やかなものとなる。しかし例えば廊に「禁煙」などと書いているものなど、少しでも廊の環境構造に変化（アクセント）がみられる場合、人は必ずそれをみる。つまり単調な廊を進んで行くなかで、その単調性を少しでも崩す要素があればそれを見逃さず認識し、刻々とかわる被験者の環境把握が進められつつ、歩を進められて行く。

3　下登廊を歩く被験者の視覚行動

ここでは、下登廊についてアイマークレコーダーによる実験・分析・考察について述べる（章末のグラフ）。下・中・上登廊のうち、アイマークが最も顕著に出たのが下登廊である。グラフは上が被験者の下登廊垂直方向の視覚行動、下が水平方向の視覚行動を時間別場所別に示したものである。

実験データ解析の結果、アイマークが飛び抜けて極端な状況を示しているのが、境内へ足を踏み込み、仁王門の石段を登ると徐々に姿を見出す下登廊の最も奥をみる位置・タイミングである。つまりほとんどの被験者が、下登廊の一番奥がみえるにつれ、アイマークの乱れがほとんどなく、その一番奥を集中的にみている。これは恐らく下登廊空間が被験者に廊の奥をみる

第 2 章　歴史的環境把握のための一省察

ことをアフォードしているといえ、空間におけるこれほど強い視線のアフォードは長谷寺のどの空間にもみられることのない、強いものである。

　次に被験者が仁王門をくぐり、下登廊を歩いている被験者それぞれについてデータをみると、被験者個々、一番奥をみている。

4　中登廊・上登廊の構成

　これに対して同じ長谷寺の中登廊では、石段の角度は急になり、左右に灯籠などのエレメントが並ぶ。つまり下登廊に比べ、シークエンス構成要素エレメントが群を抜いて多い環境であることがわかる。こうした環境において被験者は、環境に点在する多くのエレメントを認識・把握することに必死になる結果、石段を登る被験者は左右を、リズムをもってみたり（みないと全体の把握ができないから）、石段前方に目をやったりするという視覚行為が現象として現れることになる。さらに上登廊になると左右に社や灯籠などの環境構成要素の他、石段最奥に愛染堂という環境構成要素が加わる。それを基軸に廊における環境全体を把握しつつも、左右にあるエレメントに対して石段を登って行くごとに確認、結果として視線の左右の動き、および前方への動きが頻繁になる。これは下登廊、中登廊にはみられない視覚行動であり、石段最奥に社などの環境構成要素がある場合、左右をみる。つまり下廊下のような閉鎖空間でもエレメントがあれば、参拝者はそれを意識的に見ることがわかる。

おわりに

　最後にここでは、本章の結果と今後の課題について述べることでまとめとしたい。

　まず被験者は歩行空間に変化、あるいは刺激がある場合はそれを見、刺激が少ない場合は、自ら見るものを探すという傾向にあるといえる（次章の今井町でも同様傾向がみられた）。こと下登廊は意図的に長い廊を左右の景色をみせながら歩く構成をとっているように思われる。この理由については不明であるが、密教的な修行の場として設定されたのかも知れない。

　そんななか「廊の奥をみる場所と行動（タイミング）の一致」は多くの被験者で認められた。このタイミングは、おおよそ仁王門下周辺に集中してみられ、視覚・歩行行動からみたとき仁王門下周辺は長谷寺を考える上で最も重要であるといってよかろう。長谷寺には数多くの環境デザイン学的創意工夫があるが、そのなかでも仁王門下からみる下登廊は、どの要素よりも環境デザイン学的要素の高い場所として注目してよいだろう。この理由としては、さまざまな要因が考えられるが、被験者が列柱の連続している下登廊を仁王門下からみると、柱と柱の間がみえず、まさに連続する柱に廊の虹梁、束、棟、垂木に囲まれた視覚的閉鎖環境であるためで

第 I 部

あると考えられる。これが意図されたものかどうかは不明であるが、視覚行動と歩行行動からみたとき、仁王門下周辺に長谷寺全体の環境を考える上で重要な要素を指摘することは可能である。

以上が長谷寺の廊についての考察であるが、いうまでもなく長谷寺のもう一つの見せ場は、本堂前にある大きな舞台である。

長谷寺には上に本堂、下に本坊がある。この二つがもっとも美しく、きれいにみえるのが、お互いがお互いを見る位置、つまり本堂は本坊からの見えが、本坊は本堂前の舞台からの見えが、最も美しく思える。しかしこのことはアイマーク実験をしたものの、断定できる傾向はみられなかった。ただ下にある本坊をどの被験者も目にしていることは印象的であった。この舞台部分のアイマークは今後の課題だが、何らかのアフォーダンスが期待できると考えられる。古代から現代にかけて脈々と受け継がれている造形、ほかにもいろいろ参拝者をアフォードする仕組みがある可能性がある。

このように長谷寺の下登廊は、「下登廊という空間が被験者に先をみさせる」というように人のふるまい(Human Behavior)を規定しているとえよう。

〔注〕
1) 樋口忠彦「シークエンス景観」(『土木工学大系13』彰国社、1977年)。いうまでもなく、シークエンスに関する議論を具体的に提示したのは、J. J. ギブソン、P. シール氏らであり(P. Thiel: *A sequence-Experience Notation*, Town Planning Review, 1961. April. J. J. ギブソン『生態学的視覚論』1979年)、シークエンスに関する言葉の定義は先にも述べた。つまり、特定の視点場から見える景観に対し、移動を伴う景観の変化を景観とする。この場合、移動を伴う景観はそうした変化そのものを含めてシークエンス景観とよぶわけである。
2) またアフォーダンスと歴史的建築空間(環境)に関する研究としては、齋藤洋也・迫田正美・岩井悠視「アフォーダンスの視点からみた『源氏物語』における和歌の機能と知覚的世界の表現について—建築における環境イメージに関する研究(4)—」(『日本建築学会学術講演梗概集』2008年)。樋口忠彦『ランドスケープとしての日本の空間』(技報堂、1975年)。
3) 宮岸幸正「基本構造シークエンス景観と行動シークエンス景観との関係」(『日本建築学会計画系論文報告集』No.438、1992年)。
4) 宮岸幸正・材野博司「シークエンス景観における景観行動と空間の開放度・インパクト度との関係」(『日本建築学会計画系論文報告集』No.440、1992年)。
5) 宮岸幸正『景観行動から見たシークエンス景観に関する基礎的研究』(京都工芸繊維大学学位論文、1993年)。

第 2 章　歴史的環境把握のための一省察

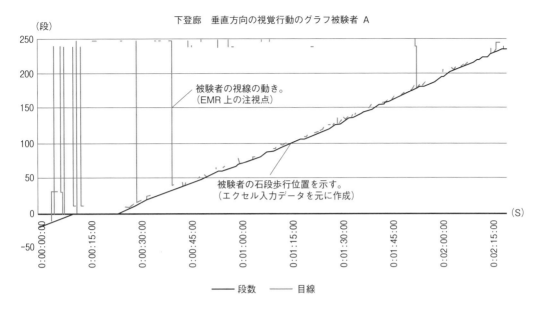

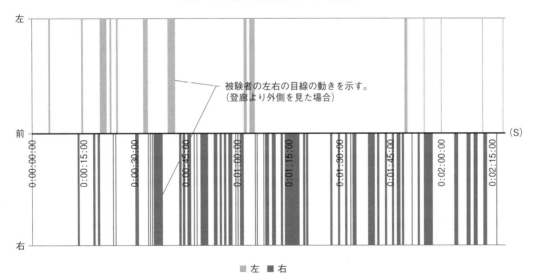

図 3　長谷寺のグラフの凡例
※左右の注視点の動きに厳密な高さ情報を与えることが難しくこのような体裁とした。

第Ⅰ部

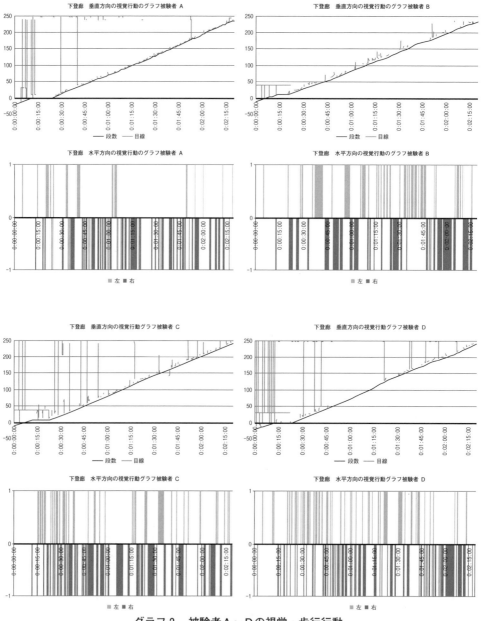

グラフ2　被験者A～Dの視覚・歩行行動

第 2 章　歴史的環境把握のための一省察

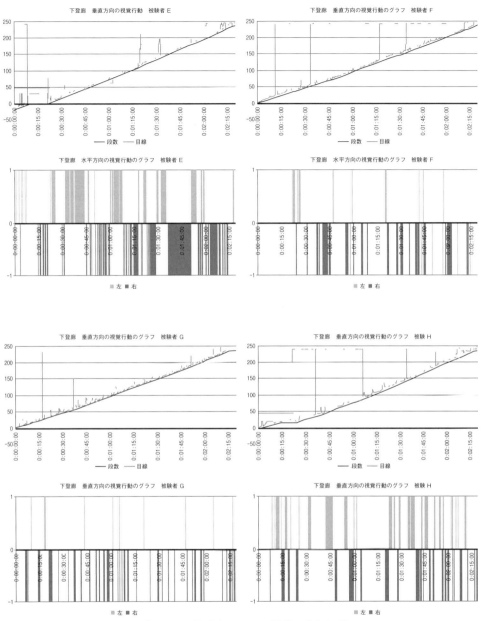

グラフ3　被験者E～Hの視覚・歩行行動

35

第Ⅰ部

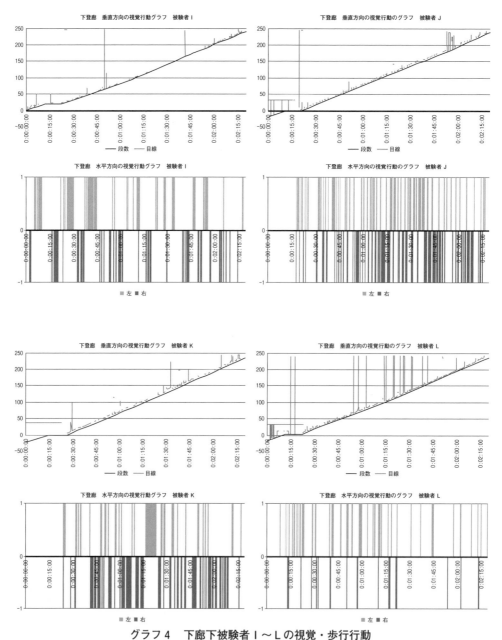

グラフ4 下廊下被験者I～Lの視覚・歩行行動
登廊、登りはじめの仁王門あたりで下廊下の最奥をみていることに注目、後は左右の景色を眺めている

第 2 章　歴史的環境把握のための一省察

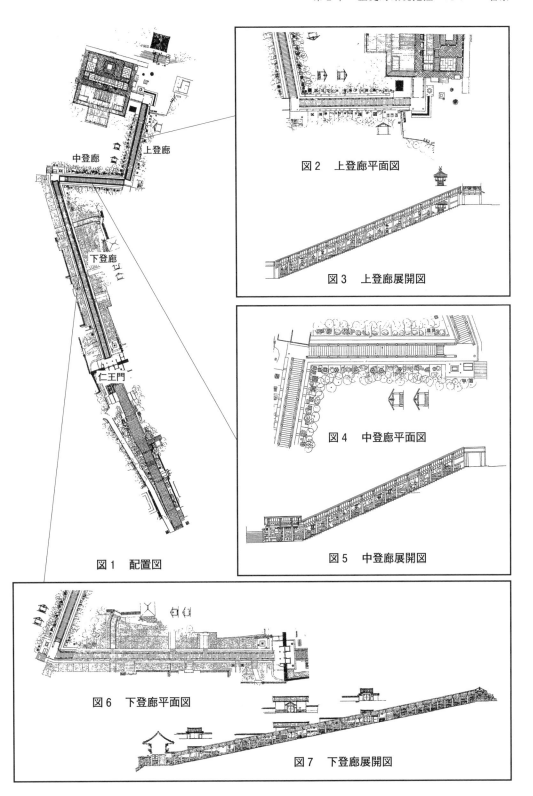

図1　配置図
図2　上登廊平面図
図3　上登廊展開図
図4　中登廊平面図
図5　中登廊展開図
図6　下登廊平面図
図7　下登廊展開図

第Ⅰ部

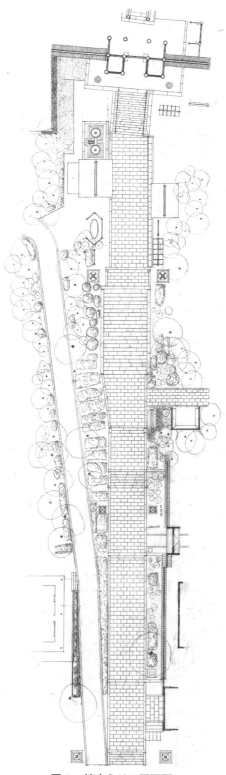

図8　境内入り口平面図

第 2 章　歴史的環境把握のための一省察

図 9　境内入口右側立面図

第Ⅰ部

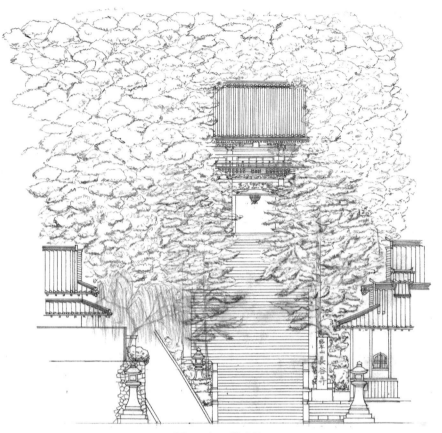

図10　仁王門遠景

図11　仁王門近景

第 2 章　歴史的環境把握のための一省察

図12　仁王門前と仁王門断面右側図

図13　仁王門前と仁王門断面左側図

第Ⅰ部

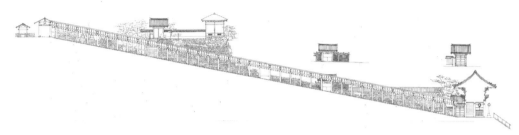

図14　下登廊右側図

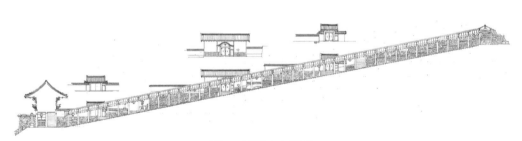

図15　下登廊左側図

第 2 章　歴史的環境把握のための一省察

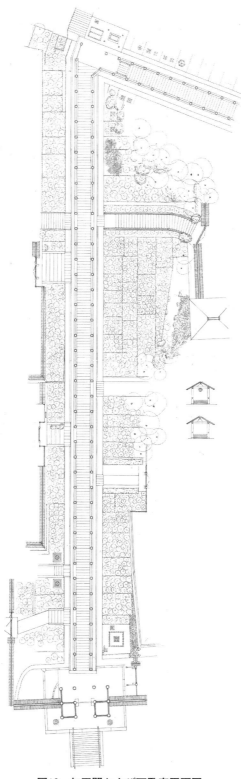

図16　仁王門および下登廊平面図

第Ⅰ部

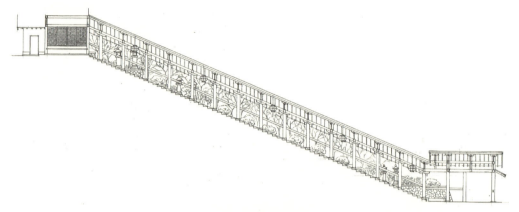

図17　中登廊右側図

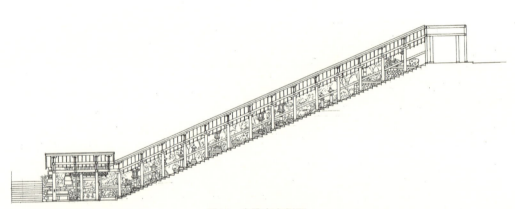

図18　中登廊左側図

第 2 章　歴史的環境把握のための一省察

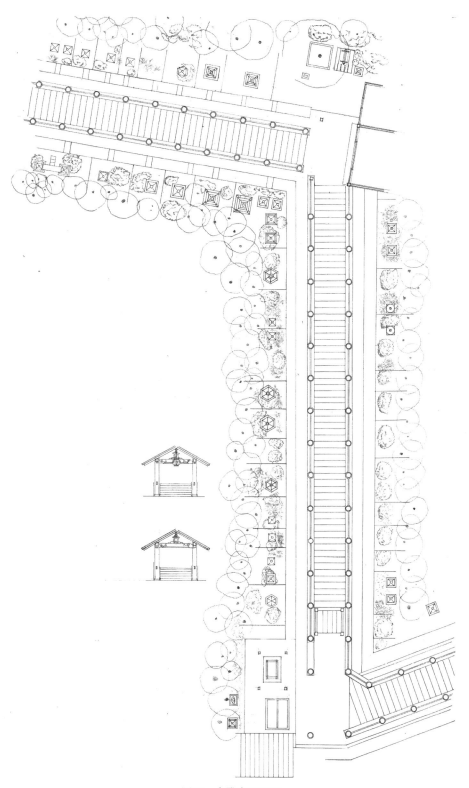

図19　中登廊平面図

第Ⅰ部

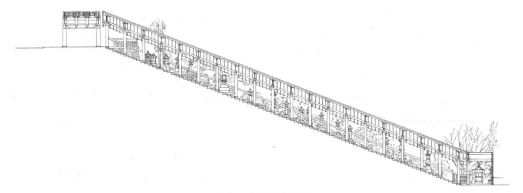

図20 上登廊右側図

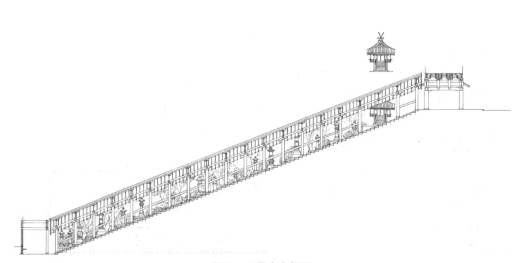

図21 上登廊左側図

第2章　歴史的環境把握のための一省察

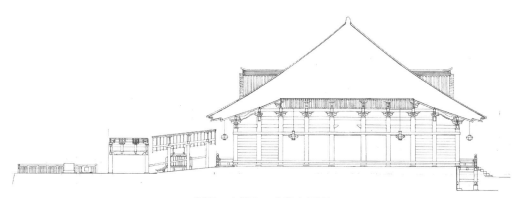

図22　上登廊・本堂立面図

第Ⅰ部

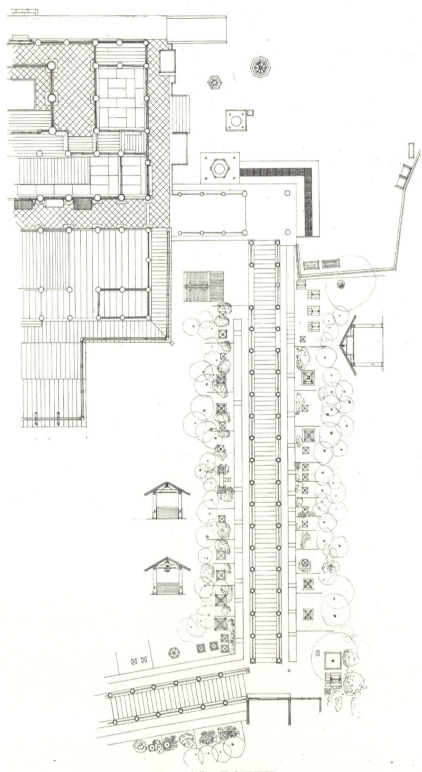

図23 本堂上登廊平面図

第 2 章　歴史的環境把握のための一省察

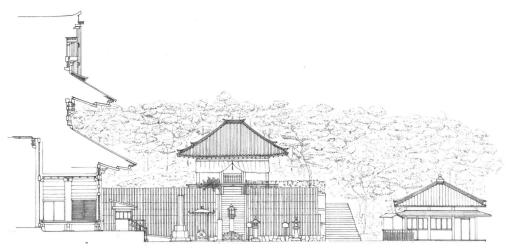

図24　本堂奥立面図

第Ⅰ部

図25　本堂側立面図

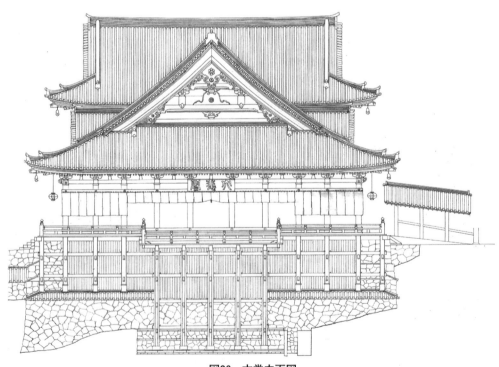

図26　本堂立面図

第 2 章　歴史的環境把握のための一省察

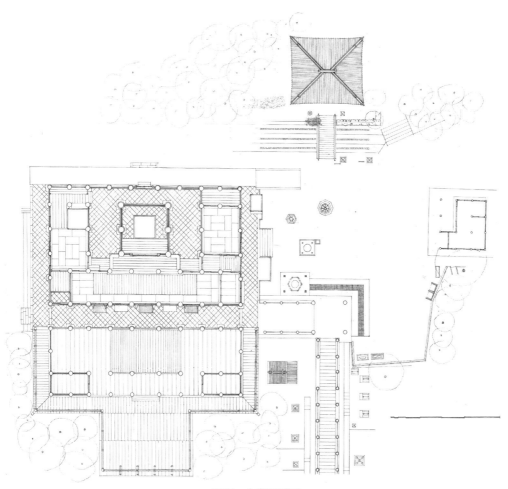

図27　本堂平面図

図28　本堂断面図

第 2 章　歴史的環境把握のための一省察

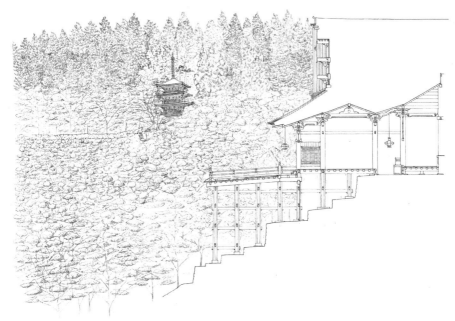

図29　本堂舞台からみえる五重塔

図30　本堂舞台からの風景

※なお、門、本堂部分は、独立行政法人奈良文化財研究所編『重要文化財長谷寺本堂調査報告書』(2004年)を元に作成した。

第3章　歴史的環境把握のための一省察
——奈良県橿原市今井町での実験調査から

はじめに

　日本の歴史的街並みについては、建築史学からの分析・評価があるが、それらの多くが、歴史的な関心に偏りがちであったため、街並みを歩く人が、その街並みをどう感じるのか、あるいは感じる上で、または行動する上で、街路空間にどのような仕組みがあるのかについての研究は少ない。

　そこで本章では、奈良県橿原市今井町の歴史的街並みの空間構成について、歩行者の視覚行動に注目し、彦根市キャッスルロードでの調査との比較も含めて、考察を試みる[1)～8)]。こうした歴史的な街並みの空間構成の一端が明らかになれば、今後の伝統的建造物保存地区、あるいは日本の一般的な歩行空間を考える上での一助になると考えられる[9)]。

1　研究の方法

　今回の実験は、歩行者の視覚行動を追尾できる機材(NAC社製アイマークレコーダーEMR9)を被験者に装着し、図1の街路A～E区間を歩いてもらい、得られた映像を分析する、という方法をとった。実験の日時などは以下の通りである。
・実験日時：2013年3月4日～6日　10：00～14：00
・被験者人数：18名(学生)
・分析データ：9名(学生)

　次に被験者の協力のもと、データに現れた被験者の注視点をあらかじめ作成した街路景観展開図(建築史学では連続立面図というが、ここでは景観展開図とよぶ)にプロットした(図5)。また被験者がみる街並みを図3のようにモデル化し、これについても同様に注視点をプロットした。注視点のプロットは30frame/1secの映像を3frameずつ分析した。なお第2節では、被験者(歩行者)が街並みのどのくらいの空間をみるのか、つまり空間における横と縦のレンジについて考察し、また第3節では、被験者が、左右の街並みをどのような頻度でみるのかについて分析する。

2　被験者がみる範囲(レンジ)に関する考察

　ここでは、被験者9人の協力のもと得られた注視点を、あらかじめ作成した街路景観展開図にプロットし、また被験者がみる街並みをモデル化し、これについても同様に注視点をプロットした。

　こうした分析によって気づいたことは、被験者が対象物を見る範囲(レンジ)の問題である。結論を先にいえば、被験者は一階の軒先および軒下と地面、そして前方といったレンジを多く見、ツシ二階あるいは、二階部分はほとんどみない(グラフ1～6)。また模式図についても、左右のレンジは壁面、上下のレンジは一階の軒先および軒下、および前方である(ただし、前方は左右ほど多くみていない)。

　次に今井町の街並みを構成する町家の基本ファサード構成(大戸口、格子、板壁、土壁、庇、庇瓦、(ツシ)二階壁、(ツシ)二階窓、二階瓦屋根)以外の要素(看板、張り紙、ショーウインドウなど)をもつ町家について、被験者の注視率を調べた結果、以下のとおりになった(グラフ3・4・5)。

・薬局　ショーウインドウ25%
・民宿　丸太看板44%
・骨董品屋　看板8%、ショーウインドウ38%
・饅頭屋　看板12%、のれん37%
・豆腐屋　看板13%、張り紙14%

　これらのことから、歴史的街並みを構成するファサードが連続する街路空間に、上に示したような異種の要素があると、被験者はそれをよくみることがわかった。被験者が基本ファサード構成以外に目をやるということは、それだけ目につくことを意味する。またそれらが目につくということは、背景となる街並み(地)に、ある一定の統一感があるためであると考えられる。

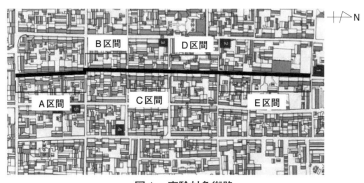

図1　実験対象街路

第Ⅰ部

写真1　典型的な町家

写真2　アイマークレコーダーの映像

写真3　民宿

写真4　薬局

写真5　饅頭屋

写真6　骨董品屋

写真7　豆腐屋

写真8　茶屋

写真9　実験街路

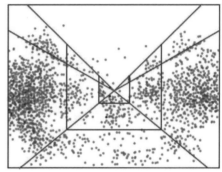
図3　街路モデル被験者Iプロット

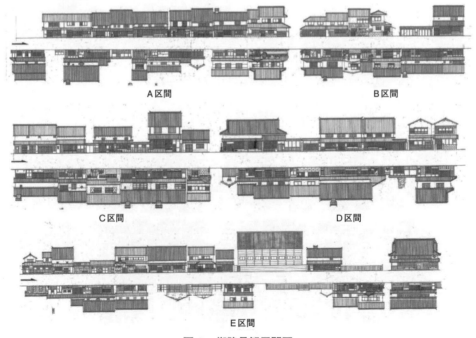
図4　街路景観展開図

第3章　歴史的環境把握のための一省察

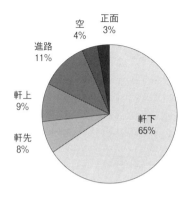

グラフ1　被験者全員の注視比率

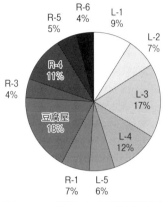

グラフ2　C区間における注視回数分布
C区間において進行方向をむかって左側の建物を「L」、右側の建物を「R」進行方向手前から、1、2、3と表記。

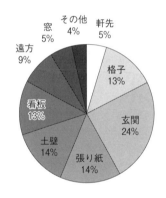

グラフ3　豆腐屋における注視要素比率

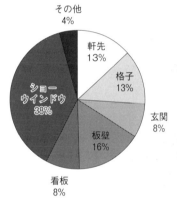

グラフ4　骨董品店における注視要素比率

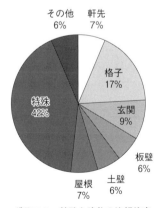

グラフ5　特殊な建物の注視比率
薬局、民宿、骨董品屋、饅頭屋、豆腐屋における注視要素の比率。各々の建物の特殊なアクセントは「特殊」の項目で一括した。

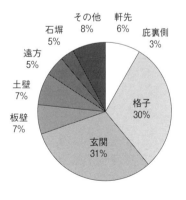

グラフ6　一般的な町家の注視要素比率
C区間において豆腐屋と沢山の張り紙が配置されていたL-3以外の建物の構成要素を対象とした。

57

第 I 部

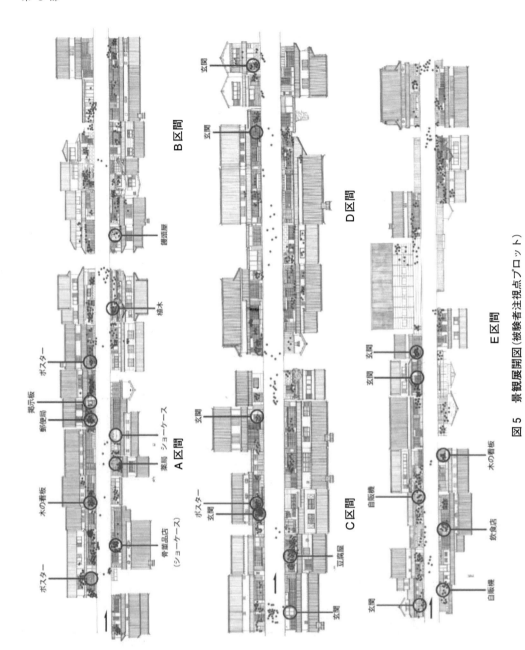

図 5　景観展開図（被験者注視点プロット）

58

第3章　歴史的環境把握のための一省察

　ところで今回の実験によって、被験者は一階の軒先と軒下、地面、そして前方といったレンジを多く見、ツシ二階あるいは、二階部分はほとんどみないことが明らかになった(グラフ1～6)。これについては近世の多くの絵画などに、近世期のデザインと人のふるまいを考える上でヒントになる絵が描かれている。すなわち近世の町家の多くは、一階の軒下に看板(以下、軒下看板とよぶ)を、そして軒先に横に細長く垂らされた水引暖簾が装置される場合が多い。つまり、軒下看板にせよ、水引暖簾にせよ、それは、ただ何となく設けられたのではなく、人のふるまいに素直なかたちで設けられたものであるといえる。近世の人々は、現在みられる一部のデザインのように、やや強引で根拠の乏しい行為ではなく、「歩行者が多く見るから、そこに看板をつくる」といった、人のふるまいを考慮した、自然な行為であることが改めて明らかになった。

3　分　　析

　ここでは引き続き、奈良県橿原市今井町における歩行者の左右の視覚運動について考察する。ここでは被験者が、実験フィールドである街路空間の左側、右側のどちらをみながらあるいているのかについて考察を試みる。グラフ7は被験者全員のそれぞれの視線の動きをグラフ化したものである。

　さてグラフをみると、どの被験者も左右をまんべんなくみていることがわかる。今回の今井町の実験で被験者は一階の軒下を多く見、ツシ二階あるいは、二階部分はほとんどみないことが明らかになった。ではなぜそうした見方をしたのか。残念ながらこれについては、今後の課題であるが、現在のところ筆者は以下のような解釈を想定している。今井町のような歴史的街並みのほとんどは、道幅がせまく(今回調査した街路の幅員は最大で4000mm、最小で2800mm)、幕府あるいは藩の建築規制、または町式目などによって、道幅・建設できる建築のデザインには制限があった。結果として、そういった、ファサードに規格のある建物が連続する街並みは、一見退屈なようにみえる。しかし街並みを構成する町家のデザインに統一感があると、そこを通行する歩行者があちらこちらに注意を向ける必要性がなくなり、視覚行動としては、むしろ余裕が生まれると考えられる(視覚的ゆとり)。またそこに商品や看板など町家の連続するリズムとは少し異なる要素があると、歩行者にとって商品や看板は顕在化する。逆に各町家の間口が各々好き勝手に建てられ、デザインもまちまちであった場合(あるいは看板がまちまちであった場合)、歩行者は一つ一つの町家の確認のための視線運動が優先され、商品や看板をみる余裕がなくなってしまうと考えられることもできよう。町家ファサードや道幅にある一定の制約をもった街並みは、歩行者の視覚的なゆとりをもたらし、視覚運動に特定のレンジを持たせつつ、アクセントになる看板などへの注視を喚起し、さらに視線行動に一定のリズムを持たせる、といった可能性が考えられる。つまり被験者は、ある一定の共通要素をもち、かつほぼ

第Ⅰ部

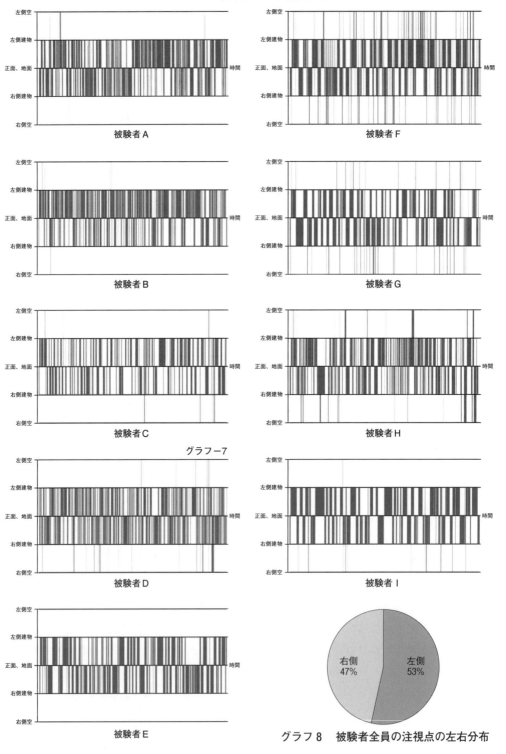

グラフ7　今井町での左右視覚行動

被験者A
被験者B
被験者C
被験者D
被験者E
被験者F
被験者G
被験者H
被験者I

グラフ8　被験者全員の注視点の左右分布

同じ間口の建物が並んだ街路においては、左―右を交互に一定のリズムをみるという傾向があると考えられる。また被験者は、少なくとも、左ばかり、あるいは右ばかりをみているわけではないことが明らかになった。

4 被験者のみる左右視覚行動――滋賀県彦根市キャッスルロード

ところで、彦根市のキャッスルロードは、彦根城そばにつくられた商業店舗群であり、片道2車線およびその両端に歩道があり、この歩道に沿って集景を施した商業店舗が並ぶ街路である。つまり歴史的な街並みを意識している点については、今井町と同様であるが、4車線の車道を設けている点、つまり道路幅員という点では今井町と大きく異なる。

今回筆者らは、この街路についてもアイマークレコーダーによる実験を行い、左右視覚運動について考察を試みた。実験の日時などは、以下の通りである。

・実験日時：2013年3月11～16日　10：00～14：00
・被験者人数：18名(学生)
・分析データ：9名(学生)
・なお歩行したのは、城郭からみて右側方向に店舗が配置された部分である。

次に実験で得られたデータを今井町同様分析した結果がグラフ10である。このグラフと今井町のグラフ8を見比べると、今井町の被験者が左右均等にみているのに対して、彦根のキャッスルロードにおける被験者の視覚行動は、右側を多く見る、などかなりバラツキのあるものであることがわかる。すなわち、今井町の左右視覚行動が左右のリズムを保っているのに対して、キャッスルロードには、そうした視覚リズム的なものはみられない。もちろん、これら二

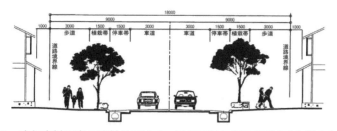

図6　彦根京橋の高さ関係(写真1上、図1下共に『新修彦根市史』巻9より)

グラフ9　キャッスルロードでの左右視覚行動

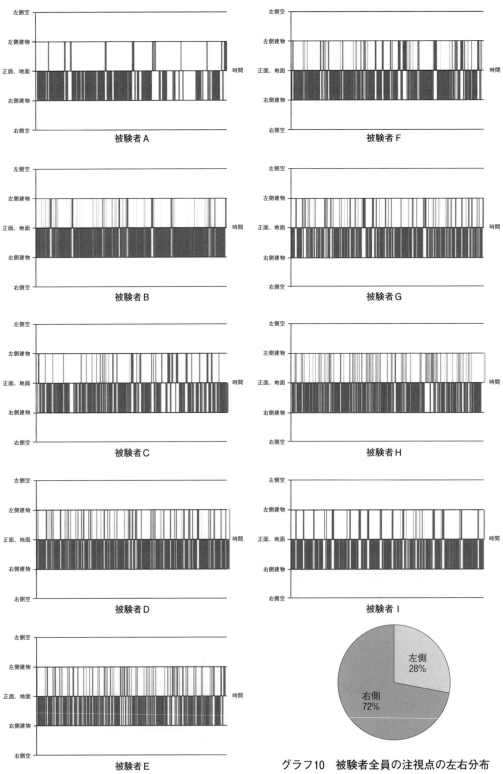

グラフ10　被験者全員の注視点の左右分布

つの街路は、道路幅員の違い、車道の有無など、さまざまな違いがあるので同列に扱うわけにはいかないが、少なくとも、歩行者が歩く街路においては、いくら歴史性を考慮した(修景)された建物を並べても、道路幅員がこれほど違うと、歩行者の視覚行動に違いが生まれること、ことリズムについては道路幅員が広すぎると生まれにくいことが明らかになった。言い換えれば、近世期の街並みの最大の特徴は、歴史的な建築物のファサード基本構成はもちろんのこと、道路幅員にあると思われる(この点において、現在の再開発や商業スペースのデザインには、注意が必要である)。道路幅員も文化財である。

おわりに

　以上、簡単なまとめと共に、今後の課題について述べたい。今回今井町について実験をおこなったなかで、歩行行動と視覚行動から街並みをみてきたが、歩行者が無理なく左右の店舗をバランスよくみるには、ちょうどよい広さの道路が近世期に形作られていたことは興味深い。またこの道幅が商業店舗の活性化に重要な役割を果たしていることが明らかになった。今後は事例を増やしながら、近世の道幅と商業店舗について考察を増やしていきたい。

〔注〕
1 ）　東京大学編『今井町の街並み』(1975年)。
2 ）　芦原義信『街並みの美学』(岩波現代文庫、1979年)、同『続街並みの美学』(岩波現代文庫、1979年)。
3 ）　E. ホール・日高敏隆ほか訳『かくれた次元』(みすず書房、1970年)。
4 ）　材野博司『かいわい―日本の都市空間―』(鹿島出版会、1978年)。
5 ）　宮岸幸正・材野博司「基本構造シークエンス景観とシークエンス景観との関係」(『日本建築学会計画系論文集』1992年)。
6 ）　宮岸幸正・材野博司「シークエンス景観における景観行動と空間の開放度・インパクト度との関係」(『日本建築学会計画系論文集』No.40、1992年)。
7 ）　妻木宣嗣『前近代のにぎわいと空間演出―日本におけるキワ空間と人のふるまいを手がかりに―』(なにわ・大阪文化遺産学叢書、2010年)。
8 ）　横山広充・宮岸幸正「視点場近傍の遮蔽状況を考慮した眺望景観の記述方法に関する研究―京都市内の眺望景観を対象として―」(『日本建築学会計画系論文集』2010年)。
9 ）　妻木宣嗣『近世の建築・法令・社会』(清文堂出版、2013年)。

第4章　京都府京丹後市域の神社における空間構成

はじめに

　本章は、京都府京丹後市にある173社の神社の空間構成について考察をするものである。具体的には、典型的な神社を抽出し、NAC社製のアイマークレコーダー(EMR9)を用いて、人の視線をみることによって在郷神社境内空間の特質について考察する。

1　京丹後市域の在郷神社について

　京都府京丹後市域には現在、小祠を除いて約173社の神社空間環境[1]が現存する。この京丹後市域における在郷神社の参道は、結論を先にいうと、共通して本殿をあまり見せようとしていない構成が認められる。つまり本殿まで、まっすぐ一直線上に続く参道は少ない。本殿の前に割拝殿風建物が鎮座している場合や、参道が45度、または90度折れ曲がっているものもある。加えて、参道が石段で構成されている。また石段で構成された参道に加えて、割拝殿風建物が鎮座している場合や、折れ曲がっている場合もある。
　以上のことから、各神社の境内図を作成[2]し、京丹後市域の在郷神社が持つ特徴の読み解きを試みる。
　今回、使用した境内図については、京都府京丹後市の地形図がデータ化されたソフトを使用し、妻木が1995年から2015年度の調査の際に空間構成が理解できる程度に参道の連続撮影を行ったものを基本データとして、京丹後市域の在郷神社の境内図を作成した。68〜69ページに作成した境内模式図を掲げる。

2　京丹後市域の神社が持つ特徴

　模式図を作成し読み解いた結果、京丹後市域の在郷神社が持つ特徴として、曲がり・隠し・割拝殿風建物・林・この四つの特徴が見られた。ここでは、各特徴について境内図を参考に述べる。

第4章　京都府京丹後市域の神社における空間構成

曲がり(折れ曲がり)

　久美浜町の八坂神社の境内図(図2)を例にあげる。この境内図のように、本殿に対してまっすぐ参道を作ることも出来るにもかかわらず、この参道空間は左に少し曲げられている。この他に、45度や90度など大きく曲げられている境内空間も見られた。この曲がりという特徴は、数多く見られたことから、京丹後市域の在郷神社の境内空間を構成において何らかの意味があると考えられる。また、網野町の眞玉神社の境内図の例(図3)のように、参道をわざわざ折り曲げなくても本殿に達する参道にもかかわらず、石段と右に約90度折り曲げた参道を設ける。

隠　　し

　網野町の眞玉神社の境内図(図3)を例に挙げる。この境内図のように、本殿に対して直角に参道を作らず、約45度の角度のついた参道となっている。曲がりが二度あるだけでなく、長い距離の踊り場、高低差によって、本殿を隠す境内構成となっている。曲がりだけでなく、石段による高低差によって本殿を隠す構成や、樹木によって隠された構成なども見られた。様々な手法が見られたが、共通して本殿を簡単には見せず、隠すという境内空間構成が見られた。

割拝殿風建物

　網野町の賀茂神社の境内図を例にあげる(図4)。この境内図のように、本殿に対してほぼ直線的に参道が構成できるものの、左に参道を折り曲げ、本殿の前に割拝殿風建物が鎮座している。これにより、割拝殿をくぐるまで本殿の全貌を把握することはできない。先述のように、本殿を隠す役割を担っている。割拝殿風建物は、共通して本殿の前に鎮座している。そこに至るまでの参道が、石段で構成されている場合や、曲がりで構成されている場合もある。割拝殿風建物は、京丹後市域の在郷神社における特筆すべき特徴であると考える。

林

　大宮町の若宮神社の境内図を例に挙げる(図5)。この境内図のように、本殿に対してほぼ直線的に参道が構成されているが、二つの石段によって高低差が生み出されている上に、本殿の周辺に多数の樹木が生成し林を構成している。この高低差と、樹木によって本殿の全容を簡単には見せない構成となっている。本殿の周辺に樹木が林立している神社は、多数確認できた。さらには、本殿の周辺のみ大きな樹木が存在していることから、京丹後市域の在郷神社の境内空間構成の重要な要素の一つであると考えられる。

日吉神社について

　網野町の日吉神社(図6)は、京丹後市域の在郷神社が持つ特徴である、曲がり・隠し・割拝殿風建物・林、この四つの特徴を全て境内空間に組み込まれている。
　境内空間は、本殿に対して直角に構成されておらず曲がりがある。その上、曲がる際には、

第 I 部

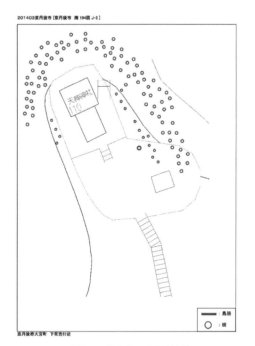

図1　大宮町　天神神社

京丹後市の地形図データを用い、京丹後市域の在郷神社境内空間を模式図化した。樹木を〇、鳥居を太線で表記した。

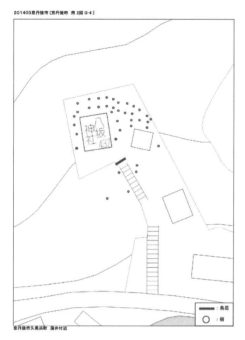

図2　久美浜町　八坂神社

まっすぐに参道を作ることができるにもかかわらず、参道空間が左に曲げられている。

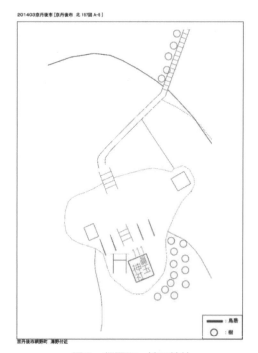

図3　網野町　眞玉神社

参道に約45度角度がついており、2度の曲がりに加え、さらに石段によって高低差が設けられている。

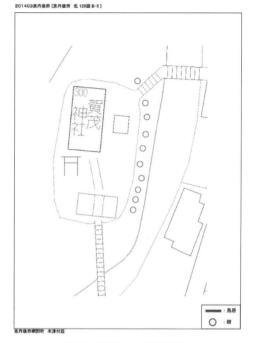

図4　網野町　賀茂神社

参道は本殿に対してほぼ直線的であるが、本殿前に割拝殿風建物が鎮座している。

第4章　京都府京丹後市域の神社における空間構成

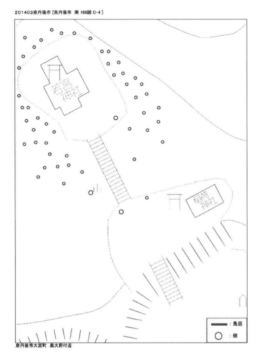

図5　大宮町　若宮神社

本殿に対してほぼ直線的に構成され、石段によって高低差も生まれている。さらに、本殿の周辺に多くの樹木が林立している。

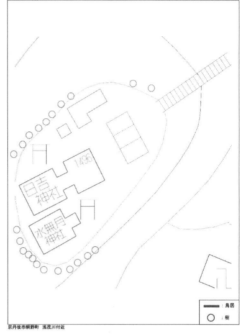

図6　網野町　日吉神社

本殿に対して直角に構成されておらず曲がりがある。その上、曲がる際には、急斜面の山肌が壁となり、先を見通せず隠している。石段による高低差によって本殿は確認できない上に、本殿の前には、割拝殿風建物が鎮座している。最後に周囲を樹木が取り囲んでいる。

急斜面の山肌が壁となり、先を見通せず隠している。石段による高低差によって本殿は確認できない上に、本殿の前には、割拝殿風建物が鎮座している。最後に周囲を樹木が取り囲んでいる。以上のことから、本社は京丹後市域の在郷神社が待つ特徴が一番組み込まれていると言える。

本章の射程

　京丹後市域の在郷神社が持つしくみを人のふるまいとシークエンスとの関わりから考察するにおいて、京丹後市域の在郷神社の四つの特徴、曲がり、隠し、割拝殿風建物、林、これらすべてを持つ日吉神社を対象に実験、分析を行う。それにより、日吉神社境内が持つしくみを読み解くと共に、京丹後市域の在郷神社が持つしくみを読み解く。

3　日吉神社境内におけるふるまいについて

　日吉神社(図7)は、京丹後市域の在郷神社が持つ特徴である、曲がり・隠し・割拝殿風建物・林をすべて持ち合わせている。そこから、日吉神社を実験対象とし、人のふるまいとシークエンスの関わりから読み取りを試みる。そうすることで、京丹後市域の在郷神社が持つしくみを解明できると考える。

(1)　日吉神社について

　日吉神社境内の入り口からは本殿を確認することはできない。本殿参道の一つ目の石段(二十五段、傾斜　約30度)を進み、一つ目の鳥居をくぐる。さらに進み、二つ目の石段(三十四段、傾斜　約29.8度)を歩くと、二つ目の鳥居に至る。この際、正面には急斜面の山肌が壁のように現れ、視界を遮られる。

　二つ目の鳥居をくぐった後、踊り場にて参道が45度左に曲がり、かつ三つ目の石段(四十九段　傾斜　29.6度)に至る。この石段下部より、踊り場から右に軸を振った割拝殿風建物を確認することができる。しかし、この時点では割拝殿風建物の全貌は確認できず、上屋のみわずかに視認できる。割拝殿風建物の全貌は、三つ目の石段を進むことにより、徐々に確認することができる。

　本殿は、石段を進む途中から割拝殿風建物の間から視認することができる。しかし本殿の全貌は、割拝殿風建物をくぐって初めて確認することができる。

(2)　研究の目的・分析方法

　日吉神社境内が持つしくみについて、参拝者のふるまいを手がかりに考察を試みる。考察の際、日吉神社境内を実測し、「京都府京丹後市　寺社建築物調査報告書　―網野町―」を参照、日吉神社の境内図を作成した。次に、日吉神社のご協力のもと、NAC社製のアイマークレコーダー(EMR9)を被験者に装着、日吉神社境内参道を歩いてもらい、視覚データを収集した。その際、被験者の背後映像もビデオ撮影で同時に記録した。実験の日時は、以下である。

・調査日時：2016年11月30日〜12月1日
・調査場所：日吉神社
・被験者数：12名

　得られたデータを分析することにより、日吉神社境内が持つしくみについて、客観的な視点からの指摘を行う。被験者の背後映像データを使用し、被験者のふるまいおよび位置のデータ化を行った。なお寺院境内構成について、その信仰が手がかりになっているという意見がある。確かにそのような部分もあるが、すべてを信仰と直結して関連付けるには無理がある。最

第4章　京都府京丹後市域の神社における空間構成

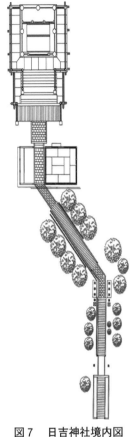

図7　日吉神社境内図

日吉神社の境内空間で実測を行い、境内図を作成。
京丹後市域の在郷神社が持つ特徴である、曲がり、隠し、割拝殿風建物、林、この四つの特徴が全て境内空間に組み込まれている。

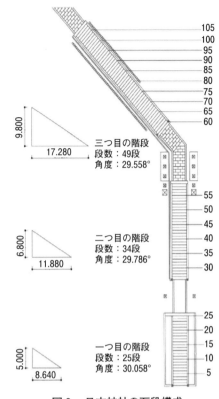

図8　日吉神社の石段構成

日吉神社境内には、三つの石段があり、総段数は百八段である。
・一つ目の石段は、二十五段、角度30.058°で構成されている。
・二つ目の石段は、三十四段、角度29.786°で構成されている。
・三つ目の石段は、四十九段、角度29.558°で構成されている。

終的な造形は造形者によるが、彼らが境内を歩く参拝者の目を惹く、立ち止まる、といった見せ場を計画した結果、日吉神社のような境内空間が構成されたと考えられる。

4　日吉神社境内におけるふるまいの特性

(1)　開始地点におけるふるまい

・注目点

　　日吉神社境内の開始地点で被験者が何を見るのか。

・分析方法

　　境内開始地点で被験者が何を見るのかを被験者12人それぞれ調査。

　　アイマークレコーダーで記録したデータを使用。

第Ⅰ部

表1

	開始地点で何を見るのか
被験者1	足元の石段
被験者2	一つ目の鳥居
被験者3	足元の石段
被験者4	石段の全容
被験者5	石段の全容
被験者6	石段の全容
被験者7	石段の全容
被験者8	石段の全容
被験者9	石段の全容
被験者10	石段の全容
被験者11	足元の石段
被験者12	石段の全容

被験者12人に対して、日吉神社参道入り口から歩き始めた際、まず何を視認しているのかを記録した。

・結果

被験者の大半が石段を確認している。さらに石段の全容を把握しようとしている。

被験者は、開始地点から見える境内空間である二つ目の石段までを確認し、把握しようとしたと考えられる。

ここでは、日吉神社境内の空間構成について何も知らない被験者が、開始地点においてまず初めにどのようにふるまうのかを確認する。

日吉神社の境内空間構成より、高低差や折れがよく見られるため開始地点からは、二つ目の鳥居までしか確認できず、本殿を視認することはできない。さらには、本殿手前に鎮座する割拝殿風建物についても視認することができない。以上の状況下で、被験者はどのようにふるまうか調査した結果が以下である。

表1から、被験者の大半は石段を確認し、さらには石段の全容を把握しようとした。境内空間の全容を知らない被験者は、まず自らが進むべき道を認識するため、境内全体を把握しようとする。しかし、高低差や折れによって、本殿ならびに割拝殿風建物をこの時点では視認できない被験者は、開始地点から見える境内空間である二つ目の石段までを確認し、把握しようとしたと考えらえる。

(2) 境内での視覚行動

・注目点

日吉神社境内において被験者は何を見るのか。何に反応するのか。

日吉神社境内において京丹後市域の在郷神社でも見られる特徴に被験者が反応をしめすのか。

・分析方法

境内で被験者が何を見ているのかを被験者12人に対して調査。

アイマークレコーダーで記録した視覚映像ならびに被験者背後映像を使用して、被験者の位置と視覚対象を関連付けて調査。

・結果

被験者は、足元の石段を確認する。自らの立ち位置の確認と安全に進むための視覚行動をとっている。

景観の変化に敏感に反応。

第4章　京都府京丹後市域の神社における空間構成

視認対象として、鳥居・狛犬・突き当りの壁・割拝殿風建物・灯籠。京丹後市域の在郷神社がそれぞれ持つ特徴に共通している。

日吉神社境内においてこれらを視認しているということから、他の京丹後市域の在郷神社においてもそれぞれに視線が惹かれると言える。

被験者は、日吉神社境内空間を進む中で、足元の石段を視認する。これは、自らの立ち位置の確認と安全に進むための確認行動といえる。さらに、被験者は景観の変化に対して、敏感な反応を示している。視認対象として、鳥居・狛犬・突き当りの壁・割拝殿風建物・灯籠があげられる。これらは、いずれも京丹後市域の在郷神社がそれぞれ持つ特徴に共通している。日吉神社境内においてこれらを視認しているということから、他の京丹後市域の在郷神社においてもそれぞれに視線が惹かれると言える。

(3) 突き当りの壁に対するふるまい

・注目点

日吉神社境内において、二つ目の石段直後の急斜面の山肌によって生み出された壁に対して、被験者がどのような反応を示すのか。

この壁は、京丹後市域の在郷神社が持つ特徴の一つである隠しの要素を持つため、被験者の反応から、隠しの特徴がどのような効果をもたらすのか。

・分析方法

被験者が突き当りの壁を見るのかどうかを被験者12人それぞれ調査。
アイマークレコーダーで記録したデータを使用。

・結果

全員突き当りの壁を視認している。このことから、見通せない所を見ようとしているということが言える。

京丹後市域の在郷神社が持つ「隠し」の要素に被験者にこのような動きを誘発していると考えられる。

ここでは、二つ目の石段直後の急斜面の山肌によって生み出された壁に対して、被験者がどのようなふるまいを行うかについて確認する。

日吉神社境内参道開始地点から被験者が視認できるのは、この突き当りの壁までで

表2

	突き当りの壁を視認するかしないか
被験者1	○
被験者2	○
被験者3	○
被験者4	○
被験者5	○
被験者6	○
被験者7	○
被験者8	○
被験者9	○
被験者10	○
被験者11	○
被験者12	○

被験者が境内を歩行する際、二つ目の鳥居を越えた先に急斜面の山肌が壁となって存在し視線をふさいでいる。そこに至った際、その壁に被験者が反応を示すのかどうかを記録した。

第Ⅰ部

ある。開始地点からは、二つ目の鳥居の間から壁のように見えるため、被験者は先に何があるかその時点では判断できず、この参道の先に何があるのか不明瞭のまま進むこととなる。参道の石段を進むにつれて、突き当りの壁が、山肌であることが徐々に視認することができる。

このように、表から被験者が全員突き当りの壁を視認していることが確認できた。このことから、被験者は、見通せない所を見ようとしているということが言える。開始地点から、進む先が不明瞭のまま境内参道を歩くことで、次に何があるのか、二つ目の鳥居の先をどのように進むのかを確認する動きであると考えられる。

（4） 割拝殿風建物に対する視覚行動特性

・注目点

日吉神社ならびに京丹後市域の在郷神社が持つ特徴の一つである割拝殿風建物に対して、被験者がどのような反応を示すのか。割拝殿風建物に対して、どの位置で見るのか、どれだけの時間見るのか。

・分析方法

被験者が割拝殿風建物をどのように視認するのかを被験者12人それぞれ調査。

アイマークレコーダーで記録した視覚映像ならびに被験者背後映像を使用して、被験者の位置と視覚対象を関連付けて調査。

境内が曲がったところから、割拝殿風建物に至るまでの区間で読み解く。

ここでは、割拝殿風建物に対して、被験者がどのようなふるまい、視覚行動を示すのかについて、視認位置ならびに視認時間の二つの観点で確認する。

割拝殿風建物は、二つ目の鳥居をくぐり、45度左に曲がった踊り場から右に軸を振って鎮座している。三つ目の石段の下部の位置では、割拝殿風建物の上屋部分しか視認できない。石段を進むと、徐々に割拝殿風建物の全貌が明らかになり、さらにはその間から本殿の一部も視認することができる。

割拝殿風建物に対する被験者の視覚行動を、視覚データと背後映像を基に数値化し、読み取りを行った。割拝殿風建物に対する視覚行動の確認のため、45度曲がった地点から割拝殿風建物に入るまでの区間で数値化を行った。その区間を45度左に曲がった地点、曲がってから石段まで、一段目から四十九段目まで、登り切ってから割拝殿風建物までの52分割とした。実測図を用いて、視認位置のプロットを行った。

（5） 割拝殿風建物に対する視認位置を用いた考察

・注目点

割拝殿風建物に対してどの位置で見るのか。

見る位置によって視認する目的が異なっているのか。

・分析方法

第4章　京都府京丹後市域の神社における空間構成

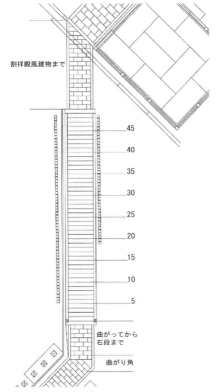

図9　実験区間における52分割の内訳

視覚行動の確認のため、日吉神社境内内の45度曲がった地点から割拝殿風建物に入るまでの区間で数値化を行った。その区間を45度左に曲がった地点、曲がってから石段まで、一段目から四十九段目まで、登り切ってから割拝殿風建物までの52分割とした。

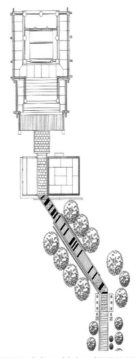

図10　割拝殿風建物に対する視認位置プロット図

日吉神社の境内空間で実測を行い、作成した境内図を用いて割拝殿風建物に対する視認位置のプロット図を作成した。はじめて割拝殿風建物が視認できる位置が、境内において一度目に曲がる場所であることから、その位置から割拝殿風建物までの区間で記録した。視認した位置に濃い色でプロットした。

　被験者が割拝殿風建物をどのように視認するのかを被験者12人それぞれ調査。

　アイマークレコーダーで記録した視覚映像ならびに被験者背後映像を使用して被験者の位置と視覚対象を関連付けて調査。

　境内が曲がったところから、割拝殿風建物に至るまでの区間で読み解く。

　この区間を、前半と後半に分ける。

　視認した位置を、日吉神社境内図にプロットした図を作成。

　エクセルを使用し、視認した場合を1、視認していない場合を0として数値化し、そのデータを使用し、各被験者の割拝殿風建物への視認回数、視覚位置の人数をグラフ化し、読み取る。

・結果

　前半と後半に分けた結果、後半部分での視認回数が前半部分に比べて多いことが読み取れる。

　前半部分では、被験者は、徐々に姿を現す割拝殿風建物に対して先の目的地を見ようとす

第Ⅰ部

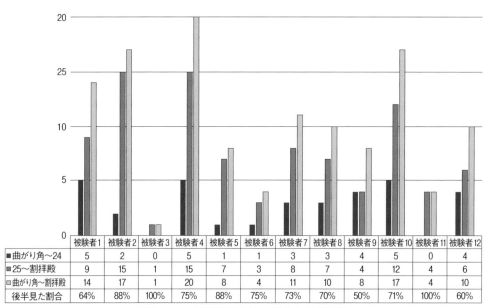

グラフ1　割拝殿風建物に対する視認回数

割拝殿風建物に対する視認回数のグラフである。数値化を行った区間を二十四段までを前半、二十五段から後半に分割して読み取りを行った。縦軸は視認回数をフレームで示す。横軸では被験者それぞれの視認回数を濃淡で示している。さらに、後半部分での視認回数の割合を示した。

　　る動きをしていると考える。一方後半部分では、全貌がほぼ明らかになった割拝殿風建物によって、その先の本殿が見えづらくなっていることから、割拝殿の先に何があるのかを見ようとする動きが多くの被験者から見られる。
　　被験者に対して、先を見ようとする動きと次の予測できない所を見ようとする動きを誘発している傾向が見られる。

　視認位置のプロットを基に、エクセルを使用し数値化した。視認した場合を1、視認しなかった場合を0とした。さらに、石段を進むと徐々に全貌が明らかになっていくことから、被験者の割拝殿風建物に対する視認行動にも違いが生まれるのではないかと推測し、数値化を行った区間を二四段までを前半、二五段から後半に分割して読み取りを行った。割拝殿風建物に対する視認回数および視認位置での人数についてのグラフである。

　前半と後半に分けた結果、後半部分での視認回数が前半部分に比べて多いことが読み取れる。これは、石段を進むことによる割拝殿風建物の見え方の変遷が関係していると考えられる。前半部分では、被験者は、徐々に姿を現す割拝殿風建物に対して先の目的地を見ようとする動きをしていると考察する。一方後半部分では、全貌がほぼ明らかになった割拝殿風建物によって、その先の本殿が見えづらくなっていることから、割拝殿の先に何があるのかを見ようとする動きが多くの被験者から見られる。以上のことから、割拝殿風建物は、被験者に対し

第4章　京都府京丹後市域の神社における空間構成

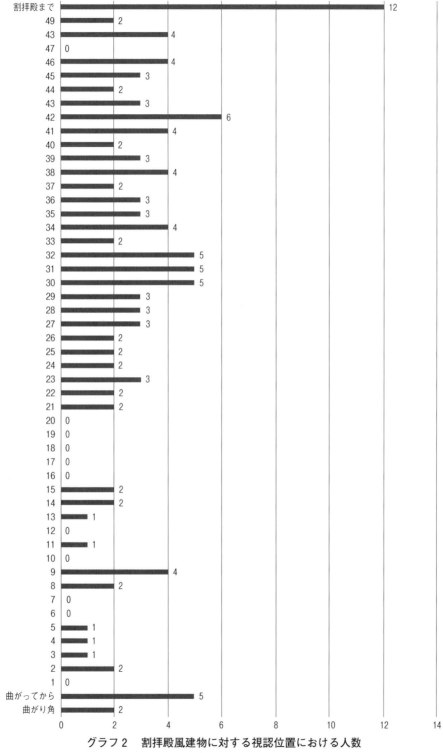

グラフ2　割拝殿風建物に対する視認位置における人数

割拝殿風建物に対する視認位置における人数のグラフである。視認位置のプロットを基に、エクセルを使用し数値化した。視認した場合を1、視認しなかった場合を0とした。縦軸は曲がり角から割り拝殿風建物までの52分割を示し、横軸ではその位置での視認人数を示す。

第Ⅰ部

て、先を見ようとする動きと次の予測できない所を見ようとする動きを誘発している傾向が見られる。

(6) 割拝殿風建物に対する視認時間を用いた考察

・注目点

　割拝殿風建物をどれだけ見るのか。

　前半と後半で違いが生まれるのか。なぜ生まれるのか。

・分析方法

　被験者が割拝殿風建物をどのように視認するのかを被験者12人それぞれ調査。

　アイマークレコーダーで記録した視覚映像ならびに被験者背後映像を使用して、被験者の位置と視覚対象を関連付けて調査。

　境内が曲がったところから、割拝殿風建物に至るまでの区間で読み解く。

　この区間を、前半と後半に分ける。

　エクセルを使用し、1秒30フレームとし、割拝殿風建物の視認位置での割拝殿風建物に対する視認時間を数値化。

　そのデータを使用し、各被験者の割拝風建物へ視認時間をグラフ化し読み取る。

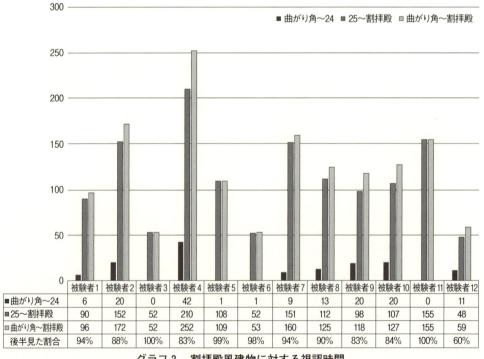

グラフ3　割拝殿風建物に対する視認時間

割拝殿風建物に対する視認時間のグラフである。縦軸は視認時間をフレームで示す。横軸では被験者それぞれの視認時間を濃淡で示している。さらに、後半部分での視認時間の割合を示した。

・結果

後半部分での視認時間が前半部分に比べて長いことが読み取れる。

前半部分では、視認時間の短かさから、被験者は徐々に姿を現す割拝殿風建物に対して先の目的地を確認するための視認行動であると考察する。さらに後半部分での視認時間の長さから、全貌がほぼ明らかになった割拝殿風建物によって、その先の本殿が見えづらくなっていることから、割拝殿の先に何があるのかを見ようとする動きが頻繁に見られる。被験者に対して、先を見ようとする動きと次の予測できない所を見ようとする動きを誘発している傾向が視認時間の観点からも見られた。

「(5)割拝殿風建物に対する視認位置を用いた考察」と同様に、視認位置のプロットを基にエクセルを使用し数値化した。1秒30フレームとし、視認時間の明確化を行った。さらにこの考察においても、石段を進むと徐々に全貌が明らかになっていくことから、被験者の割拝殿風建物に対する視認行動にも違いが生まれるのではないかと推測し、数値化を行った区間を二十四段までを前半、二十五段から後半に分割して読み取りを行った。割拝殿風建物に対する視認時間についてのグラフである。縦軸はフレーム数を表している。

視認時間においても、「(5)視認位置を用いた考察」と同様に、後半部分での視認時間が前半部分に比べて長いことが読み取れる。このことについても、石段を進むことによる割拝殿風建物の見え方の変遷が関係していると考えられる。前半部分では、視認時間の短かさから、被験者は徐々に姿を現す割拝殿風建物に対して先の目的地を確認するための視認行動であると考察する。さらに後半部分での視認時間の長さから、全貌がほぼ明らかになった割拝殿風建物によって、その先の本殿が見えづらくなっていることから、割拝殿の先に何があるのかを見ようとする動きが頻繁に見られる。以上のことから、割拝殿風建物は被験者に対して、先を見ようとする動きと次の予測できない所を見ようとする動きを誘発している傾向が視認時間の観点からも見られた。

(7) 割拝殿風建物付近でのふるまい

・注目点

割拝殿風建物が目の前に近づいたときに、被験者がどのようなふるまいを行うのか。

割拝殿風建物の間から見える本殿が被験者に対して何か影響を与えるのか。

・分析方法

被験者が割拝殿風建物前の踊り場でどのようにふるまうのかを被験者12人それぞれ調査。

アイマークレコーダーで記録したデータを使用。

・結果

周辺の灯籠や林を視認しながらも、頻繁に割拝殿風建物を視認している。さらには、左右どちらか片方のみを見るのではなく左右交互に、かつその視線移動を頻繁に行っている。割拝殿風建物の間から本殿の一部を視認することは可能である。しかし、本殿の一部に対

第Ⅰ部

する視認時間は、割拝殿風建物に対する左右の頻繁な視線移動に伴う時間よりも少ない。被験者に対して本殿前に鎮座していることにより、本殿を隠し、さらに本殿をより見せるという役割を担っていると言える。

　ここでは、割拝殿風建物付近での被験者のふるまいについて確認する。三つ目の石段を登り切った先には、短い踊り場を挟んで、右に軸を振った割拝殿風建物が鎮座している。割拝殿風建物があることにより、その先の本殿と周辺空間を視認することができない。割拝殿風建物の間から本殿の一部を視認することができるのみである。

　被験者は、石段を登り切った直後から、周辺の灯籠や林を視認しながらも、頻繁に割拝殿風建物を視認している。さらには、左右どちらか片方のみを見るのではなく、左右交互に、かつその視線移動を頻繁に行っている。その際、割拝殿風建物の間から本殿の一部を視認することは可能である。しかし、本殿の一部に対する視認時間は、割拝殿風建物に対する左右の頻繁な視線移動に伴う時間よりも少ない。

　このことから、割拝殿風建物は、被験者に対して本殿前に鎮座していることにより、本殿を隠し、さらに本殿をより見せるという役割を担っていると言える。

(8) 本殿に対する視覚行動特性

・注目点

　日吉神社ならびに京丹後市域の在郷神社が持つ特徴の一つである割拝殿風建物からかすかに見える本殿に対して、被験者がどのような反応を示すのか。

　本殿に対して、どの位置で見るのか、どれだけの時間見るのか。

・分析方法

　被験者が本殿をどのように視認するのかを被験者12人それぞれ調査。

　アイマークレコーダーで記録した視覚映像ならびに被験者背後映像を使用して、被験者の位置と視覚対象を関連付けて調査。

　境内が曲がったところから、割拝殿風建物に至るまでの区間で読み解く。

　本殿は、三つ目の石段を登り切り、踊り場を挟んで右に軸を振って鎮座している割拝殿風建物の先に鎮座している。そのため、三つ目の石段を登る際には、割拝殿風建物の間から見える一部しか視認することはできない。完全には視認することができない本殿に対して、被験者がどのようにふるまい、視覚行動を行うのかについて、視認位置ならびに視認時間の二つの観点で確認する。

　本殿に対する被験者の視覚行動を、視覚データと背後映像を基に数値化し、読み取りを行った。本殿に対する視覚行動の確認のため、45度曲がった地点から割拝殿風建物に入るまでの区間で数値化を行った。その区間を45度左に曲がった地点、曲がってから石段まで、一段目から四十九段目まで、登り切ってから割拝殿風建物までの52分割とした。実測図を用いて、視認位置のプロットを行った。

第4章　京都府京丹後市域の神社における空間構成

(9) 本殿に対する視認位置を用いた考察

・注目点

　本殿に対してどの位置で見るのか。

　見る位置によって視認する目的が異なっているのか。

・分析方法

　被験者が本殿をどのように視認するのかを被験者12人それぞれ調査。

　アイマークレコーダーで記録した視覚映像ならびに被験者背後映像を使用して、被験者の位置と視覚対象を関連付けて調査。

　境内が曲がったところから、割拝殿風建物に至るまでの区間で読み解く。

　この区間を、前半と後半に分ける。

　視認した位置を、日吉神社境内図にプロットした図を作成。

　エクセルを使用し、視認した場合を1、視認していない場合を0として数値化、そのデータを使用し、各被験者の本殿への視認回数、視覚位置の人数をグラフ化し、読み取る。

・結果

　視認回数、視認位置における人数においても、非常に少ない。

　割拝殿風建物に対する視覚行動と比べても非常に大きな差がある。

　割拝殿風建物の間から視認できる本殿の大きさも小さくなっていることも要因の一つと考えられる。しかし、その中でも、被験者は本殿を視認している。

　前半に比べて視認できる本殿の大きさが大きくなる後半に視認回数が多くなっていることがわかる。また、人数も後半に視認する被験者が集中している。被験者は見通せない所を見ようとしていると考えられる。

　割拝殿風建物が持つ、本殿を隠し、より見せる役割に被験者の視覚行動が反応していると言える。

　視認位置のプロットを基に、エクセルを使用し数値化した。視認した場合を1、視認しなかった場合を0とした。さらにこの考察についても、石段を進むと徐々に視認できる本殿も大きくなっていくことから、被験者の本殿に対する視認行動にも違いが生まれるのでは

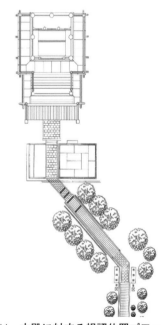

図11　本殿に対する視認位置プロット図

日吉神社の境内空間で実測を行い、作成した境内図を用いて本殿に対する視認位置のプロット図を作成した。はじめて本殿が視認できる位置もまた、境内において一度目に曲がる場所であることから、その位置から割拝殿風建物までの区間で記録した。視認した位置に濃い色でプロットした。

第Ⅰ部

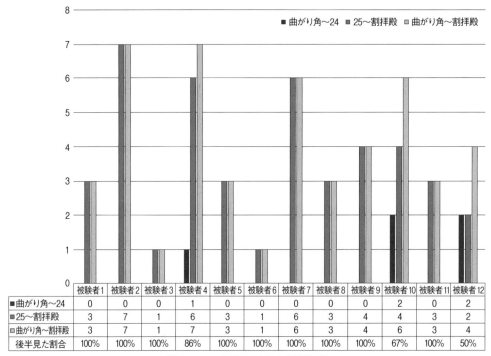

グラフ4　本殿に対する視認回数

縦軸は視認回数をフレームで示す。横軸では被験者それぞれの視認回数を濃淡で示している。さらに、後半部分での視認回数の割合を示した。

ないかと推測し、数値化を行った区間を二十四段までを前半、二十五段から後半に分割して読み取りを行った。グラフ4は本殿に対する視認回数についてのグラフである。グラフより、視認回数、視認位置における人数においても、非常に少ないことが見て取れる。「(5)割拝殿風建物に対する視認位置を用いた考察」と比べても非常に大きな差がある。三つ目の石段と割り拝殿風建物の軸がずれていることから、割拝殿風建物の間から視認できる本殿の大きさも小さくなっていることも要因の一つと考えられる。しかし、その中でも、被験者は本殿を視認している。グラフより、前半に比べて視認できる本殿の大きさが大きくなる後半に視認回数が多くなっていることがわかる。また、人数も後半に視認する被験者が集中している。このことから、被験者は見通せない所を見ようとしていると推察する。また、(7)で述べたように、割拝殿風建物が持つ、本殿を隠し、より見せる役割に被験者の視覚行動が反応していると言える。

(10) **本殿に対する視認時間を用いた考察**

・注目点

　本殿をどれだけ見るのか。

　前半と後半で違いが生まれるのか。なぜ生まれるのか。

・分析方法

第4章　京都府京丹後市域の神社における空間構成

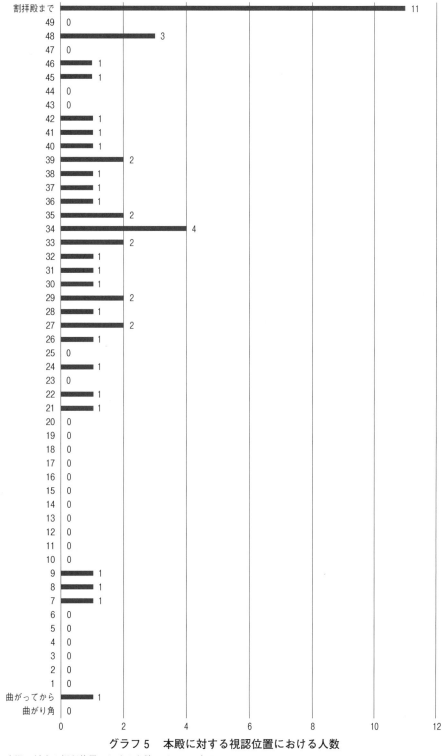

グラフ5　本殿に対する視認位置における人数

本殿に対する視認位置における人数のグラフである。
縦軸は曲がり角から割り拝殿風建物までの52分割を示し、横軸ではその位置での視認人数を示す。

81

第Ⅰ部

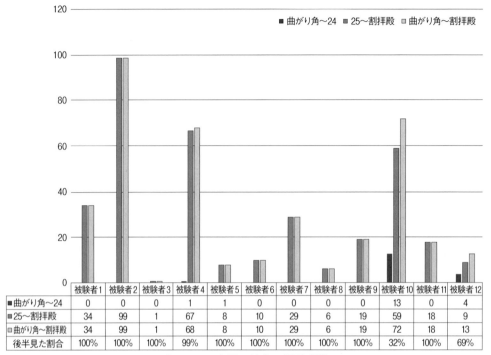

グラフ6　本殿に対する視認時間

縦軸は視認時間をフレームで示す。横軸では被験者それぞれの視認時間を濃淡で示している。さらに、後半部分での視認時間の割合を示した。

　被験者が本殿をどのように視認するのかを被験者12人それぞれ調査。

　アイマークレコーダーで記録した視覚映像ならびに被験者背後映像を使用して、被験者の位置と視覚対象を関連付けて調査。

　境内が曲がったところから、割拝殿風建物に至るまでの区間で読み解く。

　この区間を、前半と後半に分ける。

　エクセルを使用し、1秒30フレームとし、割拝殿風建物の視認位置での割拝殿風建物に対する視認時間を数値化、そのデータを使用し、各被験者の割拝殿風建物へ視認時間をグラフ化し読み取る。

・結果

　割拝殿風建物に対する視認時間に比べ、非常に少ない。

　少ない視認回数に対して長い時間視認していると読み解くことができる。

　割拝殿風建物の間から見える本殿の一部に対して、被験者は反応し、より良く見ようとしていると考えられる。

　割拝殿風建物が持つ、本殿を隠し、より見せるという役割に対して、被験者の視覚行動が反応し、行動を誘発されていると言える。

　「(6)割拝殿風建物に対する視認時間を用いた考察」と同様に、視認位置のプロットを基にエ

クセルを使用し数値化した。1秒30フレームとし、視認時間の明確化を行った。さらにこの考察についても、石段を進むと徐々に視認できる本殿も大きくなっていくことから、被験者の本殿に対する視認行動にも違いが生まれるのではないかと推測し、数値化を行った区間を二十四段までを前半、二十五段から後半に分割して読み取りを行った。本殿に対する視認時間についてのグラフである。縦軸は、フレーム数を表している。

　視認時間においても、「(9)本殿に対する視認位置を用いた考察」と同様に、割拝殿風建物に対する視認時間に比べ、非常に少ないことが見て取れる。しかし、少ない視認回数に対して長い時間視認していると読み解くことができる。このことから、割拝殿風建物の間から見える本殿の一部に対して、被験者は反応し、より良く見ようとしていると考えられる。このことから、「(7)割拝殿風建物付近でのふるまい」でも述べたように、割拝殿風建物が持つ、本殿を隠し、より見せるという役割に対して、被験者の視覚行動が反応し、行動を誘発されていると言える。

(11)　日吉神社境内が持つ特性について

　これまでの分析、考察から以下のことが読み取れた。被験者の視覚行動から、日吉神社境内参道において、割拝殿風建物に至る石段前半における先を見ようとするふるまいが読み取れた。また、割拝殿風建物に至る石段後半における次の予測できない所を見ようとするふるまい。突き当りの壁や、本殿に対する視覚行動に見られた見通せない所を見ようとするふるまい。割拝殿風建物付近や、本殿に対する視覚行動に見られた隠し、より見せるという役割への反応。この四つの行動が読み取れた。この四つの行動には、共通して視認できないものに対する期待が現れていると考える。さらに、これらの行動は、日吉神社境内参道から被験者の視覚行動に対して影響を受けた結果である。つまり、日吉神社境内参道によって、視認できないものに対して被験者は、期待感を持たされていると言える。このことから、日吉神社境内は、参拝者に対して期待を持たせるしかけを持っていると言える。

(12)　ま　と　め

　被験者の視覚行動から、日吉神社境内参道において、割拝殿風建物に至る石段前半における先を見ようとするふるまいが読み取れた。また、割拝殿風建物に至る石段後半における次の予測できない所を見ようとするふるまい。突き当りの壁や、本殿に対する視覚行動に見られた見通せない所を見ようとするふるまい。割拝殿風建物付近や、本殿に対する視覚行動に見られた隠し、より見せるという役割への反応。以上四つの行動を読み解くことができた。この四つの行動の共通点から、視認できないものに対する期待が現れていると考える。これらは、日吉神社境内が、被験者に影響を与えた結果である。このことから、日吉神社境内参道によって、視認できないものに対して被験者は、期待感を持たされていると言える。さらに、日吉神社境内は、参拝者に対して期待を持たせるしかけを持っていると言える。

第Ⅰ部

　日吉神社は、京丹後市域の在郷神社が持つ主な特徴「曲がり・隠し・割拝殿風建物・林」これら全てを備えたものである。このことから、被験者が日吉神社境内から影響を受けるということは、他の京丹後市域における在郷神社においても同じような影響を受けると言える。つまり、日吉神社境内は、参拝者に対して期待を持たせるしかけを持っていると言え、また、京丹後市域における在郷神社においても、同じように参拝者に期待を持たせるしかけを持っていると言える。

おわりに

　ここまで、日吉神社をサンプルに近世期に造形された神社空間の特質について考察を行ってきた。その結果、被験者の視覚行動ならびにふるまいは、日吉神社境内空間に見られる主な特徴に対して反応を示すことが明らかになった。さらにその行動は、先を見ようとするふるまい・次の予測できない所を見ようとするふるまい・見通せない所を見ようとするふるまい・隠し、より見せるという役割への反応であると考えられる。この四つの行動は、視認できないものに対する期待感から導かれた行動であると考えられる。つまり被験者は、日吉神社境内空間によって期待感を持たされている。言い換えると、日吉神社境内空間が、参拝者に対して期待を持たせる仕掛けを持っていると言える。さらに、この仕掛けというものが、日吉神社境内空間が持つ、京丹後市域の在郷神社173社に良く見られた。参道がまっすぐでない・山が削った結果できた壁がある・割拝殿風建物がある・林がある。これらが主な特徴であることがわかる。

　日吉神社境内空間についての分析によって、京丹後市域の在郷神社が持つ主な特徴に対して、参拝者は反応を示し、さらにそれによって期待感を誘発されていると考えられる。つまり、京丹後市域の在郷神社173社それぞれに、参拝者に何らかの期待を持たせる造形が行われている可能性がある（近代は微妙であるが）。

　以上のことから、近世期に造形された神社空間は、無作為に造られたものではなく、意図的な造形が組み込まれていたと考える。さらに近世期には、結果的にシークエンス的な造形を行っており、近世期の日本にそのような文化があったと言える。

　今後はさらに日本の歴史的空間構成に対する研究に関する論文を読み進め、研究すると共に、他の地域に現存する在郷神社からも本章で見られた特徴を読み取ることができるのか調査を引き続き行っていきたいと考えている。

〔注〕
1）　この環境は、神社内における建築、境内、境内を囲む自然、それらによって構成される景観などを総称した、広い意味での環境である。
2）　『電子住宅地図デジタウン　デジタウン　京丹後市　2014年』（ゼンリン）。

おわりに

　以上が本書第Ⅰ部の内容である。各章のまとめはすでに述べたので、くり返すことはせず、「おわりに」としたい。

　参拝者が歴史的建築環境を歩きながら見るのではなく、歴史的建築環境によってみせられているという考えは、環境デザイン学からの援用である。決してオリジナルではないことを付言しておきたい（筆者の場合は、宮岸先生の教授による）。とはいえ、この手の見方が今までの日本建築史学になかったことも、また事実であり、こうした見方によって、境内形状の解釈であるとか、環境の構成などの解釈に役に立つと思われる。

　こうした空間構成を当時の人々が概念としてもっていたとは考えにくい。しかし結果として、あるいは概念を通してみたとき、アフォーダンスやシークエンスが読みとることができるということは、地域的造形の特質ともいえるだろうし、信仰の具体化としての結果ということもできよう。重要なのは、それらをただ信仰だとか、地域性だけで片付けてしまうのではなく、こうした概念が内在している、あるいはそうした視点で読み解くことの意味である。少なくとも欧米ではあまりみない景観であると考えている。

　また実験室ではなく、実際の空間で実験できたことは、重要な意味をもつ。実験室だとスクリーンを使うので、自然と画角は制限される。しかし実空間だと、画角の概念がないので、回頭動作（宮岸氏による）も自由に行われ、極端にいえば360度すべてを網羅することになる。ゆえに実空間での実験は有意義なものであった（M＝ポンティーも『知の現象学』で言及している）。また実際の空間に何日も通い続けたからこそ、得た知見もあったものと考える。

第Ⅱ部

はじめに

　第Ⅱ部は第Ⅰ部に続くものであり、近世の建築環境を、人との関係から論述したものである。これまでも多くの論文が日本建築史と人をテーマとして論述されてきた。筆者も例外ではなく、建築と建築規制を中心にそれを取り巻く社会について、かつて考察を試みたことがある（妻木宣嗣『近世の建築・法令・社会』2013年、清文堂出版。妻木宣嗣・曽我友良・橋本孝成『近世の法令と社会―萩藩の建築規制と武家屋敷―』2017年、清文堂出版など）。

　内容は第Ⅰ部と異なり、近世期の絵図などの絵画史料を手がかりに、近世期の人々がどのようなふるまいを行ったのか、空間にどのようなふるまいを誘発するような仕組みを持っていたのかについて考察を試みている。

　具体的には、歴史的環境に身を置く人が、どういう行動を行うかを観察することから、日本歴史空間のアフォーダンス性、シークエンス性について考察を試みている（実空間のアフォーダンス、シークエンスについては第Ⅰ部を参照のこと）。

　また、近世の商業空間を描写した絵図などの絵画史料から、客と店員の位置、客の目線などについて考察することから近世商業空間の構成について肉迫している。

　例えば、名所図会などは人でごった返している様子がうかがえるが、よくよく注意してみると、店員のふるまいや客のふるまいをみることができる。第Ⅱ部では、そうした名所図会の成立過程も踏まえて考察を試みたものである。

第1章 「名所図会」に描かれた近世商業空間
――その成立過程

はじめに

　日本の近世期における町家の研究には、膨大な研究がある。これまでの町家研究は①間取りや構造の地域的・歴史的相違とその成立背景など、建築物そのものに着目した研究(主に日本建築史)[1]、および②町家に住む人々の生活や信仰などの人の生活と建築を扱った研究(主に民俗学)[2]に大別することができる。こうしたなか、生活上必要な人のふるまい[3]と町家空間、あるいは商いする側と客との関係から町家空間構成を考察する研究は、ほとんどないのが現状である。

　以下では、近世期の商業空間について、主に商品やサービスを提供する側の店員と、商品やサービスの提供を受ける側の客のふるまいを手がかりに、その空間構成の一端について考察を試みる。考察にあたって本章では、まず近世期に流行した「名所図会」の特徴について触れることから始める。次に、分析対象とした『日本名所風俗図会』に描かれた近世商業空間の特徴と傾向から、近世の「名所図会」およびそれに類する絵画史料に描かれる商業空間の特徴を明らかにする。

1　「名所図会」以前の名所案内記

　「名所図会」は「近世後期に刊行された、地名・名所・寺社などの沿革を説明した、絵入りの通俗地誌」[4]。である。「名所図会」の成立過程について述べたものは多く存在する[5]。中でも水江漣子氏の成した整理[6]が最も簡潔かつ明快に「名所図会」の成立に至るまでの大きな流れを述べている。そこで、彼女の整理を中心に据えて「名所図会」の成立以前の流れを概観し、次いで、本論における分析対象である「名所図会」の持つ大きな特徴について言及したい。

　水江氏は初期江戸の案内記の整理に際して、「作者の表現意識が、どのように読者となるべき対象にむかってはたらきかけたかを基準としてその成立」を分類することを試みて以下の四つの分類を行っている。

　　第一類：紀行文
　　　林羅山『丙辰紀行』、小堀遠州『辛酉紀行』などに代表される作者の一人称による紀行文。

第 II 部

作者の一人称であるから当然、作者と作中の語り手(以下、話者とする)は同一である。この紀行文の形式は近代まで変わらぬ形式として続く。

第二類：名所記事を含む物語性のある仮名草子
「仮名草子としての物語性をもち、そのなかに名所記事をふくむもの」で、『竹斎』や『東海道名所記』などがこれに当たる。作中に作者の姿がなく、作者とは異なる話者を設定する虚構の世界が描かれることに特徴がある。この類型は第一類の要素(和歌名所集や歌枕名寄などの古典的な文辞)をとり入れながら、娯楽性を軸とした、たとえば『東海道中膝栗毛』のような後期江戸小説の遍歴物作品となる。

第三類：物語性の後退した、名所記ものの仮名草子
『京童』、『鎌倉名所記』、『江戸名所記』などに代表される「物語性の後退した(とみるか付与されなかったとするか)仮名草子の名所記」ものを第三類としている。作者と話者がややつながりを保っており、作中の対象にむかってはたらきかけるのは、その両者半ばがあらわれた姿をもつと説明しているが、これについては例を挙げて説明したい。たとえば、第三類に属する『京童』は故郷への土産とするために、聡明な少年に案内させて、洛中洛外を遊覧するという形をとっている。この京都の名所を案内してくれる聡明な少年の背後には著者である中川喜雲が見え隠れする。このように、作者が作者として登場しないまでも、明らかに作者の意識を代表していると考えられる話者が登場する形で、名所を紹介する。また、「挿絵が多く、可視性のつよい」性格を持つことや、啓蒙的・実用的な知識が作中にちりばめられていることなどに特徴を持つ。年代的には寛文・延宝年間(1661～1682頃)を頂点として多く世に出された。しかしながら、名所記は徐々にその実用性を強めたため、この類型に属する案内記はやがて消滅分解してゆく。

第四類：所在を示した実用性の強い名所記[7]
「諸匠人・方角順道・町並里数・武家屋敷などの所在を示した実用性のつよい」名所記。『京雀』を嚆矢とし、『江戸雀』や『江戸鹿子』などが代表的なものとして挙げられる。「話者の雰囲気よりも作者の実利的な意図がつよく示される」傾向を水江氏は指摘している。この点について竹村俊則氏は次のように述べている。「元来名所記とは紀行文学の脈をついだものであって、その名のしめすごとく、名所の記述であるが、(中略)地誌としての組織に欠くるところがあり、またその編纂は著者の思い思いの好事に支配されて散漫になる嫌いがある。とはいえ堅苦しい官撰地誌とは違って文学的趣味に富むところがあり、とくに挿画を主として読者の眼をよろこばし、神仏の縁起・口碑伝説等の興味的記事を述べ、文中いたるところに和歌・俳句・狂歌等をおり込み、趣味的読みものとして、仮名草子とともに一般読書子の歓迎を受けるに至った。」[8] この竹村氏の指摘も併せて考えると、名所記は、背後に啓蒙的意識が明確に存在しているが、未だ体系的な知識を伝えるもので

第1章 「名所図会」に描かれた近世商業空間

はなく、その一方で多くの挿絵を有することもあって大衆に広く受け入れられていたといえよう。

　水江氏によれば、この第四類は年代的には第三類の出現後に成立し、貞享年間から元禄期（1688〜1702）に完成して享保（1716〜1735）頃まで流行、宝暦・明和頃から変貌し、『都名所図会』へと推移する。つまり、第三類における実用性が貞享から元禄にかけて強調される形で第四類は生まれ、さらにその実用性を強めることで、後の名所図会の成立に至ったのである。また、この第四類は道中記や地誌・旅行用心集・案内記などになり、さらに各種地図・町鑑・方角註解・その他の地理書にも派生していくと水江氏は述べているが、その派生はいずれも実用性が高い、すなわち記述に信憑性が求められるものばかりである。このような位置づけにある第四類の派生の中に、名所図会は位置していることは注意しておきたい。

　次に、この第四類の派生として位置づけられる「名所図会」の嚆矢である『都名所図会』の成立について見ることを通して、第四類と「名所図会」との決定的な違いについて示したい。

2　『都名所図会』の成立とその後

　『都名所図会』は安永9年（1780）に出版された。この『都名所図会』は「名所図会」の嚆矢として知られている。しかしながら、その著者である秋里籬島のことについてはいまだによくわかっていない。竹村俊則氏は、西沢一鳳の『伝奇作書』と滝沢馬琴の『異聞雑考』の二つの書にある籬島に関する逸話を用いて、『都名所図会』および籬島を紹介している[9]。竹村氏は、『伝奇作書』と『異聞雑考』の両者の内容が対照的であることから、「当事者の言や記録によったものではなく、いずれも人の噂や世間の評判にもとづいて記した」ものであることを指摘している。したがって、真実のほどはわからないが、両者に共通して述べられていることは『都名所図会』は非常によく売れたということである。滝沢馬琴の著すところによれば、一年有余にして四千余部を売りつくし、あまりによく売れるので、製本をしているひまがなく、刷り本に表紙ととじ紐を添えて売るほどであったという。

　『都名所図会』が世に出された当時は、「有力な名所地誌が多く刊行されており、もはや新人の擡頭する余地などは、ほとんどなかった」[10]と考えられていた。それにもかかわらず『都名所図会』が世に広く知れ渡り、また後に数多く編まれた名所図会の先駆としてなりえたということは、この『都名所図会』がこれまでの名所地誌、すなわち名所案内記の第四類から一線を画す何かを有していたと考えてよいだろう。鈴木棠三氏はこの『都名所図会』の画期について考察を行っている[11]。

　鈴木氏によると、出版企画としての名所図会は、「決して、革命的な改革でも創案でもない」が、「もし革新的だとすれば、これまでは机上で想像をめぐらしながら執筆されたものを、取

第Ⅱ部

材旅行により足で書くことに改めた点である」とし、この点が、「従前の作者も版元も意図できなかった革命的転換」であると評価している。『都名所図会』の凡例を見てみると、「この編の巻首には平安城をあらはし、その四方を帝都鎮護の四神に官どらしめ、神社の芳境、仏閣の佳邑、山川の美観等、今時の風景をありのままに模写し、旧本『花洛細見図』を増益して時々その遺漏を巡歴し、摂社・草庵たりとも一字も洩らさず、幼童の輩、坐らにして古蹟の勝地を見ることを肝要とす。」とある。また、『都名所図会』の成功を受けて出版された『拾遺都名所図会』の凡例には、「この書は、前編に漏れたるを拾ひあつめて、今の風景をたがはず図に模写し、その由縁を記し侍る。」とあり、「今時の風景をありのままに」、あるいは「今の風景をたがはず図に模写」することが非常に重要であったことがうかがい知れる。

　鈴木棠三氏は図会の言葉の持つ意味をその起源から考察し、以下のように述べている。
　　図会であることの要件は、挿絵の数が多いこと、しかもそれが文章と対等の位置が与えられていること、である。ただし、絵の数が多いといっても、任意の作品を収録した画集であってはならない。その絵は、或る一定の目的のもと説明画であることが必要である。そのような絵画を多数収録し、これを説明の文章と併載したのが、図会である[12]。

　これに類する指摘は市古夏生氏[13]なども行っており、図会という言葉の持つ意味からも名所図会が、「名所の説明画」としての側面が強かったといってよいであろう。この図会が挿画によって支えられているという認識が当時においてもあったということが滝沢馬琴の『異聞雑考』の中に『江戸名所図会』に関する批評から窺うことができる。すなわち、「江戸名所図会は、その功、編者は四分にして、その妙は画にあり、遠境の婦女子の、大江戸の地を踏むに由なきには、これにます玩物あるべからず」とあり、江戸を見ることの叶わない人々にとって江戸を伝えるほどの力をこの挿画が持っていることを賞賛している。

　『都名所図会』の成功によって多くの追随者が現れる「名所図会」であるが、上述の『江戸名所図会』の例からも想像されるようにその多くが強く意識した点とは間違いなくこの実景描写といってよいだろう。たとえば、『武蔵野話』（文化12・1815年頃）は名所図会という名を持たない地誌であるが、その凡例には「この書に記せる地理、遠近前後ありといへども、その地にいたり記すに前後あればなり。」とあるように、現地を訪れたことを明記している。『都名所図会』に多大な影響を受けたとされ、また最も広く読まれた『江戸名所図会』の附言にはさらに強くリアリティ重視の姿勢が示されている。すなわち、「凡そ神社仏閣の幅員方域を図するには、専ら当今の形勢を模写す、かつ地図の間に、四時遊観の形勢を絵くに、その態度・風俗・服飾・容儀、これ亦当今の形容を図す」と記されているのである。これほどまでに明確な表現でなくとも、当今の姿を描こうとしたという旨は『都名所図会』以降の多くの書に見られ、このことからも『都名所図会』以降において現地を訪れることは必要な条件となっていったといえよう。このように現地を訪れての描写に主眼が置かれた「名所図会」であるが、実景写生が大衆に知られていたことを伝える逸話も存在する。『江戸名所図会』の画師・長谷川雪旦に関する逸話がそれで、市古氏は『江戸名所図会辞典』の中で、『今古雅俗石亭画談』（明治17・

1884年)の「吏は賊かと疑ふ」のあらすじを紹介している。その内容は、以下のようなものである。

　　お茶の水に守山という鰻屋があった。一人の客が訪れ、熱心に店内や周辺を写生して帰っていった。その晩、鰻屋は泥棒に入られた。さては昼間に来た客はその一味が下見をしていたのかと悔しく思っていると、翌日その客が再び店にやって来た。店の主人の連絡により、客は役人につかまってしまった。その客は、自分は画家の長谷川雪旦であり、友人の斉藤月岑が『江戸名所図会』を編集し、挿絵を依頼されたのでこのように写生して歩いているのだ、とスケッチを見せて弁明した。店の主人は自分の早とちりを詫び、一同大笑いした。

　市古氏も「多分に誇張されていよう」ことは当然指摘しているが、このように描かれてしまうことこそが、「名所図会」が実景写生に主眼を置いていたことを示すといえるだろう。この他、中根香亭著『香亭雅談』(明治19・1886年)の中にも雪旦が江戸を写生して歩いたことが記されている。

　以上、「名所図会」の嚆矢としての『都名所図会』がなした大きな画期が実景描写による挿画にあることを示し、それらが後の「名所図会」において重要な位置を占めたと考えられることについて言及した。第3章では、この実景描写による「名所図会」を分析対象とし、考察を進めるが、これに先立って、以下では、絵画史料を用いた研究史の整理とその中での本章の位置づけを行い、その後に分析に用いた史料である『日本名所風俗図会』全体における店舗空間について考察を試みる。

3　絵画を通してみた景観と建築空間

　これまで、江戸時代初期の名所案内記の発達過程およびその後の画期の一つである『都名所図会』の成立までを概観し、その結果として名所図会が実景描写を強く意識したものとして大衆に受け入れられたものであることを示した。『日本古典文学大辞典』[14]の「名所図会」に関する説明の中に、「近世初期の地誌の類とは違った、親切で平易な文章、実景写生の挿絵を多く入れて、読者の興味を一層誘発する構成をとっていて、娯楽的な読物として大いに歓迎され、秋里籬島著・竹原春朝斎画の『都名所図会』六巻十一冊(安永9年(1780)京都吉野屋為八刊)に始まって、同類の書が続出刊行されるに至った」とあることからも、実景描写が名所図会の名所図会たる所以であり、当時においてこのことが大衆に高く評価され、また編纂を試みた者たちにとっても強く意識されていたことがわかる。当時の大衆が「名所図会」が実景描写に基づくものであったという前提を認知した上で受け入れられていたということは、仮に実際の地に訪れないままに描かれた描写であった場合においても、少なくとも当時の人々にとって不自然ではない店舗描写がなされていたといえる。滝沢馬琴が高く評価したように当時の人々はそこに

第Ⅱ部

実景描写、すなわち、真景を見たのであるが、裏を返せば明らかにおかしいと感じる描写が一つでも含まれていれば、現代の写真ほどの客観性を持ち得ない絵画であるがゆえに、それだけで図会全体に対しての評価も落とすこととなったと考えてよいだろう。つまり、『都名所図会』以降に続々と刊行される「名所図会」の中に描かれた挿画は、たとえ実際に現地を訪れて描かれなかったとしても、近世期の人々の心象の中にある店舗の埒外におかれることはなかったはずなのである。本章はこの実景描写あるいは近世期の人々の心象を反映する描写がなされ、当時の人々に解釈された「名所図会」を対象に近世商業空間について考察するものである。本章では特に、絵画に見られる人物描写を手がかりとして考察を進める。そのために、まずここでは「名所図会」において人物描写がどのような役割を持っていたかを明らかにし、人物表現をどのように捉えるかを明らかにしたい。

「名所図会」の嚆矢である『都名所図会』の凡例の中に人物表現について次のような記述がある。

> 図中に境地広大なる所は究めて細画なり。狭少なる神祠小堂はまた爾らず。かるがゆゑに図毎に人物あり。形容いたって微少なる人物は、その地広大としるべし。形容微少ならざるは境地狭少なり。譬へば加茂社と野宮との境地を知らするの便なり。

これによれば、その後の「名所図会」に先鞭をつけた『都名所図会』において、人物描写が対象である寺社の境内などの大きさを読者に伝えることを意図して描きこまれた、きわめて説明的なものであったことがわかる。また『紀伊国名所図会』の凡例には人物描写について二つほど触れている。一つは「地に広狭ありて紙に大小なし。故に地広大なるものは、その図に随って細密なり。ここをもって図毎に人物をい出せり。その形の大小により、その広狭を想ふべし。」というもので、これは『都名所図会』における人物の扱いと同様であり、真景描写と共に図の説明に人物描写を用いる手法も後続の「名所図会」は学んでいたことが窺える。もう一つは、「図中まま人物の大図を出だすものは、その地に関係る怪談・奇話・仏説等の、往々古書にみえたるを交へ引いて、児童の欠伸を慰せんが為なり。」というもので、ここからは「名所図会」が読者の目を強く意識して出版されたものであるということが感じられる。

図の説明あるいは児童の目をひくために人物が描かれたことが編者によって記されていることから考えても、実景写生と共に「名所図会」において人物描写は説明の意図を持って描写されていたと考えられる。仮に実景描写を行っていない絵画であっても当時の人々に不自然さを感じさせない描写がなされていたと考えられることは既に述べた。このことは絵画に説明的に描きこまれる人物についても同様であるはずである。さらに言えば、多くの読者に対して名所を紹介しようという意図を持って描かれていたことを考えれば、そこに描きこまれる人物描写一つ一つに説明的役割を与えていた可能性さえ考えられるのではないだろうか。ここで改めて、次章で触れる『花の下影』における人物描写を思い起すと、この可能性はより高いものとなるだろう。『花の下影』において人物は店舗の様相を伝える説明としての側面を有していたと考えられ、かつ、食のガイドブックとしての『花の下影』は、名所のガイドブックとしての

第 1 章　「名所図会」に描かれた近世商業空間

「名所図会」の影響を少なからず受けていることは疑いのないことであろう。このように考えれば、「名所図会」中に描きこまれた人物は当時の様子からして不自然なものでないばかりか、その描写の一つ一つは何らかの説明的意図を有するものと考えてよいと思われる。本章(および次章以降)はこのような観点に立ち、「名所図会」に描かれた近世商業空間について人物描写を手がかりに考察を行う。店舗の描写と共に描かれる人物は店員や客などが考えられるが、これらの描写は店舗空間あるいは街路も含めた街路全体の様子を説明するために描きこまれたと捉え、これらの人物描写のふるまいに着眼することを通して、従来あまり考察されてこなかった近世商業空間の使われ方、あるいはそこに対する人々の心象について明らかにすることを目指している。

　さて、「名所図会」や名所案内記に関する研究、あるいは上述のような「名所図会」の性格を前提とした研究が、様々な分野において多くまた長きに渡ってなされている。「名所図会」の書誌学的研究は戦前から始まっている。たとえば、大正5年(1913)に雑誌『此花』に無署名で[15]「江戸名所図会編纂始末」が、上下二回に分けて掲載されている。その後多くの研究や解説がなされているが、戦前から始まる書誌学的研究は朝倉治彦氏によって一度整理されたと考えられる[16]。非常に膨大な蓄積のある書誌学的研究であるためそれらを整理することは難しい。また、本章の目的とするところではないこと、および整理しうるだけの見識を持ち合わせていないため、詳述は避けたいと考えるが、最近のものでは藤川玲満氏が『都名所図会』とこれに強く影響を受けたとされる『江戸名所図会』を記述方法のレベルまで比較することを通して、『江戸名所図会』の構成および記述内容について検証しているもの[17]などがある。

　このような膨大な「名所図会」およびそれ以前の名所案内記の書誌学的研究を背景において、近世期の名所観あるいは景観に対する意識などを考察した研究も多く見出せる。

　たとえば、渡辺・内藤両氏は名所案内記を複数取り上げ、そこに描かれる内容を建築や土木のような形態要素、行事などの意味要素、季節などの風土要素の項目によって分類し、当時の景観に対する心象特性の把握を試みている[18]。当時の心象特性を捉えようとする点は本章と共通する。その一方で、本章のように心象特性に基づいて描かれる店舗空間という具体的内容に踏み込もうとするものではないため、この点では本章とは異なる研究といえよう。この他に都市計画の分野においては、樋口・杉山・横山氏らが『江戸名所花暦』と『東都歳事記』の中から四季の景物とその景物ごとの名所数を抽出・整理し、また地図上にプロットすることで、江戸の四季の名所について考察している[19]。分析を通して、四季の名所が江戸市民の生活のリズムやスタイルに対応するかたちで成立していたものと考えられることなどを指摘している。また、江戸の名所が名所たりえたのは、「それらの背後や周囲に広大な武蔵野や田野という自然の背景が存在し、名所の奥ゆかしさ、奥性を保証していたからであるとみられる。この背景としての自然が市街化され、市街地の中の寺社や園地がポツンと取り残され、これらの名所が奥深さを喪失し、矮水性のみ目立ってくるのは明治後期に入ってのことである。」という指摘には、明らかに明治という時代に思想の変革があったことを物語るものである。樋口氏らが冒頭

第Ⅱ部

において、緑のマスタープランづくりや景観のマスタープランづくりという論文執筆当時の都市情勢を例に取り、「たとえ意図的であろうとなかろうと、日本の都市の歴史を振り返ってみれば既に存在していたはず」の情緒的な価値を考慮した都市づくりについて考察し、現代都市への教訓とすることを目的とする態度には今なお学ぶべきところが多い。また、樋口・杉山両氏は「明治期東京の名所絵を分析対象にして、明治期東京の名所の変遷過程と特徴とを明らかにするとともに、現代都市の名所づくりに何らかの教訓をえることを目的と」して考察を行っている[20]。この中で、名所絵に選ばれた場所および描かれた対象について整理を通して、名所絵に選ばれた場所が広重の「名所江戸百景」に選ばれた名所の分布パターンを色濃く反映し、継承していることを明らかにしている。この他に、羽生・岡野両氏は「江戸期に成熟した名所を抽出、立地特性やアピールポイントを明らかにした上で、それらが有している名所としてのポテンシャルが明治以降どのように変化しているかを明らかにする」ことを目的として『江戸名所記』などの江戸・東京の案内本を分析している[21]。背景には、「需要者側、すなわち行楽者からみた対象空間（＝名所）がどのような変遷をたどったかを明らかにする」試みがあり、この点は近世（～近代）の「外部空間」が当時の人々にどのように解されてきたかを捉えようとする本章の意図するところと共通する。しかしながら、本章では明治期は当時の人々が気づかないままに様々な物事が変化した時代であると考えており、アピールポイントのように当時の人々の示したものを示したままに捉えることを目的としていない点で異なっている。

　これまでに挙げた研究は名所の特性あるいは名所の変遷などに着目したものといえる。これ以外にも、絵画として描かれること＝当時の心象特性と捉える考えに基づいて、当時の人々の思想を垣間見ることを試みた研究がある。たとえば、岩松文代氏は、『都名所図会』や『拾遺都名所図会』が「都」という題名を持つにも関わらず、洛中の名所すなわち都市名所以外の奥山や山里を紹介していることに着目し、そこから近世京都における山村観について考察している[22]。名所観の考察という点でこれに類する研究としては、佐々木・平岡両氏の研究がある[23]。これは『江戸名所記』の中で説明される名所の説明のうち、「樹木、風情、眺望という点から」分析を行なったもので、文章表現の中に現れる樹木などに関する言葉を抽出・考察するほか、名所の配置についても考察し、結果として歌枕として詠まれる名所ではなく、風情を楽しむ名所が17世紀後半に増えていくことを明らかにしている。ただし、岩松氏が挿画の描写を中心に考察を行っているのに対して、佐々木らは文章を考察の中心に据えている点で異なっている。このような対象のわずかな違いは、絵画を中心とした名所図会とそれ以前の文章に主眼を置く名所記を対象としていることに起因しているといってもよいだろう。また、名所に対する心象特性だけでなく、異邦人に対する心象特性を明らかにしようとした研究も存在する。西野由紀氏は「名所図会」に描かれた異邦人の描写に注目し、その描写に基づいて「当時の人びとと異邦人たちの〈交流〉のかたち、ひいては当時の一般の人びとと異邦人たちとの〈交流〉のかたちを探って」みようとしている[24]。

　以上、名所の特質あるいは変遷に関する研究と、名所案内記を通して当時の思想を考察する

研究について紹介した。

　最後に建築学における研究およびこれに類する方法をとる研究を挙げて、「名所図会」などの絵画を用いての既往研究についての言及を終えたい。坂井氏らは建築学の分野において、歌川広重を中心とした浮世絵風景画を分析対象として様々な研究成果をあげている。たとえば、広重らは、他の多くの浮世絵と同様、アプローチしやすい視点場からふだん見ることのできる「生活景」を描いていることを示唆するもの[25]や河川景観の構図についての分析を通して、水面が画面全体に占める割合とする「水視率」と長方形の画面の横線と描かれている寡占の傾きとする「流軸角」が基本的な要因となっていることを明らかにするもの[26]、風景画の構図を操作する要素として樹木の存在に着目することで広重が「額縁的機能」など四つの機能を樹木に付与していたことに言及するもの[27]や浮世絵風景画と実際に残されている歴史的景観の分析を通して建物と道によって構成される宿場の断面、奥行きに関する景観構造の特徴を明らかにしようと試みたもの[28]などがある。坂井氏らの研究は多くの絵画を考察することを通して、その背後に見え隠れする構成などを明らかにしようとしているといえる。これに類する研究としては古賀良子・齋藤潮両氏の研究がある。彼女らは、桜と名所という観点から江戸という都市が持つ三つの特徴、すなわち、①桜が都の景観に不可欠であるという思想があったこと、②初めて庶民に向けた名所づくりが行われたこと、③江戸を構成している地形と密接な関わりを持つことに着目し、桜樹の配置形式と景観体験の相互関係について考察している[29]。分析に際しては、地形図と江戸復元図をもとに名所のアイソメトリックを作成し、その上で、鳥瞰図から桜樹の配置と共に、本殿や茶屋、その他の樹木配置を確認し、モデルに写し取っている。このような分析方法が可能であるのは、「名所図会」における描写の精度が高いためといえるだろう。分析を通して、名所および名所周辺の地形と結びついた桜樹の視覚体験が①桜に包まれる──桜と身体とが一体化する体験、②桜から距離を取る──桜を対象化して眺める体験、③桜を介在する──桜を介在させてその向うの領域を眺める体験の三つに集約されることを明らかにしている。名所図会に描かれた描写を整理することを通して、そこに潜む性格を読み取ろうとするこの態度は本章と共通している。また、本章と同じく「名所図会」に描かれる建築に着目したものとしては千葉正樹氏の研究がある[30]。この中で、景観を定量的に捉える指標として屋根の表現に着目し、『江戸名所図会』に描かれた建築景観の分布について考察している。瓦葺や藁葺など、建築の要素に着目している点では共通するが、筆者が目的としている空間と人との関わりに言及するものではない。この他に、高野・福井両氏のように、『江戸名所図会』の第一巻に見られる絵図を対象に、そこに描かれた門や寺などの構成要素を抽出することで『江戸名所図会』に見られる景観構成要素を明らかにすることを試みているもの[31]もある。また、近年の絵画史料を用いた研究としては赤澤氏らの研究[32]がある。赤澤氏らは16・17世紀に描かれた一連の源氏物語絵を通して、近世期の上流階級が、寝殿造りに対してどのような理解や憧憬を抱いていたかについて考察を試みている。源氏物語絵は端的に考えて寝殿造の表現がなされ続けるものであると思われるが、実はそうではなく、一時期においては書院造で描かれていた

変遷を指摘した上で、考察を進めているが、ここではその前提となる考えに注目したい。すなわち、「絵画に描かれた建築は、写真とは異なり、絵師や絵の享受者達によって構成された製作物であるとの考え」が近年の学際的な研究を通して定着するようになったことを指摘している。

この他の建築学の分野における絵画を用いた研究としては、風景構成法という絵画療法を1080名に対して実施し、それらから得られた結果を基にして広重の風景画を見ていくことで、広重の「世界具体化」の特徴を捉えようとする柳沢・岡崎氏の研究[33]などを挙げることができる。

以上、主に近世期の絵画を用いた既往研究について概観した。なお、近世期の絵画ではないが、絵画史料をもとに、平安時代末から江戸時代初期にかけての店舗の建築とその変遷についての研究[34]を後藤治氏が行っている。この中で、後藤氏は絵画史料に描かれる店舗について店舗の構成、商品、人の位置および体勢などについて着目して中世の都市における店舗について分析・考察を試みている。ここで行われている分析は本章と共通する部分が多いと思われる。しかしながら、後藤氏の目的が古代と中世の店舗の関係および古代から中世にかけての店舗の変遷をたどることであるのに対し、本章は絵画中にみられる人のふるまいと店舗の関わりについて明らかにすることを目的としたものであり、この点において異なっている。とはいえ、後藤氏の指摘は店舗の形成史の一つの可能性を示しているものと考えられる。

4 『日本名所風俗図会』に描かれた店舗の特徴

本章では『日本名所風俗図会』[35]を分析の対象としている。同書の凡例に、「江戸時代中期以降、数多く作られた絵入り地誌である名所図会（絵入り案内記も含む）を集め、北は東北地方から南は沖縄に至るまで、全国的な規模をもってカバーし、当時の地理・風俗を知る歴史史料として、学者・研究者に提供することを目的に企画されました。」とあるように、近世期の名所図会を中心とした名所案内記を全国的な規模で網羅的に集めたものである[36]。「名所図会」は未翻刻のものも多く、その数は非常に多いためその全てを考察することは難しいといえるが、主要な「名所図会」を所収する本書を用いた分析を通して得られた知見は、さしあたり近世期の「名所図会」から浮かび上がる当時の情景を代表するものと考えている。

さて、この凡例にあるとおり、本書は絵入り案内記も含んでいる。つまり、水江氏の類型でいうところの第三類あるいは第四類にあたる名所記を所収しているのである。名所案内記の系譜において、実景描写が『都名所図会』以降に現れる現象であることはすでに指摘した。したがって、近世商業空間について考察しようとする際には、これら実景描写以前の名所記にあたるものは除外されなければならない。その一方で、実景描写でない店舗の描写であることが、すなわち全くおかしな描写であるということはいえないのではないだろうか。たとえば、現代

において「家を描いて欲しい」という要求を受けて描かれる家の形[37]は切妻屋根に窓がついたような立面図が描かれると思われるが、これはある意味でその時代の根底に流れる家のイメージということができるだろう。この例と同じことが名所記においても言えるのではないだろうか。つまり、名所記の挿画に描かれた店舗は当時の人々にとっての店舗のイメージと捉えられるように思われるのである。実景描写ではないとはいえ、啓蒙的な意識を持って語られた名所記の挿画に全くでたらめな描写がなされていたと捉えるよりは、当時の人々が一目見たときに何を描いているかが認識できるような描写が行われていたと考えるべきだろう。このような考えから、ここではまず、『日本名所風俗図会』に含まれる店舗全てを抽出し、近世期における商業空間に対するイメージがどのようなものであったかを明らかにしたい。

『日本名所風俗図会』には、常設の店舗はもちろんのこと、藤棚などを利用した仮設店舗や屋台などの様々な商業空間が描きこまれている。しかしながら、名所記も含んだ『日本名所風俗図会』全体を対象に分析を行う目的は、近世期における商業空間のイメージがどのようなものであるかということの大要を捉えようとするものであるから、ここでは常設店舗が描かれている絵画だけを抽出した。その結果、『日本名所風俗図会』中に描かれた常設店舗が468枚抽出できた。これを①街路からの描写がなされているか、②店舗内部の様子が描きこまれているか、③大店であるか、④街路近接型であるかという指標を設けて整理した。①は次章で示す『花の下影』の場合と同様に、街路を視点場とした絵画が多くみられるかどうかについて検討するものである。②についても、『花の下影』と同様に店舗内部までを描きこんでいるかについて検討することを目的としている。③の大店とは、日本橋などに軒を連ねた、大規模の店舗のことである。判断基準としては間口が6間以上あるいはそれに近い規模であると判断できるものや二階建てであるものなどを大店とした。④についてであるが、往来に面して間口を開放する形で商売を行っている店舗のことを街路近接型店舗とした。街路近接型であるかどうかの判断基準は、間口を往来に対して大きく開く形をとっているか否かにおいた。そのため、大店であっても、間口を大きく開いて商売をしている描写があれば、街路近接型の店舗として捉えている。なお、②の内部の描写は街路近接型の店舗でなくても、障子のすき間に人々のやり取りを描いているものであれば、内部の描写をおこなったものとしてとらえている。①から④のような指標にもとづいて整理したものがグラフ1である。

グラフ1を見ると、『花の下影』と同様に街路からの描写および内部の描写が圧倒的に多くなされていることがわかる。グラフ1は①街路からの描写と②内部の描写の結果をクロス集計したものであるが、これを見ても、視点場を街路に置き、店舗内部を描写している例がほとんどであることがわかる。また、数量としては少ないが、街路を視点場としない場合には必ず内部の描写が描かれていることから、『花の下影』においても示すように近世絵画の説明的な側面が垣間見られて興味深い。

再び、グラフ1を見ていただきたい。大店の数はそれほど多く描かれておらず、全体の25％に満たない。このことから、大店は近代に至って百貨店へと成長を遂げるものを含み、近世に

第Ⅱ部

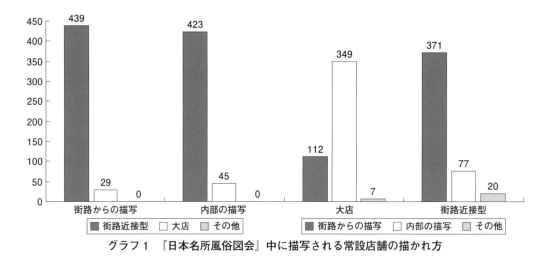

グラフ1 『日本名所風俗図会』中に描写される常設店舗の描かれ方

特徴的な店舗であると思われるが、あくまでも特殊なものであり、決して一般的なものではなかったことが推し量られよう。さらに、街路近接型店舗について整理すると、街路近接型である店舗が圧倒的に多いことが明らかであり、これは全体の8割近くを占めている。

おわりに

　以上、『日本名所風俗図会』の中に描かれる常設店舗について整理を行った。整理を通して、近世絵画の描写は説明的側面を有していると考えられることを改めて指摘できた。さらに、全体の中で大店がそれほど多くないことを示す一方で、街路近接型の店舗形式をもつものが非常に多いことを指摘した。この結果およびこれまでの考察を勘案すると、近世商業空間においては、街路近接型の店舗が主流であり、また、店舗内部の様子を感じられるような街路空間が形成されていた可能性が考えられる。すなわち、近世期の商業空間の典型として、往来に面する間口を大きく開放して商売を行う街路近接型の店舗が、近世期の人々にとってのスタンダードであったということができるのではないか。本書では、この街路近接型店舗が近世商業空間におけるスタンダードであったと考えて考察を進めたい。また、往来に対して開かれた店舗が主流であるということは、近世商業空間において往来は店舗内部のにぎわいの様子の横溢した街路空間であったと考えられることにも注意したい。この豊かな街路空間、すなわち近世期の店舗と往来によって形成される「外部空間」がどのようなものであるか、第Ⅱ部第3章では実景描写が確立して以降の、いわゆる「名所図会」を対象に考察を深めたい。

〔注〕
　1）　こうした研究は膨大であるが近年の、こうした町家研究を体系的に論じた研究としては大場修『近

世近代町家建築史論』（中央公論美術出版、2004年）などがある。

2）　これらについても膨大な研究蓄積があるが、そこに生活する人々の信仰と建築空間を直接扱ったものとしては森隆男『住居空間の祭祀と儀礼』（岩田書院、1999年）、同『クチとオク―住まいの民俗学的研究の一視座―』（清文堂出版、2017年）などがある。

3）　ここでのふるまいとは、人が位置する場における視線や体勢などを含む行動全般を指す。

4）　市古貞次他編『日本古典文学大辞典』第五巻（岩波書店、1984年）。

5）　たとえば、市古夏生・鈴木健一『江戸名所図会辞典』（ちくま学芸文庫、1997年）の中にも名所図会の特徴や成立が述べられているし、本章において分析対象としている池田弥三郎・野間光辰・水上勉監修『日本名所風俗図会』（角川書店、1979～1988年）の「解説」の中でも「名所図会」の嚆矢である『都名所図会』の成立過程などとして「名所図会」の説明がなされている。

6）　水江漣子「初期江戸の案内記」（『江戸町人の研究』第三巻、吉川弘文館、1974年）。

7）　紀行文と名所記の違いについては、注6）前掲書の中で、紀行文には「閉鎖的孤立性がある」のに対し、名所記は「開放的啓蒙性、ひいては趣味性があり、居ながらにして名所を知るという目的のために作られた啓蒙娯楽の書」あるいは「臥旅の翫書の類」であると説明している。

8）　注5）前掲書、『日本名所風俗図会』第7巻所収の「京童」に関する「解説」を参照。

9）　注5）前掲書、『日本名所風俗図会』第7巻所収の「秋里籬島と名所図会」を参照。

10）　注9）前掲書。

11）　注5）前掲書、『日本名所風俗図会』第5巻所収の「善光寺道名所図会」を参照。

12）　注11）前掲書。

13）　市古夏生「〈江戸城〉斉藤月岑他『江戸名所図会』」（『国文学』35-9号、1990年）。市古氏はこの中で、「図会の図会たる所以は挿絵にある」ということを前提として、江戸城の描き方について考察し、『江戸名所図会』において江戸城が描かれなかった理由を、作者の一族が名主の生まれであったことなどから、描写を遠慮した可能性を指摘している。これに対して、千葉正樹は「江戸認識の逆転―『江戸名所図会』の企みを読解する」（『月刊百科』1997年）の中で、江戸城を描かなかった背後には日本橋を中心として描くことで、町人世界を中心に据えようとする試みがあったのではないかとの指摘を行っている。

14）　注4）前掲書。

15）　朝倉治彦氏は、「江戸名所図会編纂始末」の著者を、「雑誌『武蔵野』の「江戸名所図会記年号」（昭和8年2月）に掲載の中島利一郎氏講演の筆記とほぼ同内容であるので、同人の稿かと思う」と述べている。注5）前掲書、『日本名所風俗図会』第5巻所収の「解説」を参照。

16）　注13）千葉前掲書は「大正期には江戸に興味を持つものにとっての必読書となり、戦前から始まる書誌学的研究は朝倉治彦氏によって集大成されている」と述べている。

17）　藤川玲満「『江戸名所図会』と『都名所図会』」（『人間文化論叢』vol.9、4-1-4-8、お茶の水女子大学、2006年）。

18）　渡辺勝彦・内藤昌「名所の形体要素―江戸時代4都における都市景観の研究1―」（『日本都市計画学会学術研究論文集』1981年）。

19）　樋口忠彦・杉山晃一・横山隆二郎「江戸の四季の名所について」（『日本都市計画学会学術研究発表会論文集』16、1981年）。

20）　樋口忠彦・杉山公彦「明治期東京の名所の変遷過程について」（『日本都市計画学会学術研究発表会論文集』17、1982年）。

21）　羽生冬佳・岡野祥一「江戸の伝統的名所の特性と明治以降戦前までの名所としての価値の変遷に関

第Ⅱ部

する研究」(『ランドスケープ研究』66(5)、2003年)。
22) 岩松文代「「都名所図会」にみる京都近郊山村の名所性―近世京都から伝えられた山村観―」(『日本林学会誌』85(2)、2003年)。
23) 佐々木邦博・平岡直樹「『江戸名所記』に見る17世紀中頃の江戸の名所の特徴」(『信州大学農学部紀要』第38巻第1・2号、2002年)。
24) 西野由紀「〈見る〉〈見られる〉異邦人たち―「名所図会」に描かれた〈交流〉のかたち―」(『龍谷大学国際センター研究年報』第13号、2004年)。
25) 坂井猛ほか「広重の浮世絵風景画にみる景観分類に関する研究」(『日本建築学会計画計論文集』1994年)。
26) 坂井猛ほか「広重の浮世絵風景画に描かれた河川景観の構図に関する一考察」(『日本建築学会計画系論文集』1996年)。
27) 坂井猛ほか「広重の浮世絵風景画にみる樹木の構図的機能に関する考察」(『日本建築学会計画系論文集』1998年)。
28) 坂井猛ほか「浮世絵風景画に描かれた宿場の景観構成に関する考察」(『日本建築学会計画系論文』1997年)。
29) 古賀良子・齋藤潮「江戸名所図会にみる桜樹の配置形式と景観体験との関連性に関する研究」(『ランドスケープ研究』66(5)、2003年)。
30) 千葉正樹「『江戸名所図会』の建築景観分布と社会背景」(『東北大学大学院国際文化研究科論集』1999年)。
31) 高野憲史・福井通「『江戸名所図会』(巻之一)における空間構造に関する研究」(『日本建築学会大会学術講演梗概集』1992年)。
32) 赤澤真理・波多野純「一連の源氏物語絵を通してみた一六・一七世紀における寝殿造りの理解とその変容要因―物語絵を通してみた近世における上流階級の住宅観に関する研究(一)―」(『日本建築学会計画系論文集』2005年)、「住吉如慶筆『伊勢物語絵巻』からみた江戸前期における寝殿造りへの憧憬と理解の水準―物語絵を通してみた近世における上流階級の住宅観に関する研究(二)―」(『日本建築学会計画系論文集』2006年)、「絵師による寝殿造の復原交渉とその背景―物語絵を通してみた近世における上流階級の住宅観に関する研究(三)―」(『日本建築学会計画系論文集』2006年)。
33) 柳沢和彦・岡崎甚幸「風景構成法に基づく広重の風景版画の空間構成に関する研究―「枠」と川との関係に着目して―」(『日本建築学会計画系論文集』2002年)。
34) 後藤治「中世の都市における店舗の建築」(『国立歴史民俗博物館研究報告』2004年)。
35) 注5)前掲書。
36) 『名所図会の世界』(名古屋市博物館、1988年)の巻末にある参考文献案内の中で本書が、「主要な「名所図会」をほとんど網羅し、また巻末に詳細な解説を付している」ものとして紹介されている。
37) 五十嵐太郎はこれをイエガタとして、戦後からの日本建築におけるイエガタの意味について考察している(「戦後日本家型論」『建築ノート EXTRA UNITED PROJECT FILES 01』誠文堂新光社、2008年)。

第2章　画師の描いた近世商業空間
——『花の下影』に描かれた近世商業空間

はじめに

　本章は描き手を通してみた近世の外部空間を考察するものである。描き手を通しての考察を行う目的は既に触れた。すなわち、描き手の心理というフィルターを通して描かれた建築空間を考察することで、われわれの時代とは異なる感性に基づいて生きていたであろう人々が、自分たちの身の回りについてどのように感じていたか、その一側面を明らかにすることを目的としている。本章では近世期の絵画史料を用いて、近世商業空間がどのようなものであったかについて考察する。江戸末期に出版された食のガイドブックである『花の下影』を取り上げ、その描写の特徴や傾向について考察を試みる。さらに、考察結果とガイドブックという『花の下影』が持つ位置づけと併せて考えることを通して、近世絵画史料が近世商業空間の一側面を描く可能性を持つことを明らかにしたい。合わせてサービスが行われている場についても考察を試みたい。

1　食のガイドブック

　『花の下影』は「大坂に生まれた大坂ならではの画帖で、江戸末期の食いだおれ大坂の諸相を、軽妙な筆致で色彩豊かに描きあげた実にたのしいうまい物ガイドブック」[1]である。この画帖は、そこに描かれた情景から、元治元年(1864)をはさんで、その前後の相当期間を要して製作されたものと考えられている。画帖の中にはそれぞれの店を訪れる様々な身分・階層の客や通行人を含めた店内外の描写があり、その点から郷土史料・風俗史料として価値を持っていることが指摘されている。描かれている店舗が当時の店舗の形態を正確に表しているかどうかは明言できないが、郷土史料・風俗史料として耐えうるものであるということを勘案すれば、少なくとも当時の店舗の様態を読みとる史料としては活用できるものと考える。そこで、『花の下影』を題材として絵画上に描かれた店舗の考察を行うことから絵画史料から読み取れる空間の考察を始めたい。

　前述の通り、『花の下影』は大坂のうまい物ガイドブックとして編まれたものである。そのため、その内容は饅頭からお酒、常設店舗から寺社境内に設営された仮設店舗にいたるまで様々であるが、それら全ての絵画が食にかかわるもので構成されている。そして、大阪のうま

第Ⅱ部

い物ガイドブックとして様々な食に関わりを持つ店舗を描いている以上、その店舗の様態をうまく伝えるものでなければその存在意義が問われてしまうことになる。したがって、当時の人にとってそれぞれの絵画がそれぞれの店舗の様子をよく伝えているものとして捉えられていたと考えてよいだろう。つまり、当時の人々は『花の下影』に現れる描写さえあれば、少なくとも店舗ごとの様子を理解していたと考えられる。極端にいえば、『花の下影』に現れる描写は店舗ごとの特徴の中でも最も際立った部分を描いていると考えてよい。この最も際立っているという判断が現代に生きる我々によるものでなく、江戸末期という時代を生きた人間によるものであることは極めて重要である。当然のことながら、この判断というのは一人の作者の主観によるものでしかなく、これを当時の人々全ての考え方であるということはあまりにも強引である。その一方で、少なくとも現代とは異なる時代を生きた人間の主観というフィルターを通してみることは、その時代がその当時の人々からどのように見えていたのかを考えることは可能である。

いずれにせよ、『花の下影』は近世期の大坂において出版された食のガイドブックであり、当時の店舗の様態を、当時の人々に対して伝えることができる描写を備えているものといえるだろう。以下では、『花の下影』の描写の特徴について見ていきたい。

2 描写の視点場とその対象範囲

図1は『花の下影』の中で紹介される店舗の描写の一例である。これをみると、街路から店を描いていることがわかる。さらに、その描写が庇下と店先のごく一部が描かれるのみで、本当の意味で店内と言える部分では店先までしか描いていないことがわかる。このような描写は現代の我々の眼からすれば奇異に見える。食のガイドブックという位置づけであるならば、店舗の内部を精彩に描く方が効果的であり、店舗の内部についての描写をほとんどせずに、店先と公道の一部である庇下を描写するというのは理解しがたいものがある。そこでここではまず、『花の下影』に含まれる絵画316点について整理することで『花の下影』に見られる描写の特徴について整理する。

表1はそれぞれの絵画史料がどこから描かれているかについて整理したものである。これを見るとほぼ全ての史料が、図1と同様に街路から描かれていることがわかる。また、内部から店舗の様子を描いた史料と、河川・橋から店舗の様子を描いた史料がおおよそ同数確認できている（表1）。このような結果の背後には、かつての大阪が水の都であることや水との関わりが深かった街並みがあったことが窺えるのではないだろうか。

表2は街路から描かれた史料のうち、店舗内部の様子まで描いているかどうかについて整理したものである。店舗の内部を描写しているとする判断基準として、

①商品の陳列の様子が描写されている。

第 2 章　画師の描いた近世商業空間

図1　『花の下影』に描かれる店舗

図2　河川・橋からの描写と内部の描写

図3　内部まで描写している例

第Ⅱ部

表1　描写の視点場

街路	内部	河川・橋	不明	合計
278	20	15	3	316

表2　街路から描かれた史料と内部の描写

内部の描写が確認できる	内部の描写が確認できない	合計
193	85	278

②商品を食しているあるいはサービスを受けている客と考えられる人物が描写されている。いずれかを満たしているものとものとした。これを見ると、街路から描かれた史料の多くは店舗内部も描写していることがわかる。つまり、『花の下影』の中に収められた絵画史料に描かれた店舗の多くは、街路から店舗内部の様子を窺うことができるものであるといえる。

一方で、街路から描かれた店舗で、内部の描写がなされていないものが全体の三割程度にあたる85点確認できる。これらの中には、障子や暖簾などによって内部の様子が見えないようになっている店舗もあれば、店の前で作業する職人の姿を重点的に描いたものなどもある。内部が描かれなかった店舗は、作者が内部を見ることのかなわなかった店舗である可能性が考えられる。つまり、内部を確認できなかったから、内部を障子や暖簾で隠したり、店舗の前で作業する職人を重点的に描くことでごまかしたりした可能性が全くないとはいえないということである。以下では、二つの店舗を事例として内部の描写のない店舗が、なぜ内部を描かれなかったかについて簡単に考察してみたい。

　ⅰ欠徳利(図4左)

欠徳利は「松屋町筋下寺町のあたりにあった料理屋であるが、酒の肴は売るが酒は売らないという変わった店であった。酒のほしい客には、店の者が注文を聞いて近所の酒屋へ買いに行き、燗を出すという式」[2]という変り種の店である。そのことを踏まえて料理屋「欠徳利」を紹介する絵画を眺めてみると、店の者が近所の酒屋に酒を買いに行く様を描写していることがわかる。

　ⅱ熊の茶屋(図4右)

天保11年(1840)に作られた大坂の料理屋番付『浪花料理屋家号附録』で、西前頭の比較的上位にランクされている料理屋である。その名の通り、熊が客寄せとして飼われていたようである。当時の大阪商人は「生きたサルや手の込んだ看板。とりわけ「ホンモノ」で客を引き付ける」[3]ことを商売の知恵としていたようである。熊が居ることに特徴を持つこの茶屋を紹介する描写を見てみると、やはり熊が描かれている。

欠徳利と熊の茶屋の二つの例から、『花の下影』に見られる描写と店舗の特徴の間に関連性があることが指摘できるだろう。全ての史料が店舗の特徴を、正鵠を射たかたちで描かれていると考えるのは乱暴であるし、二つの事例を挙げただけで、作者が店舗内部の全てを確

第 2 章　画師の描いた近世商業空間

図 4　『花の下影』に描かれる店舗

認したうえで描いていたと考えることはできない。しかしながら、街路から描かれた史料の中で内部の描写を行っていないものが全体に比して少ないことと、少ない史料の中には店舗の特徴を伝えるためにあえて内部を描いていない事例が含まれることを併せて考えると、次のように言うことができるだろう。すなわち、『花の下影』で用いられた店舗の描き方のスタンダードは街路から店舗の内部までを描くことであったと考えられる。

　以上、『花の下影』の中に見られる店舗の多くは、街路から内部の様子を窺える、すなわち、街路にまで店舗の様子が溢れ出ているような雰囲気を持つものであることを明らかにした。ところで、これまでに示した図を眺めても分かるように『花の下影』の中の絵画史料には多くの人物が描かれている。次に、『花の下影』に描かれる人物描写を中心に、描写の特徴と傾向について考察したい。

3　人物描写の特徴とその傾向

　『花の下影』を眺めると人物描写の多さが明らかに確認できるのであるが、316点の史料の内で人物の描写がないのは唯一 1 点だけであり、残りの描写は315点については全て人物が描きこまれている。既に見たように『花の下影』は食のガイドブックとして店舗の紹介を行う役割を担っており、必要に応じて描く場所をある程度選択していたと考えてよいだろう。そのような性質を持つ『花の下影』に含まれるほぼ全ての絵画史料に人物描写がなされているということは、人物のふるまいなどにも作者の意図が含まれていると考えてよいのではないだろうか。岡本良一氏が『花の下影』の「解説」の中で、「それぞれの店を訪れる様々な身分・階層の客や通行人を含めた店内外の描写が、すぐれた郷土資料・風俗資料として、その分野ででも今後大いに役立つであろう」[4]と述べていることからも、人物描写について考えてみる価値はあると思われる。

107

第Ⅱ部

図5　『花の下影』に描かれる店舗

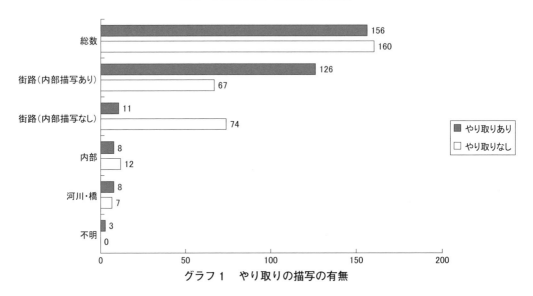

グラフ1　やり取りの描写の有無

　316点の史料の多くには一枚の絵画の中に複数の人物が描かれている。そして、それらの人物が交渉していたり、サービスを受けていたり、あるいは製造していたりしている描写がなされている。これらの複数の人物のやり取りの描写は、その場がどのように利用されているかを明らかにしてくれる。たとえば、図5は複数の人物が描きこまれ、かつそれらの人物がやり取りをしているのが確認できる史料である。このようなやり取りの描写について整理したものが、グラフ1である。

　この図のうち、総数についてみると、やり取りの描写の有無はほぼ半数ずつであり、ほぼ全ての史料に人物描写が確認できることに比べれば人々のやり取りが顕著に描かれているとはいえない。一方で、既に述べた視点場および内部描写の有無ごとの内訳では明らかな差を見いだせる。すなわち、やり取りが描かれている史料のほとんどが「街路から描かれており、内部まで描写されている店舗」であり、これは全体の8割を占めている。また、街路から描かれてい

る史料では、内部描写がある場合には多くやり取りが確認でき、逆に内部描写がない場合にはほとんどやり取りが確認できないことも読み取ることができる。このような結果が得られる理由についてはさしあたり不明である。しかしながら、『花の下影』には街路を視点場として人々のやり取りと併せて内部の様子を描写する事例が多く見られることから、店舗の様子を伝える際に、「街路からの視点」、「内部描写」、さらに「人のやり取り」が重要であったと考えることができるのではないだろうか。もし仮にそうであるとすれば、これらの要素は店舗の様子を伝える上でどのような役割を果たすのであろうか。

まず、「街路からの視点」でもって「内部」の様子を窺い知ることができる空間であり、街路すなわち「外部空間」と店舗内部の間に視覚的な連続性があることが挙げられる。さらに、街路を歩きながら店舗内部における「人のやり取り」の様子がわかることも併せて考えれば、『花の下影』に描かれた店舗のいくつかは、街路にまでにぎわいを横溢させるような性格のものであったといってよいだろう。

おわりに

本章では、近世の終わり頃に出版された大坂の食のガイドブックである『花の下影』に描かれる店舗についてその特徴および傾向を整理することで、『花の下影』に描かれた商業空間がどのような性質を持つものであるかについて考察した。考察を通して、『花の下影』には街路からの視点で描かれたものが多く、店舗内部は店先までしか描かないという特徴が見られた。また、多くの人物描写がなされており、街路と店舗内部である店先が一体的なにぎわいを形成している可能性について明らかにした。

ところで、本章で対象としたようなガイドブックは、説明的な描写を行っていたと考えられる。既に示したように特徴ある店舗については、店舗内部を描くのではなく、その店舗ならではのものを描くというようなことがこれにあたる。このように考えるとき、人物描写はその場がどのように利用されていたかを伝えるツールとして捉えられる。たとえば、店員と客の「やり取り」が描かれている場は「やり取り」を行なうための場であることを示すことになる。したがって、逆に言えば店員と客の「やり取り」を描けば、そこがよほど不自然でない限り、そこは「やり取り」を行うための場として描き出される。このことは絵画全般に言えることであるが、ガイドブックのような他者に情報を伝えることを目的とした描写を念頭に置いた絵画においてはより顕著になると考えられる。したがって、ガイドブックとしてその描写に信憑性のある絵画であれば、そこにあらわれる描写の多くには説明的要素が多分に含まれると考えてよいだろう。

ところで本書に描かれる客と店員との描写のほとんどは、店内と街路の間の軒先(中間空間ともよぶこととする)に集中している。これは、客が街路における人々の往来を意識する位置で

あるといえる。パリのオープンカフェではないが、このような中間空間に客が位置するということは、客は動いていないものの、人々、大八車、駕籠などといった人々の動きを目の当たりにしていると言う意味では、シークエンシャル[5]な場所に、客は位置していたことになり、近世にはこういった店舗構成が一般的だった可能性が高い。また客と店員との人間くさい関係が垣間見られ、今日の小売りではみられない風情さえ感じられる。

〔注〕

1) 岡本良一「解説」(『花の下影―幕末浪花のくいだおれ―』清文堂出版、1986年)。
2) 注1)前掲書、105ページ。
3) 注1)前掲書、146ページ。
4) 注1)前掲書。
5) K. リンチ『都市のイメージ』(1960年)。P. Thiel: *A sequence-Experience Notation*, Town Planning Review, April, 1961. P. シール・船津孝行訳「物理的な環境の知覚的、認知的な属性を記述、尺度化、表示、譜面化することについての覚え書き」(『環境研究の方法』誠信書房1970年)。B. ルドフスキー『人間のための街路』(1969年)。J. J. ギブソン『生態学的視覚論』(1979年)。などが景観に関する論考を提示している。

第3章　近世における商業空間の特質
——軒先空間を中心に

はじめに

　第Ⅱ部第1章では、近世期における名所案内記の変遷を通して、「名所図会」が持つ特徴について言及した。さらに、分析対象である『日本名所風俗図会』全体の中に描かれる店舗を抽出した結果、近世期の商業空間のスタンダードが往来に対して大きく開放して商売を行うという構成を持つことを明らかにした。

　本章では、分析対象をより詳細かつ信憑性が高いと考えられる、『都名所図会』以降の名所図会およびこれに類する地誌(ここでは、これらを「名所図会」としている)を対象に近世商業空間がどのようなものであったかについて考察する。まず「名所図会」のうちでどのような史料を対象としたのかといった対象史料について述べたのち、対象史料に描かれた店舗の業種や平面形式など、考察に際して前提となるような情報について整理・考察する。

1　対象史料の限定

　本章は、主要な「名所図会」を刊本の中で網羅的に所収している『日本名所風俗図会』[1]を素材として考察を試みるものである。より詳細に近世商業空間を考察するために以下の条件を満たす絵画史料のみを対象とする。
　①『都名所図会』以降のいわゆる名所図会およびこれに類する絵画史料であること。
　②当時の様子を描いていると考えられるもの。
　③大店でない街路近接型の店舗であること。
　④人のふるまいや土間形状などの店舗概要がわかること。
　①については、既にふれていることであるが、『都名所図会』以降において真景描写が重要な位置を占めていた[2]ことから、これ以降の絵画史料に描かれる店舗はそれまでの店舗より詳細な描写を確認できると考えたためである。ただし、『近江名所図会』については『都名所図会』以降のいわゆる名所図会ではあるが除外した。『近江名所図会』は既刊の三つの「名所図会」すなわち、『伊勢参宮名所図会』、『二十四輩順拝図会』、『木曽路名所図会』を組み合わせて作られたもの[3]であり、また、これら三つの「名所図会」は『日本名所風俗図会』中に含まれている。したがって、既刊の三つの「名所図会」に収録された絵画と重複することになるの

第Ⅱ部

で、除外している。②については、「名所図会」が描かれたときの現在の様子を描いていることは既に触れた。しかしながら、「名所図会」は名所についてのガイドブックであり、そこには名所の縁起や口碑伝説等が記されている。これらのものについては、当然画師の空想による描写がなされたと考えられるから、近世商業空間についてより詳細に考察を加えようとする際には対象から外すべきものであると思われる。したがって、②は言い換えれば、「口碑伝説など、画師の空想によったと考えられる絵画でないもの」を対象としないということである。③

表1　絵画史料の刊記と店舗の数

出典	刊記		史料数
	西暦	和暦	
都名所図会	1780	安永9年	2
拾遺都名所図会	1787	天明7年	2
摂津名所図会	1796	寛政8年	7
和泉名所図会	1796	寛政8年	3
東海道名所図会	1797	寛政9年	10
摂津名所図会(再版)	1798	寛政10年	2
賎嶽戦場図会	1801	寛政13年	1
河内名所図会	1801	享和元年	4
二十四輩順拝図会　第五巻	1802	享和2年	1
伊勢参宮名所図会	1802	享和2年	11
木曽路名所図会	1805	文化2年	6
紀伊国名所図会　巻之一、二	1811	文化8年	4
紀伊国名所図会　巻之六之下	1812	文化9年	2
江戸名所図会	1834	天保5年	16
東都歳事記	1838	天保9年	7
紀伊国名所図会　三編巻之五、六	1838	天保9年	6
尾張名所図会	1844	天保15年	3
金比羅参詣名所図会　巻之一	1847	弘化4年	1
善光寺道名所図会	1849	嘉永2年	4
紀伊国名所図会　後編	1851	嘉永4年	2
西国三十三所名所図会	1853	嘉永6年	4
淀川両岸一覧	1861	文久元年	2
花洛名勝会	1864	元治元年	3
尾張名陽図会	刊記なし(化政～文政末年)		3
奥州名所図会	刊記なし(寛政9年以降)		1

は、第Ⅱ部第1章においてスタンダードであったことを示した大店でない街路近接型の店舗について考察することを目的としている。「外部空間」がどのようなものであったかを考える上で、街路近接型は極めて重要な要素であったと考えられるし、また近世期における日常的な空間[4]を解明することと「外部空間」を解明することは同様の意味を持つものと考えられる。このような考えに基づき、本章では街路近接型の店舗について考察を試みる。④については店舗空間について詳細な考察を行うために必要な条件である。具体的には、既往研究において遠景および超遠景[5]と呼ばれているようなかなり高く遠い視点からの俯瞰景の絵画、すなわち、人物の描写が微細でふるまいと店舗空間の関わりを考察し難いと思われるものについては除外した。また、明らかに店舗の一部しか描かれていないと考えられるもの、言い換えれば、描かれているものだけでは店舗空間の読み取りができないものを除外した。

以上、四つの条件を満たす21絵画史料、110店舗である。表1は分析対象とした絵画史料の刊記とその史料に含まれる店舗の数を示したものである。以下ではこれらをもとに考察をおこなう。

2　業種と平面形式

考察にあたり、対象とした史料がどのような店舗構成を持っているかについて整理したい。そこで、絵画の中の店舗の土間と床の形を平面形式として類型化した。図1は類型化に際して出てきた平面形式の基本的なものである。これに基づいて対象とする店舗を整理したのが、表

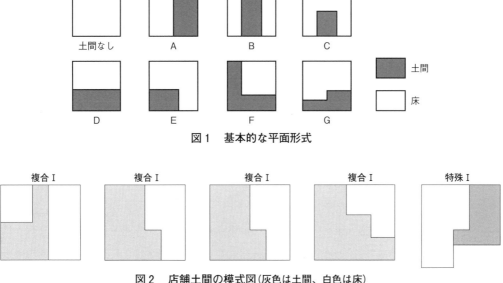

図1　基本的な平面形式

図2　店舗土間の模式図(灰色は土間、白色は床)
※通り土間を持たないものは複合Ⅱ、特殊Ⅱなどとした。

第Ⅱ部

表2　図1のうちわけ

土間なし	A	B	C	D	E	F	G	複合		特殊		判別不能			総計
								Ⅰ	Ⅱ	Ⅰ	Ⅱ	Ⅰ	Ⅱ	Ⅲ	
10	17	9	11	2	10	8	2	7	1	3	3	4	6	17	110

表3　業種の内訳

飲食	娯楽・日用品	食品	医療	服飾	その他	総計
34	38	16	11	8	3	110

2である。この中で複合とはAからGの基本的な平面形式の組み合わせによって表現できるものであり、特殊は平面形式として類型化できないものをさす。また、描かれている部分だけでは平面形式を判断することが難しいものについては判別不能とした。さらに、この中で通り土間を持つもの、通り土間を持たないもの、通り土間の有無の判断が難しいものについて、それぞれⅠ、Ⅱ、Ⅲと添え字を付した。たとえば、AとFの複合で表現されるような平面形式があるとすれば、これは複合にあたり、また通り土間があることになるから、「複合Ⅰ」と類型している。

次に、対象史料を業種について分類したものが表3である。業種の類型に際しては、販売されている商品とサービスの内容から考えて定義した。すなわち、飲食は茶店のように店舗内あるいはその周辺に店舗が用意していると考えられる腰掛においてお茶などの商品を飲食しているものであり、食品は饅頭などの販売をしているもので飲食スペースを持たない店舗である。娯楽・日用品は扇子などのような食品ではないものを販売する店舗である。医療としたものは今回の対象史料では全て薬種屋であるから、食品にその傾向は近いことが予想されるが、さしあたり分けておくこととする。服飾も娯楽・日用品と同様の性格があると考えられなくはないが、小規模な呉服屋なども含まれていることを勘案して、独立させた。その他は兼業や何を売っている店舗であるかがわからなかったものである。

以上のように対象史料と業種について類型化し、その内訳を示した。グラフ1は通り土間の有無と業種の関係を示したグラフである。グラフ1において、まず総計を見てみると、対象としている史料において通り土間のある店舗と通り土間のない店舗がほぼ同数であることがわかる。それを踏まえて、各業種について見てみると、通り土間のもつ店舗が多い業種や逆に通り土間を持たない店舗が多く確認される店舗があることがわかる。すなわち、飲食、食品、医療において通り土間を持つ店舗が多く、娯楽・日用品において通り土間を持たない店舗が多いことが確認できる。このような結果が得られる理由はさしあたり不明である。しかしながら、通り土間を持たないということは、通り土間を持つ店舗に比べて床を広く取ることができる。このような観点から考えると、飲食などに比して娯楽・日用品という多くの商品を陳列すると考えられる業種において通り土間を持たない店舗が多く確認されたということ、また、全史料に

第3章　近世における商業空間の特質

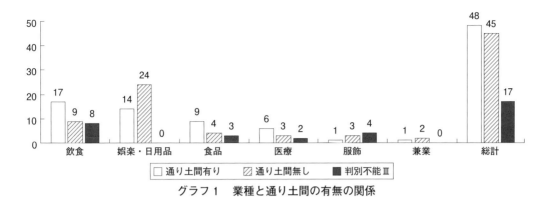

グラフ1　業種と通り土間の有無の関係

表4　業種と平面形式の関係

		飲食	娯楽・日用品	食品	医療	服飾	その他	合計
通り土間有り	A	1	8	5	2	1	0	17
	B	0	5	1	2	0	1	9
	F	6	1	0	1	0	0	8
	複合Ⅰ	6	0	1	0	0	0	7
	特殊Ⅰ	3	0	0	0	0	0	3
	判別不能Ⅰ	1	0	2	1	0	0	4
通り土間無し	土間なし	0	9	1	0	0	0	10
	C	0	8	1	1	0	1	11
	D	1	1	0	0	0	0	2
	E	2	3	2	1	2	0	10
	G	1	0	0	0	0	1	2
	複合Ⅱ	0	0	0	1	0	0	1
	特殊Ⅱ	2	1	0	0	0	0	3
	判別不能Ⅱ	3	2	0	0	1	0	6
判別不能Ⅲ		8	0	3	2	4	0	17
合計		34	38	16	11	8	3	110

115

おける通り土間のある店舗と通り土間のない店舗の数が多いことを勘案すれば、通り土間の有無と業種の間には何らかの関係がある可能性がある。そこで、次により詳細に業種と平面形式の関わりについて見てゆく。表4は、業種と平面形式をクロス集計したものである。表4を見ると、娯楽・日用品が、土間なし、A、Cの総計のほとんどを占めていることがわかる。土間なし、A、Cの平面形式に共通することは比較的まとまった床が確保されていることといえ、上述したように娯楽・日用品においては多くの床を確保しようとした可能性が考えられる。一方、F、複合Ⅰ、特殊Ⅰの三つの平面形式は飲食に集中して用いられていることがわかる。これらの平面形式に共通する点は、通り土間なしの平面と比べて、床の縁を多く確保できる。つまり、さしあたり理由は不明であるが、飲食においては床の縁を確保しうるような平面形式が確保されていた可能性が考えられる。

以上、限定した対象史料を示し、その基本的な性格について考察した。考察を通して、店舗の平面形式と業種の間には何らかの関係性が見出せる可能性があることについて言及した。次節では、本章における主眼である人のふるまいに着目して考察を進めたい。

3　客から見た店舗空間

これまで述べてきたように「名所図会」に描かれている店舗には人の描写が非常に多く含まれている。そして、それらの人物描写が作家側からすれば、説明のためのツールとして用いられてきたことについても言及した。本節では、対象史料の中に描かれる人物描写のうち、近世商業空間を楽しむ側といえる客に注目して考察を行う。

(1)　「客」の定義

図3、4は「名所図会」の一部であり、本章において分析対象としている絵図の一つである。本節からは人のふるまいという、画師が説明のためのツールとして用いたと考えられる描写を手がかりに考察を行う。特に本節では客を扱いたいと考えているが、これら図を見るとどこからが店舗空間であるかが判然としない。つまり、どの人物を客として捉え、どの人物を通行人として考えればいいかの判断が非常に難しい。店の床の上にあがり込んで店員と話しているであろう人々は客と考えて申し分ないといえようが、それ以外の人々の場合にはどうであろうか。庇下に立って店員と話している描写が描かれているが、これも広義の客と考えてよいだろう。図3の右下にある屋台ではないが、間口いっぱいに開け放たれた店舗空間においてあがり込んでいる人物のみを客と捉えていては、近世における街路、すなわち近世の「外部空間」についての知見を得ることはできないであろう。

そこで、本節ではまず、店舗に関心を抱いている描写がなされている人物を広義の客として捉え、「客」としておく。店舗に関心を抱いていると考えられる描写としては、図4に示すよ

第3章　近世における商業空間の特質

図3　「名所図会」の一例(『江戸名所図会』)

店舗内(土間または床上)にいる人物

店員と会話している人物

店のものを利用している人物

顔及び体が店舗方向を向いている人物

図4　「客」の条件

第Ⅱ部

うな四つの条件のうち、いずれかにあてはまるものとした。
①店舗内(土間または床上)にいる人物
②店員と会話している人物
③腰掛などの店のものを利用している人物
④顔及び体が店舗方向を向いている人物

次に、これら四つのうちいずれかを満たす人物描写すなわち、「客」が店舗空間においてどのような場所に描かれているかについて考察を試みる。

(2) 「客」の位置と体勢

「客」が描かれている場所とはどのような場所であると考えられるであろうか。極めて当然のことといえるが、「客」が描かれている場所は「客」のための場所と考えられる。当時において高い信憑性があったことが確認されている絵図史料において、「客」が描かれている場所は接客を受ける場として、当時の人々に了解されているはずである。したがって、「名所図会」に描かれた「客」の位置を通して、当時の常識や一般的な思想を、もはや直覚的に知りえない我々であっても、当時の接客の場がどのような場であったかを捉えることができるはずである。このような観点から、ここでは「客」の店舗における位置について分析したい。位置については店舗全体における大まかな位置が分かるように図5に示すような基準を設けて分類した。

位置に関するデータは、街路、庇下、店先、中央、奥の五段階の大まかな距離で客の位置を評価している。また、これと同時に、「客」の体勢についてもデータ化した。「客」の体勢は、立位、腰掛、上がり込みとした。腰掛は履物を脱がず、床机や床の縁に座っているものとし、上がり込みは文字通り、履物を脱いで床上に座っている状態のこととした。さらに、「客」がいる場所についてもデータ化した。つまり、店の中央部の土間上に立っているなどの情報が得られるように留意した。この基準に基づいて得た「客」の位置および体勢についてのデータを整理したものが表5であり、業種ごとの百分率でしめしたのがグラフ2である。これを見ると、全体的傾向として庇下にいる「客」と床の縁に腰掛ている「客」が多く、上り込みをしている「客」が少ないことがわかる。業種別に見てみると、飲食においては街路に多くの「客」

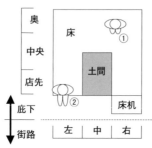

①上がり込み(上込):床などの上に履物を脱いで座る体勢。本章では特別に表記しない限り床上に座る体勢を指す。
②腰掛:床机や床の縁に、履物を脱がない状態で座る体勢。本章では特別に表記しない限り床に腰掛ける体勢を指す。

図5 位置データの基準の概略図

表5 「客」の位置と体勢

	飲食	娯楽・日用品	食品	医療	服飾	総計
街路	46	22	21	6	4	99
庇下	29	66	21	7	8	131
土間	54	4	14	5	0	77
腰掛	32	36	9	10	4	91
上がり込み	25	11	1	1	2	40
総数	186	139	66	29	18	438

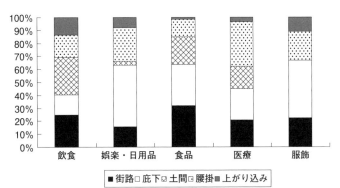

グラフ2 業種ごとの「客」の位置と体勢

を抱えているほか、上がり込みの「客」も多く確認できるから、飲食には満遍なく「客」を配置する意図がある可能性が考えられる。一方、娯楽・日用品に着目すると庇下にいる「客」の割合が特に高いことがわかる。

ところで、「客」の定義は、近世商業空間を理解する上で街路にいる人物を最初から捨象しない方がよいという考えのもと、きわめて広義のものであり、単なる通行人とすべきものも多分に含まれている可能性がある。そこで、次に店員と会話する「客」について着目することで、近世商業空間における「客」の場についてより精度の高い検証を行いたい。

(3) 店員と会話する「客」の位置と体勢

現代のような自動販売機あるいは無人購買の店でもない限り、商業空間において店員と客は必ず何らかの接触を行うことになる。このことから、店員と会話している「客」は先に示した「客」よりはより購買に近いものと思われる。もちろん、この場合であっても「客」の中には、店員による勧誘なども含まれてしまうが購買と全く関わりのない「客」を取り除くことができると思われる。このような考えから、店員と会話する「客」の位置と体勢について整理したものが表6であり、これを業種ごとの百分率で示したものがグラフ3である。さきほどの結果と比較すると、街路にいた「客」の数が減少したことがわかる。その一方で、街路と共に公道で

第Ⅱ部

表6　店員と会話する「客」の位置と体勢

	飲食	娯楽・日用品	食品	医療	服飾	総計
街路	11	3	8	4	2	28
庇下	2	30	6	1	3	42
土間	6	2	12	3	0	23
腰掛	7	28	7	7	4	53
上がり込み	5	6	0	0	2	13
総数	31	69	33	15	11	159

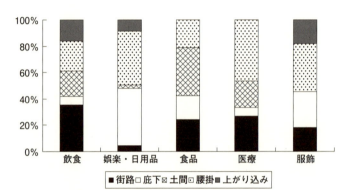

グラフ3　店員と会話する「客」の位置と体勢

あるはずの庇下については、変わらず全体の中で大きな値を占めていることがわかる。また、これも先ほどの結果と同様といえるが、床の縁に腰掛けている「客」が多くを占めていることが確認できた。業種別に見てみると、娯楽・日用品では、庇下と床の縁にほとんどの「客」が位置していることがわかる。また、医療についても腰掛行為が大きな割合を占めていることがわかる。このことから、近世商業空間において、庇下および腰掛けるという行為が重要であった可能性が考えられる。一方、飲食は総数を大きく減らしてしまったが、全ての箇所に満遍なく人がいることに変化はない。飲食という性格上、店員と会話していない「客」の中に多くの「客」が含まれていたと考えてよいだろう。次に腰掛け行為を行なっている「客」の位置について見ていきたい。

(4)　腰掛体勢の「客」の位置

　店員と会話する「客」にのみ焦点を当てた際に、特に飲食において多くの取りこぼしが見られた。このような結果になった原因としては、飲食という業種の性質上、腰掛けなどの店のものを利用している「客」、すなわち、すでにサービスを享受している「客」が多く存在するためであると考えられる。また、先ほどの娯楽・日用品の結果から得られた知見として、庇下とともに腰掛け行為が重要である可能性が指摘できた。そこで、腰掛け体勢の「客」に注目することで、飲食における傾向を把捉することを主眼におきつつ、近世商業空間に関する知見を深

第3章　近世における商業空間の特質

表7　腰掛体勢の「客」の位置

	飲食	娯楽・日用品	食品	医療	服飾	総数
街路	17	0	0	0	0	17
庇下	17	12	0	3	3	35
土間	18	0	0	0	0	18
床	32	36	9	10	4	91
総数	84	48	9	13	7	161

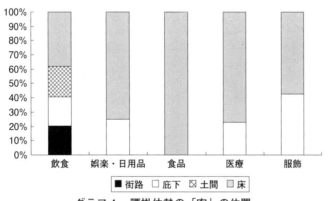

グラフ4　腰掛体勢の「客」の位置

めたい。

　表7は腰掛体勢の「客」の位置を整理したもので、これを業種ごとの百分率で示したものがグラフ4である。

　これを見るとやはり床の縁に腰掛けている「客」が多いことがわかる。また、庇下において腰掛けている「客」が多いことにも注意したい。つまり、ここにおいて床の縁に腰掛ける行為が近世商業空間において重要であると考えた場合、それに伴って庇下という場が極めて重要な位置であるということになる。また、先ほど大きく数を減らした飲食はその総数を大きく取り戻していることを見ると飲食においても腰掛けるという行為が重要なものであるということが考えられる。

　ところで、腰掛ける行為がなぜ近世商業空間においてこれほど重要な位置を占めると考えられるのであろうか。腰掛体勢の「客」の向きに着目することでその理由を探ってみたい。腰掛体勢の「客」の向きについて考察するにあたって、「客」の腰掛ける位置が街路に正対しているかどうかを手がかりとした。図6はその模式図である。絵画に描かれた人物が何を見ていたかということは実際には首も身体も目も動かせるのであるから、なかなか明らかにできない。しかしながら、腰掛けた状態であればその正面にあるものが見やすいということは疑いないであろう。実際に見ていたかどうかではなく、見やすい状況にあった向きがどこにあったのかについて考察を行うのが目的である。腰掛けている「客」が街路に正対していたか、否かについ

第Ⅱ部

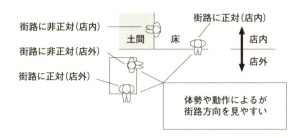

街路に正対(店内)　　　　　　　街路に非正対(店内)

街路に正対(店外)　　　　　　　街路に非正対(店外)

図6　向きに関する模式図(上)と、向きについての実例(下)

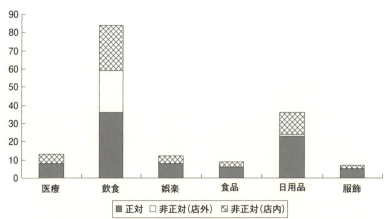

グラフ5　腰掛体勢の「客」の向き

第3章 近世における商業空間の特質

てみることで、当時の人々が腰掛行為と共に何を見ていたかということについて言及したい。

(5) 腰掛体勢の「客」の向き

腰掛体勢の「客」の向きについて整理したものが、グラフ5である。

これを見ると全ての業種において街路に正対して腰掛けている描写が多いことがわかる。すなわち、近世商業空間において腰掛けている人々の多くは、床の縁に腰掛けて街路の方を眺めていた可能性が高い。また、飲食においては非正対が多く確認されているが、店外における非正対というのはもはや関係がない。なぜならば、店外であるということ、それは街路の只中なのであるから、街路を見るのにもはや方向など関係ないからである。J. ゲールは「人びとが公共の空間で座る場所についても、同じ傾向が見られる。まわりの活動がよく見えるベンチのほうが、そうでないベンチよりもよく使われている。」と述べており、また、「街頭のカフェの場合も、その第一の魅力は目のまえの歩道のアクティビティである。世界中どこでも例外なく、カフェの椅子は近くのもっとも賑やかな場所に面して置かれている。当然のことだが、歩道こそが街頭のカフェの存在理由である。」[6]という指摘をしているが、この状況とまさに合致する。

以上、対象史料における「客」の位置や体勢、会話あるいは向きなどのふるまいについて考察することで近世商業空間における「客」のための場がどのようなものであるかを明らかにするべく考察を行った。考察を通して明らかになったのは、近世商業空間において腰掛行為が「客」の行う一般的な所作であることや本来は外部である街路に延びた庇下の場が重要な位置を占めていたことであり、腰掛行為や庇下が重要となった背景には街路との密接なつながりに対する意識があった可能性があることである。次節では店員の立場から近世商業空間における店員の場について考察し、さらに、「客」と店員の位置について言及したい。

4　店舗空間における客と店員の関わり

前節において「客」の位置について考察することで、近世商業空間における「客」の位置が庇下や床の縁に用意されていたと考えられること、また重要な体勢として腰掛けるということが存在することをあきらかにした。前節に引き続き、人のふるまいに注目して近世商業空間における場の意味について考察する。本節では店員の位置および体勢がどのようなものであるかについて言及し、その上で、「客」と店員との位置関係について考察を試みる。

(1) 店員の位置

表8は対象史料中に描かれている全ての店員の位置と体勢について整理したものである。これをみると、まず、上がり込み、すなわち、床の上に上がった状態で座っているものが最も多

第Ⅱ部

表8　店員の位置

街路	庇下	土間	腰掛	上込
15	31	85	0	135

表9　会話をしている店員と「客」の位置関係

	街路	庇下	土間	腰掛	上込	総計
街路にいる店員	5	0	0	0	0	5
庇下にいる店員	7	3	0	0	1	11
土間にいる店員	1	7	2	8	0	18
上込にいる店員	1	11	7	27	7	53

いことがわかる。床の縁に腰掛ける描写が見られなかったことも注意したい。つまり、床の縁は「客」の為の場であり、店員が腰掛けるための場ではないことがここからもうかがい知れる。ただし、端的に考えて、腰掛けて接客している店員というものは礼儀に反するような気がしないでもない。ここにおいて明確な理由を示すことはできないが、前節において明らかになったことと本節の結果が齟齬をきたすものではないことは確かである。

床上に座る描写について、土間、庇下、街路の順に描写されている店員の数が減っている。土間、庇下、街路というのはちょうど店の奥から順に街路に出ると経験されるものである。このことを考え合わせると店員の位置すなわち、店員が接客を行うための場の中心は床上と土間が中心となってくるものと考えられる。次に「客」と会話している店員について見てゆく。

(2) 「客」と店員の位置関係

表9は会話をしている店員と「客」それぞれの位置をクロス集計したものである。まず、総計、すなわち、「客」と会話している店員の位置を示した値から見ていくことにする。この結果を見ると、表8とほぼ同じ数字の関係で推移していることがわかる。「客」と会話をしているということは接客行為をしているということであり、その描写が店舗の内部から外部の方へいくに連れて減っていることからも、店員にとっての接客空間は床あるいは土間のような店舗内部にあるといってよいだろう。ところで、表8の結果と表9の総計の割合は、それぞれの場所にいる店員がどの程度接「客」に当たっているかを示す割合となる。これについて見てみると、街路(33.3%)、庇下(35.5%)、土間(21.1%)、上込(39.3%)となる。このように見ても、接客の中心的な場が上込、すなわち、床上に座した接客であることが推し量られよう。

さて、表9を店員と「客」の位置関係から見ていくと、上込の店員のみが、街路から庇下、土間や腰掛果ては上込の全て「客」に応対していることが分かる。また、上込の状態の店員が最も関わっているのが腰掛けている「客」であることにも注意したい。再三述べてきていることであるが、ここにおいても「客」の腰掛行為が多く確認されると共にそれに対応するのが店

員において多い上込であることからも近世商業空間において、「客」および店員の場がどのようなものであったかが明らかになってきたといえよう。

ところで、表9においてはもう一つ指摘しておかなければならないことがある。それは、店員の位置が外部に推移するに連れて対応する「客」も外部に放り出されていく点である、庇下にいる店員が、上がり込みの「客」と会話している一例を除いて残り全ての場合で、このことがいえる。このような現象が見られる理由はさしあたり不明であるが、このような結果が得られたことから、原則として、店員は自分よりも奥にいる「客」の相手はしていなかったというような近世商業空間における何らかのルールが存在する可能性も考慮されてよいのではないだろうか。

以上、対象史料における店員の位置および会話する店員と「客」の位置関係について考察した。考察を通して明らかになったのは、店員のための場、すなわち、接客の場は床上および土間の内部から庇下の外部、そして街路の順に広がっていくような構図が考えられることが指摘できた。また、ここにおいて得られた知見は前節からの考察とよく符合するものであると考えられ、人のふるまいを用いて近世商業空間の場の意味の大要はつかめたと思われる。

次節では、近世商業空間の場の意味をふまえつつ、商品陳列のような可変性の高いものが近世商業空間においてどのように考えて配されていたかについて考察を試みる。

5　しつらいと店舗空間——商品陳列を中心として

これまで「客」と店員のふるまいに着目してきたことで近世商業空間の性質が少しずつ明らかになってきたといえよう。すなわち、「客」のためのスペースは床の縁を中心として、腰掛けられる場所であり、店員の場は「客」に応対できる場所である床上に上がり込んだ状態で座るという姿勢であることがわかった。このような店舗の構成が成り立っているとすれば、それが成立しやすいように店舗の構成が考えられていた可能性がある。そこで、図7にアミ掛けで示したような陳列する商品の前に空白がもうけられているのはどの程度あるのか、すなわち座るための場が設けられていた可能性について検討したい。また、往来を眺められるような構成をしていたということは、逆に往来からの視線に対して意識的であったとも考えられる。そこで、本節では、陳列された商品がどのような方向に向けて置かれているかについても考察した。いずれの場合も対象とした史料は商品陳列が確認された65史料を対象としている。

(1) 商品陳列の位置

図7に示したような隙間が商品陳列の前に設けられているかどうかについて、対象史料中、商品陳列が確認された65史料について整理したものが、グラフ6である。全体における結果を見るとかなりの数の店舗において商品陳列の前に隙間が設けられていることがわかる。また、

第Ⅱ部

図7　商品陳列の前に設けられた隙間の例（『東海道名所図会』より）

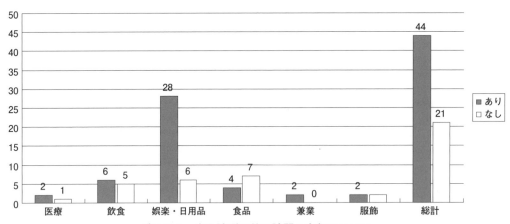

グラフ6　商品陳列の前の隙間の有無について

第3章　近世における商業空間の特質

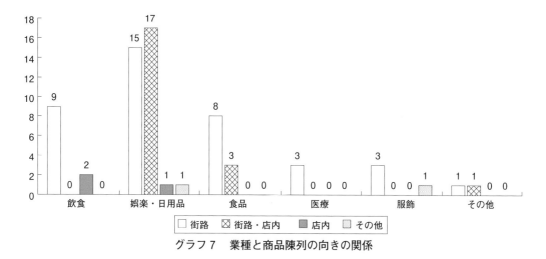

グラフ7　業種と商品陳列の向きの関係

業種別にみていくと娯楽・日用品においてきわめて顕著にこのような結果が得られていることが確認できる。つまり、娯楽・日用品においてはさしあたり明快な理由を提示することはできない。しかしながら、これまでに「客」のための場と腰掛けるという行為が密接に関わっていると考えられていることや、娯楽・日用品というある種店員との交渉や品定めを要する業種においてこのような結果が得られていることを勘案すれば、商品陳列のやり方の中にも「客」のための場の確保(言い換えれば儲けるための工夫)がなされていたと考えることができる。なお、このことは娯楽・日用品に比して、商品陳列によって「客」の目を惹く必要の少ないと思われる他の業種においては明確な場の確保がなされていないことからも指摘しうるものであると思われる。

(2) 商品陳列の向き

次に商品陳列の向きについて考察を試みる。これに際して、商品陳列についての向きをグラフ7に示すような形で定義しておく。商品陳列の向きとは端的にいって商品がどちらの方向を向いているかということである。商品陳列の向きを見れば、どこから見られることを想定しているか、あるいはどこに対する意識をもって、商品陳列がなされているかということが明らかになると考えている。定義は単純に置かれている商品の台または棚が街路を向いている場合を街路方向とし、店内を向いている場合は店内方向とした。また、一つの店舗で両方を行っている店舗については街路・店内方向として計上している。

グラフ7は商品陳列の向きについて、対象史料中で商品陳列が確認された店舗65史料を整理したものである。これをみると、ほとんど全ての店舗において街路方向に意識が向いていることが確認できる。また、娯楽・日用品においては街路・店内方向が多いことからも商品を「客」に見てもらうところから始まる業種であることの証左であるように思われて興味深い。

以上、近世商業空間における可変性をもった部分といえる商品陳列について、これまでに明

第Ⅱ部

らかになったことをもとに考察を試みた。「客」が腰掛ける行為が近世商業空間において重要な意味を持つと仮定するとき、そこには間違いなく「客」の居場所確保がなされていたと考えられるわけである。そして、さらに重要なことは本節で見てきたような「客」の確保と考えられる現象が見られるということは、近世の人々にとって、腰掛けを伴う接客を当然と考えていた可能性が高められるといえよう。本節では、さしあたり、これまでの考察で指摘できた「客」のためのスペースと往来に対する視線が意識されていたことの可能性を前提として、近世商業空間の一要素について考察を試みた。ここで得られた知見がこれまでの知見と齟齬を来していない点から、近世商業空間において「客」のためのスペースや、往来への視線あるいは往来からの視線が強く意識されていたことが改めて指摘しえたといえるだろう。

6　店舗空間の距離関係

　これまで、実景描写を行っていると考えられる「名所図会」の中に描かれた商業空間がどのようなものであるか、「客」および店員のふるまいに着目して考察してきた。その際に問題となるのは、実景描写に基づくとはいえ、距離についての分析することは果たして可能であるかということである。すなわち、風俗や建物の写実性が保証されたからといって、即座に絵画としての写実性、特に長さの関係などが正確に描写されていると考えるわけにはいかない。確かに一見する限り、現在の我々の眼から見たときに近世絵画が、西洋で生まれたいわゆる遠近法、すなわち幾何学的遠近法のような一定のシステムに基づいて描かれたものには見えない。その一方で、これまで述べてきたように、「名所図会」が実景描写であることは大衆に認知されていた。実景描写であること、あるいは不自然でない絵画であることを認識することができたということは、当時の人々の中で理解しうるような描画上のシステムがあったと考えてよいのではないだろうか。
　近世期の絵画は、「自分の目で見るような」リアリティを有するものではない。したがって、リアリティのある絵画であるためには一枚の絵に描かれているものの大きさなどの関係性が現実味を持つものでなければならない。またリアリティを持った描写かどうかの判断をするためには、「リアリティのある描写」がどのようなものであるかという判断を行うのに必要な感覚が大衆に共通している必要がある。大きさの関係や判断に際しての基準が存在するということは、描画上のシステムが存在したといっていいだろう。たとえば、当時の人々に対して「リアリティ」を感じさせる描写を行おうとするときを考えてみたい。大衆が「これは非常に現実をよく描いた絵画である」と考えるような描写がどのようにしてなされるべきかということがわかっていないとき、画師になす術はないといってよいはずである。したがって、画師および大衆は絵画の見方を共有していたのであり、そこには何らかの描画上のシステムが存在したはずなのである。では、「名所図会」の挿画を含む、近世期の絵画における描画上のシステムはど

第 3 章　近世における商業空間の特質

のようなものであったのであろうか。そのことについて考えるところから始めたい。

　現代の絵画においてリアリティのある絵画における描画上のシステムは幾何学遠近法といってよいだろう。では、幾何学的遠近法が日本にもたらされるのはいつのことであろうか。実は、江戸の中期、八代将軍徳川吉宗の時代に、幾何学的遠近法の考えを用いた「浮絵」という名の浮世絵が流行している。すなわち、江戸時代中ごろには既に西洋の幾何学的遠近法は日本に伝わっていたのである。岸文和は『江戸の遠近法』[7]の中で浮絵の変遷を整理、考察している。これによると、元文四年ころから宝暦年間(1751〜1764)にかけて活躍した絵師の作品を浮絵の〈第一世代〉とし、〈第二世代〉を歌川豊国らが活躍した明和4年(1767)から寛政年間(1789〜1801)と位置づける。そして、この〈第二世代〉に確認できる視点の移動は「〈説明〉に力点をおいたものである」としており、このことからも近世期の日本の絵画は非常に説明的な性格を持っていたと考えてよいであろう。そして、およそ享和年間(1801〜1804)から文化年間(1804〜1818)にかけて、浮絵は徐々に浮世絵の表舞台から消えていく。しかしながら、〈浮絵の視覚〉が全く忘れ去られたわけではなく、葛飾北斎の「洋風版画」を経て、歌川広重の「風景版画」にまで引き継がれ、明治以降の絵画の近代化に計り知れない影響を及ぼしたと述べている。

　この岸の言及の中で注意したいことは二つある。一つは実景描写を本位とする「名所図会」の成立の30年前に幾何学的遠近法は日本に入ってきていることである。そして、もう一つは明治に至るまで、技術としての幾何学遠近法は継承されるにも関わらず、『江戸名所図会』が計画されていたと考えられる享和年間から文化年間の間に表舞台から消え去ったということである。この二点からわかることは近世期の人々は幾何学的遠近法ではなく、「大和絵に固有の遠近法体系」である平行遠近法を選びとっていたということである。では、近世期の人々が選び取った平行遠近法という絵画技法はどのような性質を持つものであったのであろうか。岸によれば、平行遠近法に基づいて描かれたものが平行線によって構成されたように描写されるのは、「それが、遥かに(無限に)遠くかつ高いところから対象を見通す平行な投射線、例えば太陽光線のようなものによって画面上に投影された〈影〉だからで」あると説明している。さらに、「特定の地点(一点)と特定の時点(瞬間)に結びついた画家の視点など問題にならない」ことから、「描かれた対象の形態が見られる〈位置〉と〈時間〉に関わりなくもっている〈概念的本質〉を描き出しやすい」という性質を持つことを指摘している。そして、このような絵画技法を用いているがゆえに、「日本の空間表現が「観念的である」とか「説明的である」とか言われてきたことの、ひとつの理由であるにちがいない。」と推断している。以上、岸の指摘に依拠して、近世期における描画のスタンダードに平行遠近法という描画システムがあることを示した。では、平行遠近法に基づいて描かれた絵画における距離はどのように捉えられるであろうか。

　岸の指摘によれば、平行遠近法は無限遠から平行な投射線によって画面上に投影された〈影〉として描かれる。中谷・黒川両氏はこれと同様の考えを内包する透視変換を利用し、幕

第Ⅱ部

府が編纂した精度の高い街区・屋敷割の区分地図と言える『御府内沿革図書』と『江戸名所図会』の中の一枚の挿画を比較し、その写実性を検討している。分析を通して、道路の幅員や角度などよく一致している部分も見られるが、かなり異なっている部分も見られるという結果を得ている。そのような結果が得られた理由としては、挿画の主題である建物が周囲よりも際立って見えるように操作された可能性を挙げている。一方で、1サンプルあたりの誤差は0.67m程度であるとしていることから、無限遠点という本来取りえない視点から描いたかのような絵をかなりの精度で描くことができたともいえるかもしれない。近世期の絵画としての写実性に言及しているものとしてはこの他に星山晋也氏の研究[8]などがある。この中で星山氏は「伝統的な俯瞰法では、日本画家は、真景を描く場合ですら、画家の頭の中で再構成してつくり出した俯瞰」を描くということを指摘した上で、『大和名所図会』に挿画として載る岩船の図と、その構図を真似て撮影した写真を示している。挿画と写真を比較した上で、「岩船の大きさが驚くほど正確に描かれていたことが分かる」とし、「挿図は画家が実地で観察して大きさを計測し、その後描いたものとしたか考えられない」とまで述べている。ここに示した絵画として写実性に関する言及を見る限り、「名所図会」が高い精度で描写されているとはいえ、距離について定量的に考察することは難しいことがわかる。しかしながら、「名所図会」が絵画としても高い精度で描かれていることが改めて示されたということもでき、明確な距離関係ではなく「おおよそ」の距離関係であれば考察可能と考えてよいのではないだろうか。既に述べたことであるが、近世商業空間についてその空間とその場での人々のふるまいの関わりについて言及する研究はほとんどない現状においては、たとえ「おおよそ」の距離関係といえども、絵画上に現れる距離から空間の特質について考察を試みることは決して無駄ではない。本節ではこのような考えから、あくまで「おおよそ」の距離関係でしかないという限界性を認識した上で、絵画史料上の距離感関係から近世商業空間の性格がどのようなものであったかについて考察を試みた。

おわりに

本章では、より精緻な描写が行われていると考えられる『都名所図会』以降のいわゆる名所図会およびこれに類する絵画史料として近世商業空間がどのようなものであったかについて考察した。

考察を通して明らかになったのは、近世商業空間の中には店員のための場と「客」のための場がおおよそ決まっていたことである。すなわち、前者は床上に座すかあるいは土間というまさしく店舗の内部を中心としているのに対し、後者は床の縁あるいは庇下という内部と外部の境界面のような場を中心としていることが確認できた。また、「客」の体勢として腰掛けることが極めて重要な意味を持っていたと考えられるほか、その腰掛けた人々の視線の先には往来

第3章　近世における商業空間の特質

があったと考えられることを指摘した。また、都心部を少し離れれば美しい山並みが広がっていた時代であるから、近世の人々が、店舗と往来のその間から遠く美しい景色を眺めていたこともたぶんにあったと考えられることを指摘しておきたい。

また「客」や店員の場を明らかにした上で第5節ではこれらの知見を仮の前提とした上で近世商業空間における商品陳列について考察を行った。その結果として、腰掛けの場を提供しようとする意志とも捉えられるようなデータや往来からの視線を多分に意識していたと考えられる傾向を見いだすことができた。以上のような考察を通して近世商業空間において、「街路と店舗が、一体的に強く結びつきつつ、段差や庇によってその繋がりを緩やかに変え、結果として互いに意識が通い合うような形で成立していた」可能性を指摘できたと思われる。

すなわち近世商業空間は、街路と軒先、店内という三つの空間が連続して存在していたことと、特に客は軒先に腰掛け、街路の方を向いている店舗が多いことが明らかになった。このことは別稿[9]でも述べたが、これはパリのカフェの例を出すまでもなく、近世の商業店舗は、客の移動はないが、街路の往来というシークエンシャルな空間をめでながら飲食やショッピングを楽しむという空間構成をもっていたことがわかる。近世にこういう空間構成をもっていたわが国が、「はめ殺し」に染まることで、前述した近世の空間構成が消えていったことを、もう一度整理し、今後のわが国における商業店舗の在り方を考えることが一つの課題であろう。

ひるがえって別稿との関係でみると本章は、近世の「外部空間」がどのようなものとして捉えられるかということについて考察した。ここで簡単に振り返ると、別稿において近代批判あるいは現代都市に対する提言の中に共通して「前近代の豊かな外部の空間」を求める叫びが含まれていることを指摘し、すでに第Ⅱ部第1・2章の中で、日本における前近代、すなわち近世の「外部空間」について、近世商業空間を対象に考察した。ここでは、当時の大衆に対する啓蒙的意識と実景描写に基づいて編纂された名所図会に描かれた近世商業空間、すなわち画師を通して、近世の商業空間がどのようなものであったかについて検証した。絵画に描きこまれた人々のふるまいを通して明らかになったのは、近世商業空間が外部空間との強い親和性をもつものであったということであり、そのことについて当時の人々は自覚的であったことである。たとえば、本章において、近世商業空間において街路方向を向いて腰掛ける事例が非常に多く見られ、またそれを可能にするような商品配置がなされていることを、考察を通して明らかにすることが出来た。このとき、街路に向かって座る客が多かったから、商品配置をそのように配置したのか、あるいは街路に向かって客を座らせるためにそのような商品配置にしたのかというような、「卵が先か、鶏が先か」と同様の可能性が考えられる。しかしながら、近世商業空間において街路方向に対して間口を開いることや、その業種に応じた工夫をもって街路との接触が出来るようになっていたこと自体に、すでに「外部空間」に対する強い意識があったといってよいのではないか。いずれにせよ、名所図会およびこれに類する絵画史料をとおしてみた近世商業空間は、街路との一体性を確固として築いていると考えられ、当時のにぎわいがいかに豊かなものであったろうということを考えずにはいられない「外部空間」を有してい

131

第 Ⅱ 部

たように思われる。

〔注〕

1) 池田弥三郎・野間光辰・水上勉監修『日本名所風俗図会』（角川書店、1979～1988年）。
2) この点について、林英夫（『日本名所風俗図会』注1）前掲書17巻「解説」）は、『都名所図会』以前のいわゆる「名所記」と比較して、「名所図会」において「描かれている風景画が、象徴画ではなく、真景であること」、「話の筋立ての全くない」ことを指摘している。また、真景すなわち実景描写であったことが、当時の人々に新鮮な印象を与え、名所図会の出版ブームの因をなしたと述べている。
3) 『近江名所図会』については、永野仁による『日本名所風俗図会』（注1）前掲書)11巻「解説」に詳しい。
4) 名所案内記に描かれる情景が日常の生活を描いているかどうかについて、水江漣子氏は「初期江戸の案内記」（『江戸町人の研究』第三巻、吉川弘文館、1974年所収)の中で次のように述べている。すなわち、初期の名所案内記が「ようやく日常化しつつある遊覧への誘い」を含むものであるとしたうえで、「ある特定の都市内での案内記こそ、近世初期の産物であって、名所廻りが日常化してゆく道程をみると思えば、生活のなかの遊覧の概念をさほどきびしく規定する必要はないであろう」とする考えを示している。ここでいう初期の名所案内記とは第Ⅱ部第1章で述べたように「名所図会」以前のものであり、「名所図会」以降が実景描写を重要視することと併せて考えれば、絵画史料に見られる光景は、全体の構成との関わりは当然あるであろうが、日常のものと考えてよいだろう。
5) 坂井猛らは「広重の浮世絵風景画にみる景観分類に関する研究」（『日本建築学会計画計論文集』1994年）の中で、絵画に描かれる人の大きさを手がかりに、超近景、近景、中景、遠景の四つの距離景を示している。これによると、超近景と近景の区切は約20～30m、近景と中景の区切は100～200m、中景と遠景の区切は600～800mであるとしている。また、千葉正樹も「『江戸名所図会』の建築景観分布と社会背景」（『東北大学大学院国際文化研究科論集』1991年)の中で、視点距離に基づいて四つの類型を示しており、「近景＝視点距離10m以内、中景＝対象から数十m、遠景＝対象から100m以上、超遠景＝対象から数百m」と述べている。超近景や超遠景のように距離景の呼び方は異なっているが、内容としては近しいものがある。本章の主眼は人の描写が的確になされているかであるから、坂井らの表現では中景の一部から遠景にかけて、千葉の表現では超遠景にあたる絵画を対象から除外した。
6) J. ゲール『屋外空間の生活とデザイン』（鹿島出版会、1990年）。
7) 岸文和『江戸の遠近法』（勁草書房、1994年）。
8) 星山晋也「広重の第三の眼―広重筆『名所江戸百景』の構図における三視点に関して―」（早稲田大学大学院文学研究科紀要第3分冊(42)、1996年）。
9) 妻木宣嗣『ことば・ロジック・デザイン』（清文堂出版、2015年）。

第4章　江戸の寺院境内配置と生態学的把握

はじめに

(1) 研究の目的

　江戸の寺院についての研究、こと、寺院境内空間構成についての研究は、史料的制約も手伝って、十分に行われているとはいえない。この寺院境内空間構成を考察する上で、重要な史料として「諸宗作事図帳」[1]と「御府内寺社備考」[2]があげられる。

　「諸宗作事図帳」については、金行信輔氏[3]の詳細な論考がある。氏は「諸宗作事図帳」が江戸における寺院建築行政台帳であることを論証し、関連して江戸における建築行政システムを明らかにされた。しかし、添図されている指図についての論考は行われていない。一方、「御府内寺社備考」については、日塔和彦氏[4]の論考がある。氏は「御府内寺社備考」の史料的性格を明らかにし、そこに描かれている指図を手がかりに江戸御府内に建てられた寺院建築について論考されている。ただし、御府内寺院の本堂建築についてしか論考されておらず、寺院境内空間構成については論考がない。

　本章は、以上の先行研究に導かれつつも、主に寺院境内空間構成について論考するための基礎研究を行い、人と境内空間構成に関する考察を行う。まずは、両史料に記載されている寺院指図、つまり、境内図全てを対象とし、これらを比較することで両史料を今後どのように扱うかを検討する。

　まず、上記の課題を検討するために、「諸宗作事図帳」と「御府内寺社備考」から必要なデータを抜き出し、データベースを作成した。このデータベースをもとにして「はじめに」では、「諸宗作事図帳」と「御府内寺社備考」について、先行研究に導かれつつ、作成された経緯、両史料の特徴を概観する。第1節では、「諸宗作事図帳」と「御府内寺社備考」について、両史料を今後どう扱うかを確認するために、いくつかの項目について、両史料の比較を行った。第2節では、第1節で行った比較項目について、「諸宗作事図帳」に着目して考察を行う。「おわりに」では、結論として、本章のまとめと今後の課題を検討する。

(2) 完成したデータ

　ここでは研究の方法として、今回の研究で完成したデータの紹介と、それらのデータを利用して、行った考察の方法を述べる。完成したデータは、①周辺配置データ、②境内配置データA、③境内配置データB、④諸宗作事図帳エクセルデータ、⑤御府内寺社備考アクセスデータ

第Ⅱ部

(234巻、567巻)、⑥御府内寺社備考アクセスデータ2 (234巻、567巻) の6データである。以下でこれらデータベースの内容を箇条書きで挙げる。

周辺配置データ (図1参照)。このデータはソフト『江戸明治東京重ね地図』[5]から抽出した地図である。図の上部が北になっていて、江戸時代、江戸における各寺院の周辺の地図を表している。枚数は1939枚ある。

①境内配置データA (図2参照)。江戸時代、江戸の寺院について書かれた史料「御府内寺社備考」。この史料に記載されている各寺院の境内配置図をデータ化したもの。頁の関係で分割されている図は、結合されている。また一部を除いて、図の上部が北になっている。枚数は768枚ある。

②境内配置データB (図3参照)。「諸宗作事図帳」から取り出した各寺院の境内配置図をデータ化したもの。史料「御府内寺社備考」よりも精密に記載されていて、同じ寺院でも記載年代の違う図があるため数も多い。そして頁の関係で分割されている図は、結合されている。また一部を除き、図の上部が北になっている。枚数は6247枚ある。

③諸宗作事図帳エクセルデータ。「諸宗作事図帳」にある全寺院の情報を取り出し表にしたもの。取り出した情報は寺院名、宗派、所在地、寺格、山号、記載年代である。また作事図帳ID順に並んでいる。ただこのデータは直接、今回の研究には利用していないが、今後の研究のために作成した。6225データある。

④御府内寺社備考アクセスデータ (234巻、567巻)。このデータは「御府内寺社備考」に記載されている各寺院の情報から寺院名、宗派、所在地、寺格、寺中、寺号、山号、巻数、頁数の

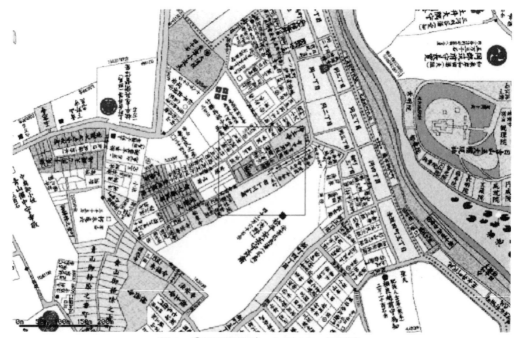

図1　①周辺配置データ (浄土寺・源照院)

第4章　江戸の寺院境内配置と生態学的把握

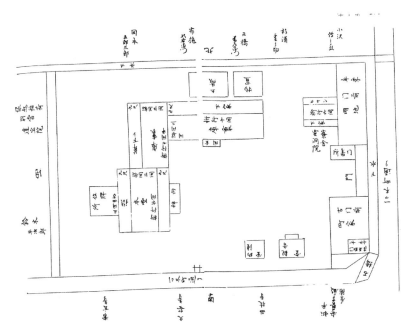

図2　②境内配置データA（巻3　P345　浄土寺）

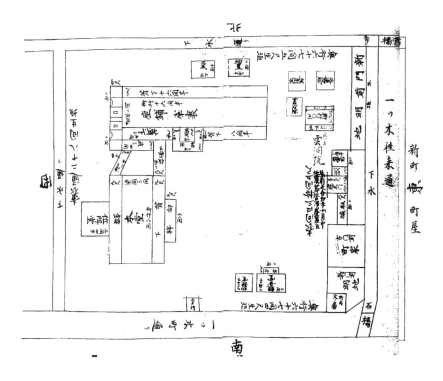

図3　③境内配置データB（167-浄土寺（NO,144））

第Ⅱ部

文字情報と、境内配置図(②境内配置データAより)を取り出しまとめたものである。また①周辺配置データからの周辺の地図も加えられている。そして御府内ID順に並んでいる(御府内IDは所在地順の数字)。データ量は、234巻に476データ、567巻は507データある。

⑤御府内寺社備考アクセスデータ2¹(234巻、567巻)。上記の⑤御府内寺社備考アクセスデータ(234巻、567巻)で挙げた各寺院の文字情報と、それぞれの寺院の「諸宗作事図帳」での記載年代、境内配置図(③境内配置データBより)を取り出しまとめたもの。このデータも御府内ID順に並んでいる。つまり⑤御府内寺社備考アクセスデータとリンクしている。データ量は⑤御府内寺社備考アクセスデータと同じで、234巻に476データ、567巻は507データある。

完成した2つのアクセスデータ(⑤御府内寺社備考アクセスデータ、⑥御府内寺社備考アクセスデータ2)を利用し、寺院ごとのシートを作成する。そして第2節では、その2種のシートを使用し、比較を行う。そしてその結果を考察する(図4参照)。

次節では、本章で扱う史料「諸宗作事図帳」と「御府内寺社備考」について作成経緯をたどる。その上で、両史料の寺院の記載内容について述べていく。

1 「諸宗作事図帳」と「御府内寺社備考」について

(1) 「諸宗作事図帳」について

旧幕府引継書寺社奉行書類の中に「諸宗作事図帳」という薄冊があり、現在では141冊が伝存している。金行氏によると、「諸宗作事図帳」は、江戸御府内寺社の建築台帳ともいうべきもので、建築の統制・認可にかかわる記録として、幕府寺社奉行所で管理・活用されていた文書であった。そこで、「諸宗作事図帳」が作成された経緯をたどって、なぜ作成されたのかを明らかにしておきたい。「諸宗作事図帳」の作成が発案されたのは、天保12年(1841)3月のことであり、寺社奉行松平伊賀守(忠優)から老中水野越前守(忠邦)に「御府内寺社作事願出候節取計之儀ニ付御内慮伺書」が提出された。松平伊賀守は、当時、寺社境内の「惣作事」はもとより軽微な修復でも建築審査を実施しており、とくに作事の見分に際しては、寺社奉行所から大検使(＋同心2人)と小検便(＋同心1人)が組んで派遣され、絵図による審査の他、近隣の社や門前町屋などからも支障の無い旨を記した一札を取る、というきわめて手間のかかる任務だったのである。

松平伊賀守が提案した改革案は、ひとつには、そうした審査・認可手続きの省力化・効率化を目指したものであり、その具体的な施策が、御府内寺社からそれぞれ現状の建築図面を提出させることであった。幕府は享保3年(1718)と元文2年(1737)に、「有来」(＝現状維持)の修復に関しては、寺社奉行所への出願は不要とする旨の触書を御府内寺社に布達しているが、安永の頃から次第に「有来」の修復であっても出願が行われ、認可手続きを要するようになったという。しかしながら、御府内寺社についてはこれまで、「建物絵図」などの差出はなかったた

第4章　江戸の寺院境内配置と生態学的把握

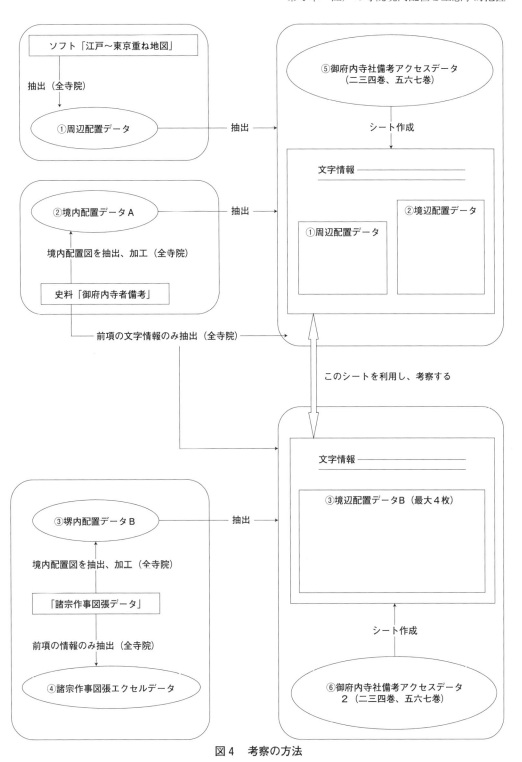

図4　考察の方法

めに、審査が「手重」になっていた。そのため松平伊賀守は、提出した「伺書」の中で、今後は、①「有来」の作事に関しては予め提出させた絵図と照合し、相違が無ければ見分をせずに出願を受けた月番奉行の裁量で認可し、竣工後に届出を受け、見分する。②「模様替作事」(=増改築)の場合は、従来通り出願後に見分を行った上で認可し、竣工後も見分をする。③「有来」の修復でも出願を徹底させる、といった改革案を上申している。こうして発案された「諸宗作事図帳」の作成準備は翌年に入り、より具体化していく。天保13年(1842) 4月に、さらに詳細な建築台帳の作成方法と認可手続き上の改革案の追加事項が松平伊賀守により以下のように示された。

　①建物の絵図を2枚差し出させ、「御府内寺社帳」などに照らし合わせたうえで、全寺社の分を揃え、宗旨・地名ごとに部類分けし、帳面に綴り2部にする。そして1部は月番の奉行が持ち、もう1部は、翌月の月番が持つ。ただし、増改築の場合は改めて絵図を差し出させて、旧状の絵図に綴る。

　②「間延作事」(二梁間三間を越える建築)など、先代住職の心得違いで、作事法令に抵触する建物があった場合は、今後の修復で改めさせ、今回は咎めない。「間延作事」願済みの場合は、それが「有来」の修復の時は絵図に照らし合わせ、手限で認可するが、再建の際には、従来通り老中へ伺いの上、取り計らう。

このように「諸宗作事図帳」が作成されることとなるが、それまで慣例的に行われていた建築認可の手続きが天保13年(1842)、次のように明確に規定される。

　①屋根葺替以外は、「有来」の修復や仮作事でも出願を義務づける。

　②「有莱」の作事・修復は見分せずに認可し、竣工後に見分を行う。

　③認可済みで、着工が遅れている場合は、12ヶ月までは奉行所へ届けずに着工して構わない。それより遅れた時は届出の上、着工すること。10年経過した場合には改めて出願すること。

さらに、天保14年(1843) 5月にも、「模様替作事」における認可・見分における認可手続き上の規定が定められ、認可における省力化が進んだ。

　以上のように、「諸宗作事図帳」作成以前は、江戸御府内寺社の建築図面を記録している台帳は寺社奉行にはなく、作事・修復を行う事に絵図を提出させ、絵図と実際の建物とを照らし合わせる必要があった。しかし、今回発案された「諸宗作事図帳」は、審査の省力化、認可手続きの明確化を目的とした。そして、天保13年(1842)以降、御府内各寺社から絵図が提出され、寺社奉行所で作成されていった。

(2) 「御府内寺社備考」について

　日塔氏によると、「御府内寺社備考」の正確な名称は「御府内備考続編」であり、江戸幕府官撰の「御府内風土記」を編纂するための史料集であった。「御府内備考」とは、「御府内風土記」の備考であることを意味し、正編144巻、続編147巻から構成されている。正編は、文政12

年(1829)に「町方書上」をもとにまとめられ、江戸総説、御城、御曲輪内、外神田、浅草と続く御府内の町方を対象としている。続編は、文政8年(1825)から文政11年(1828)までに御府内各寺社から提出させた「寺社書上」をまとめたもので、まず神社、そして宗派別に寺院がまとめられている。「御府内風土記」は文政11年(1828)に幕府に献上された「新編武蔵風土記稿」で除かれた御府内の地誌について編纂したものであるが、明治5年(1872)に焼失している。また、「御府内備考」の作成は幕府の地誌編修取調所で、監修は三島政行、調査員は井上常明以下10名が行った。

「御府内寺社備考」は「寺社書上」をもとにまとめられているが、「寺社書上」は各寺社がそれぞれ提出したもので、提出の際に記載する内容については手本を示して統一させている。しかし、各寺社から提出されたものには精粗があり、記載されている内容についてはその地域の調査担当者が書式に沿って書き直している。そして、不足している項目については、現地調査を行って追加して書いている。

また、徳川家と関係の深い増上寺、寛永寺などの寺院や、城に近い御曲輪内、下町などの寺院については除かれている。その他にも除かれている寺社は存在し、全寺社を対象とせずに作成された。

(3) 「諸宗作事図帳」と「御府内寺社備考」の寺院の記載内容について

「諸宗作事図帳」と「御府内寺社備考」に記載されている寺院は、寺院名・所在地・宗派・寺格・規模・境内地の種類や、子院数が記載されている。また、「諸宗作事図帳」には奥行、間口の他、作成年代が記載されており、天保12年(1841)8月を上限として、下限は明治3年(1870)7月まで作成されたことが分かる。しかし、記載が無いものについては、天保12年(1841)以前、もしくは、明治3年(1870)以降に作成されたかもしれず、どれぐらいの期間にわたって作成されたかは分からない。「御府内寺社備考」においては、寺院の起立、本尊、宝物などが記載されている。境内図については、建築台帳である「諸宗作事図帳」の境内図は記載が細かく、建物には寸法記載もある。ただし、寸法記載がない図もある。さらに、図が複数枚あることに対しては先に説明した作成経緯において明らかになっている。また、大寺院の記載においては、境内地が大きいために全体図とともに個々の建物図が記載されている場合がある。その上、子院の境内図が記載され、さらに子院跡でさえ敷地記載の図だけで提出されている。

「御府内寺社備考」では、境内図は最後に付図されている形になっているが、これは地誌編纂の史料としてまとめるため、境内図自体は余り必要な情報ではなかったと考えられる。なぜなら、「御府内寺社備考」全体を見ると、掲載寺院987ヶ寺に対し、境内図が記載されている寺院は737ヶ寺である。残り241ヶ寺には境内図が無く、さらに調査員が記載もれに対して追記しているにも関わらず境内図が記載されていないのは、境内図の記載が無くても良かったと考えられるからである。そのためか、境内図の記載精度は粗く、内部の間取りを記載しているもの

第Ⅱ部

は少ない。

2 「諸宗作事図帳」と「御府内寺社備考」の指図の比較

(1) 考察の目的と方法

　まずこの比較を行う理由を述べる。この研究でこれから主として利用していく史料は「諸宗作事図帳」である。それは「諸宗作事図帳」に記載されている情報量は量、質とも「御府内寺社備考」に比べ圧倒的に優っているからである。しかし、「諸宗作事図帳」には無い、門から本堂への道を記載している図が、「御府内寺社備考」の中で30ヶ寺認められる。このような図の存在から、記載の粗い「御府内寺社備考」の境内図について、粗くても「諸宗作事図帳」とおおむね一致する部分があり信用性があるのか、それとも全く一致せず、信用できない史料なのか、という両史料の類似性を、明確にしておく必要が生じたからである。

　方法は「はじめに」で示した通り。作成したシートを使い、「御府内寺社備考」の境内配置図と「諸宗作事図帳」のそれを比較、検討する。ただし比較対象は、時間的制約から両境内配置図が揃う622ヶ寺のみとする。考察の内容は「①敷地の形状、②門の総数、③子院の総数、④道から敷地内へのアプローチ、⑤表門から本堂までの道のり、⑥表門の記載方法、⑦表門のセットバック」の7項である。「表門のセットバック」とは表門の位置の分類で、敷地境界線の内にあれば「セットバックしている」と分類する。分類方法はそれぞれの史料で1,2,3……、A，B，C………などと分類し、その記号を比較する。ただし「敷地の形状」のみ両史料の図での相違の大きさをA，B，C……と分類している。そして分類の結果から、各項目での「両史料の相違点とその大きさ」を示す表と、②〜⑤の比較項目のみ「相違の理由」を示す表を作成し、比較する。

(2) 比較結果の考察──両史料での類似性の大きさと相違の原因について

　以下で各比較項目の結果についてそれぞれの考察を述べていく。「敷地の形状」の比較結果（表1参照）。この項目で「ほぼ同じである」というAは34％と、それほど多くない。しかしそのことが『両史料で「敷地の形」はあまり整合していない』と示しているとは考えにくい。それはB（形はほぼ同じだが、東西南北の長さの比が違う）、C（部分の形が違う）でもある程度の形は一致しているからである。そして「違う敷地に見える」と感じるのはD、Eのみである。よって「一致している」、「一致してない」の境界をC−Dとすれば90％一致しているとなり、この項目での類似性は高いと考えられる。そして相違の原因として考えられる事は、記載の精度の違いが多い。

　①「門の総数」の比較結果（表2、3参照）。両史料で門の総数は90％以上一致している。
　よって両史料で「門の総数」は類似性が高いといえる。そして相違の原因としては次の事

第4章　江戸の寺院境内配置と生態学的把握

が考えられる。記載年代や記載の精度の違いにより、どちらかの史料で裏門などの記載がなく相違する。「御府内寺社備考」の指図のみ、門の記載が読み取れないので相違する。非常口や用心門の記載の有無などにより相違する。門の総数が「2」の寺院で比較的ずれが大きいのは、表門、裏門があり、そのうち裏門の記載を省略した寺院が、両史料とも多少、多かった事が原因であると考えられる。

②「子院の総数」の比較結果（表4、5参照）。この項目について、子院を持たない寺院は両史料で99％一致、全体でも96％一致している。相違の原因としては記載年代や精度の違いにより、どちらかの史料のみ、子院の記載があり総数が異なってしまうことが一番多い。また、子院跡が「御府内寺社備考」にのみあるが、「諸宗作事図帳」では子院跡が無くなっているために相違する寺院もあった。

③「道から敷地内へのアプローチ」の比較結果（表6、7、8参照）。全体で94％一致している（表6より）。一致が90％以下に留まっているのは、A—2、B—2である。どちらも敷地の角から入る寺院で、記載年代や記載の精度の違いにより、門の位置が違ってしまい相違している。これは表8の結果にも表れている。

④「表門から本堂までの道のり」の比較結果（表9、10参照）。この項目は全体で80％一致している。この値は他の項目よりも小さく、類似性は他の項目よりも小さい。これはこの項目のみ、寺院の内部の比較であり、それが原因で他の項目よりずれが大きくなったと考えられる。これは表10にも表れていて、相違の原因の7割は、本堂の位置の違いとなっている。また、複雑な分類パターンのものがあり、判断が難しかった事も原因として挙げられる。

⑤「表門の記載方法」の比較結果（表11参照）。この項目が7つの項目の中で、一番類似性が低く、10％程度と、ほとんど一致していない。「御府内寺社備考」では、門の記載が簡略化されているものが多い。そして「諸宗作事図帳」はほとんど分類パターンⅢで記載されている。これらのことから両史料とも表門の形状については、作成段階において作者があまり意識せずに記載したと考えられる。

⑦「表門のセットバック」の比較結果（表12参照）。この項目は類似性が低く、53.9％となった。分類としては、記載表現を考えずに門がセットバックしているか、していないかを分けただけであるのに、これだけ一致していない。ただ考慮するべき点として「③＋行、e列」に注目する。この「③＋行、e列」の値が一番大きい。それにもかかわらず「③＋行、e列」は両史料で一致しないデータである。このことが分類パターンの間違いを示すとすれば、分類パターンeをセットバックしている図と考える事ができる。このように考えると、「御府内寺社備考」では分類パターンeを、セットバックしているという表現に使用していたといえる。ただ分類パターンeをセットバックしている図と考えても、類似性は67％と、低いままである。よってどちらにしても、この項目については両史料で、あまり一致していないと考えられる。

第Ⅱ部

比較の結果　NO.1　（全ての表で「御」は史料「御府内寺社備考」、「諸」は「諸宗作事図帳」を表す。）

表1　両史料の「敷地の形」とその整合性

相違の大きさ	データ数	割合（％）	整合性（C-Dを境界とする）
A	208	33.4	90.5
B	172	27.7	
C	183	29.4	
D	17	2.7	9.5
E	42	6.8	
合計	622	100	100

注）整合性とはA，B，CとD，Eをそれぞれ一つデータ数としそれぞれの全体に対する割合である。

各項目の分類パターン

①「敷地の形」（表1）の分類パターン

『A，ほぼ同じである　B，形はほぼ同じだが、東西―南北の長さの比が違う　C，一部分の形が違う　D，一部分の形が違い、東西―南北の長さの比も違う（面影がEに比べるとある。）　E，全く違う（どいらかの敷地が全部載っていないものも含む。）』の五段階に分別する。

②「門の総数」（表2）、③「子院の総数」（表4）の分類パターン

②「門の総数」、③「子院の総数」はその総数で分類（Zは「図からは読み取れないデータ」を示す）。

表2　両史料の「門の総数」とその整合性

御＼諸	1	2	3	4	5	Z	合計	割合（％）	整合性（％）
1	455	18	1	0	0	8	482	77.4	94.4
2	11	113	3	1	0	0	128	20.6	88.3
3	0	1	9	0	0	0	10	1.6	90
4	0	0	0	1	0	0	1	0.2	100
5	0	0	0	0	1	0	1	0.2	0
Z	0	0	0	0	0	0	0	0	0
合計	466	132	13	3	0	8	622	100	92.9

「同じデータ」の合計　578　「違うデータ」の合計　44

注）メッシュのマスは門の総数が両史料とも同じものを表す。このデータを「同じデータ」とした。そしてそれ以外のデータを「違うデータ」とした。整合性とは、それぞれの行にある同じデータ数の、それぞれの行の合計値（つまり「諸」の合計値）に対する割合である。（合計の整合性とは、全ての「同じデータ」の全体に対する割合である。）

表3　相違の理由（門の総数）

相違の理由	データ数	割合（％）
「御」のみ裏門あり	15	34.1
「諸」のみ裏門あり	12	27.3
「御」の図からは読み取れない	8	18.2
「諸」のみ非常口あり	2	4.5
「御」のみ用心門あり	2	4.5
表門の数が違う	1	2.3
「御」のみその他の門あり	4	9.1
合計	44	100

表4　両史料の「子院の総数」とその整合性

御＼諸	0	1	2	3	4	5	6	7	8	9	10	15	16	19	合計	割合（％）	整合性（％）
0	555	3	3	0	0	0	0	0	0	0	0	0	0	0	561	90	98.9
1	0	9	2	0	0	0	0	0	0	0	0	0	0	0	11	1.8	81.8
2	0	0	10	1	1	0	0	0	0	0	0	0	0	0	12	1.9	83.3
3	0	2	1	8	2	1	0	0	0	0	0	0	0	0	14	2.3	57.1
4	0	0	0	0	4	0	0	0	0	0	0	0	0	0	4	0.6	100
5	0	0	0	0	1	0	0	0	0	0	1	0	0	0	2	0.3	0
6	0	0	0	0	1	2	3	0	0	0	0	0	0	0	6	1	50
7	0	0	0	0	0	0	1	0	0	0	0	0	0	0	1	0.2	100
8	0	0	0	0	0	0	3	0	1	0	0	0	0	0	4	0.6	75
9	0	0	0	0	0	0	0	1	0	0	0	0	0	0	1	0.2	100
10	0	0	0	0	0	0	0	0	0	3	0	0	0	0	3	0.5	100
15	0	0	0	0	0	0	0	0	0	0	1	0	0	0	1	0.2	100
16	0	0	0	0	0	0	0	0	0	0	1	0	0	0	1	0.2	0
19	0	0	0	0	0	0	0	0	0	0	0	0	1	0	1	0.2	100
合計	555	14	16	9	3	3	2	3	1	4	2	0	1	0	622	100	96.3

「同じデータ」の合計　599　「違うデータ」の合計　23

注）メッシュのマスは子院の総数が両史料とも同じものを表す。このデータを「同じデータ」とした。そしてそれ以外のデータを「違うデータ」とした。整合性とは、それぞれの行にある同じデータ数の、それぞれの行の合計値（つまり「諸」の合計値）に対する割合である。（合計の整合性とは、全ての「同じデータ」の全体に対する割合である。）

表5　相違の理由（子院の総数）

相違の理由	データ数	割合（％）
「御」だけにある子院がある	11	47.8
「諸」だけにある子院がある	8	34.8
「御」のみ子院跡地あり	4	17.4
合計	23	100

第 4 章　江戸の寺院境内配置と生態学的把握

比較の結果　NO.2　(全ての表で「御」は史料「御府内寺社備考」、「諸」は「諸宗作事図帳」を表す。)

表 6　両史料の「道から敷地内へのアプローチ」とその整合性

御＼諸	A	B	C	D	E	Z	合計	割合(%)	整合性(%)
A	328	7	2	0	2	3	342	55	95.9
B	3	207	0	0	0	3	213	34.2	97.2
C	0	0	24	0	0	0	24	3.9	100
D	0	1	0	11	0	0	12	1.9	91.7
E	0	1	0	0	30	0	31	5	96.8
Z	0	0	0	0	0	0	0	0	0
合計	331	216	26	11	32	6	622	100	96.5

「同じデータ」の合計　600　「違うデータ」の合計　20

注)メッシュのマスは道から敷地内へのアプローチが両史料とも同じ形をとるものを表す。このデータを「同じデータ」とした。そしてそれ以外のデータを「違うデータ」とした。整合性とは、それぞれの行にある同じデータ数の、それぞれの行の合計値(つまり「諸」の合計値)に対する割合である。(合計の整合性とは、全ての「同じデータ」の全体に対する割合である。)

表 7　両史料の「道から敷地内へのアプローチ(詳細)」とその整合性

御＼諸	A-1	A-2	B-1	B-2	B-3	C-1	C-2	C-3	D-1	D-2	E	Z	合計	割合(%)	整合性(%)
A-1	249	6	2	1	1	1	1	0	0	0	1	3	265	42.6	94
A-2	8	65	2	1	0	0	0	0	0	0	1	0	77	12.4	84.4
B-1	2	0	150	1	0	0	0	0	0	0	0	1	154	24.7	97.4
B-2	0	1	0	31	1	0	0	0	0	0	0	2	35	5.6	88.6
B-3	0	0	0	0	24	0	0	0	0	0	0	0	24	3.9	100
C-1	0	0	0	0	0	14	0	0	0	0	0	0	14	2.3	100
C-2	0	0	0	0	0	0	4	0	0	0	0	0	4	0.6	100
C-3	0	0	0	0	0	0	0	6	0	0	0	0	6	1	100
D-1	0	0	1	0	0	0	0	0	10	0	0	0	11	1.7	91
D-2	0	0	0	0	0	0	0	0	0	1	0	0	1	0.2	100
E	0	0	1	0	0	0	0	0	0	0	30	0	31	5	96.8
Z	0	0	0	0	0	0	0	0	0	0	0	0	0	0	0
合計	259	72	156	34	26	15	5	6	10	1	32	6	622	100	93.9

「同じデータ」の合計　584　「違うデータ」の合計　38

注)メッシュのマスは道から敷地内へのアプローチ(詳細)が両史料とも同じ形をとるものを表す。このデータを「同じデータ」とした。そしてそれ以外のデータを「違うデータ」とした。整合性とは、それぞれの行にある同じデータ数の、それぞれの行の合計値(つまり「諸」の合計値)に対する割合である。(合計の整合性とは、全ての「同じデータ」の全体に対する割合である。)

表 8　相違の理由(道から敷地内へのアプローチ)

相違の理由	データ数	割合(%)
片方の史料で門の位置が中央、もう一方で端に記載	14	36.9
「御」の図からは読み取れない	7	18.4
「御」のみ町屋がある	5	13.2
「諸」のみ町屋がある	4	10.5
「御」のみ町屋があり、両史料で門の位置も違う	3	7.9
「御」のみ寺院または子院跡あり	2	5.3
「諸」のみ町屋と子院あり	1	2.6
「諸」のみ子院あり	1	2.6
敷地の形が大きく違うため	1	2.6
合計	38	100

「道から敷地内へのアプローチ」(表 6)、「道から敷地内へのアプローチ(詳細)」(表 7)の分類パターン

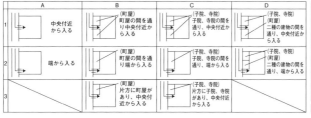

143

比較の結果 NO.3 （全ての表で「御」は史料「御府内寺社備考」、「諸」は「諸宗作事図帳」を表す。）

表9 両史料の「表門から本堂までの道のり」とその整合性

御\諸	A	B	C	D	E	F	Z	合計	割合(%)	整合性(%)
A	181	27	4	2	0	0	7	221	36	81.9
B	35	202	4	2	4	0	6	253	40.3	79.8
C	1	5	79	3	0	1	2	91	14.6	86.8
D	4	4	0	19	0	0	3	30	4.8	63.3
E	1	1	0	0	12	0	0	14	2.3	85.7
F	0	0	0	0	0	7	0	7	1	100
Z	0	3	2	1	0	0	0	6	1	0
合計	222	242	89	27	16	8	18	622	100	80.4

「同じデータ」の合計 500　「違うデータ」の合計 122

表10 相違の理由（表門から本堂までの道のり）

相違の理由	データ数	割合(%)
本堂の位置の違い	84	68.9
「御」の図からは読み取れない	18	14.8
門の位置の違い	7	5.7
「諸」の図からは読み取れない	6	4.9
本堂と門、両方の位置の違い	2	1.6
その他の建築物による違い	5	4.1
合計	122	100

注）メッシュのマスは表門から本堂までの道のりが両史料とも同じ形をとるものを表す。このデータを「同じデータ」とした。そしてそれ以外のデータを「違うデータ」とした。整合性とは、それぞれの行にある同じデータ数の、それぞれの行の合計値（つまり「諸」の合計値）に対する割合である。（合計の整合性とは、全ての「同じデータ」の全体に対する割合である。）

「表門から本堂までの道のり」（表9）の分類パターン

表11 両史料の「表門の記載方法」とその整合性

御\諸	A	B	C	D	E	F	G	Z	合計	割合(%)	整合性(%)
I	0	0	1	0	7	1	0	0	9	1.4	
II	0	1	1	2	10	1	1	0	16	2.6	
III	74	32	26	13	339	39	48	10	581	93.4	
IV	2	0	0	0	11	1	0	1	15	2.4	
Z	0	0	0	0	0	0	0	1	1	0.2	
合計	76	33	28	15	367	42	49	12	622	100	9.5

「同じデータ」の合計 59　「違うデータ」の合計 563

注）メッシュのマスは表門の記載方法が両史料とも同じものを表す。このデータを「同じデータ」とした。そしてそれ以外のデータを「違うデータ」とした。整合性とは、それぞれの行にある同じデータ数の、それぞれの行の合計値（つまり「諸」の合計値）に対する割合である。（合計の整合性とは、全ての「同じデータ」の全体に対する割合である。）

表12 両史料の「表門のセットバック」とその整合性

御\諸	a	b	c	d	e	f	g	a+	b+	c+	d+	e+	f+	g+	Z	合計	割合(%)
①	0	0	1	0	3	0	0	0	0	0	0	0	0	0	0	4	0.6
②	0	0	0	0	5	0	0	0	0	0	2	1	0	0	0	8	1.3
③	6	5	7	1	66	6	13	6	4	0	0	12	2	1	4	133	21.4
④	0	0	0	0	2	0	0	0	0	0	0	0	0	0	2	4	0.6
①+	0	0	0	0	1	1	0	0	0	0	0	3	0	0	0	5	0.8
②+	0	0	1	0	3	1	1	0	1	0	0	1	0	0	0	8	1.3
③+	16	7	14	12	149	22	15	46	16	5	0	112	9	19	6	448	72
④+	0	0	0	0	4	0	0	2	0	0	0	4	1	0	0	11	1.8
Z	0	0	0	0	0	0	0	0	0	0	0	0	0	0	1	1	0.2
合計	22	12	23	13	233	30	29	54	21	5	2	134	12	20	12	622	100

整合性(%)	
E列を考慮しない	53.9
E列を考慮する	66.7

「同じデータ」の合計 335　「違うデータ」の合計 287

注）うすいメッシュのマスは左から、両史料ともセットバックしている、両史料ともセットバックしていない、両史料とも不明というデータを表す。このデータを「同じデータ」とした。そしてそれ以外のデータを「違うデータ」とした。そして濃いメッシュは「③+行、e列」を示し、考察されているデータである。整合性とは、それぞれの行にある同じデータ数の、それぞれの行の合計値（つまり「諸」の合計値）に対する割合である。（合計の整合性とは、全ての「同じデータ」の全体に対する割合である。）

「表門の記載方法」（表11）、「表門のセットバック」（表12）の分類パターン

(3) 考察のまとめ

　以上が比較結果の考察である。この結果をまとめると、①「敷地の形状」については少しばらつきがあった。しかし作成時、作成用紙のサイズに合わせたこと、作成年代の違いから敷地が変化していることなどを考慮すれば、両史料で90％一致しているとなり、高い類似性が認められる。②「門の総数」では裏門などの記載が無い図により、多少のずれが生じているが、両史料で90％以上一致している。③「子院の総数」では全体で96％一致している。原因は火災や、その他の理由により一方の史料で子院の記載がなかったことなどである。④「道から敷地内へのアプローチ」では全体で94％とほぼ一致している。それはこの項目が、指図の作成段階において、一番初めに記載していく事柄だからである。それによりある程度正確に記載されたと考えられる。しかしそれでも多少相違してしまうのは、門の位置が少し変化するだけで、全く別のアプローチになってしまうことが原因である。⑤「表門から本堂までの道のり」では全体で80％一致している。この値は他の項目よりも小さく、類似性は他の項目よりも小さい。これは表門から本堂までの道のりは、本堂の記載の精度だけでなく、他の建物の記載によっても左右されるからである。とりわけ、「御府内寺社備考」は境内地内部の記載が粗く、内部の間取りを記載しているものがほとんどない。このような「御府内寺社備考」の敷地内部の記載精度の粗さにより、類似性が低くなったと考えられる。⑥「表門の記載方法」が7つの項目の中で、類似性が一番低く、10％程度と、ほとんど一致していない。「御府内寺社備考」では、門の記載が簡略化されているものが多い。そして「諸宗作事図帳」はほとんど分類パターンⅢで記載されている。これらのことから両史料とも表門の形状は、あまり意識して正確に記載する必要がなく、記載に関して重要とされなかったと考えられる。⑦「表門のセットバック」では類似性が低く、59.3％となった。この結果は、両史料における記載方法が異なったためである。両史料を見る限り、表門のセットバックにおいては、その判断は難しいために、現段階においては類似性が低くなった。ただ「御府内寺社備考」では分類パターンeを、セットバックしている表門として表記していたという可能性が考えられた。

　以上のように①～④の項目で、両史料の情報には、高い類似性が認められる。そして情報量の非常に多い「諸宗作事図帳」と比較したとき、一見、非常に情報量の少ない「御府内寺社備考」も①～④のレベルにおいては似通っている。つまり「御府内寺社備考」は史料の性質、指図の精度、作成年代の違いを考慮しても、敷地の形、門や子院の数、建物外部からのアプローチ、に関しては「諸宗作事図帳」と同じレベルで記載されているといえる。しかし内部の配置は「諸宗作事図帳」に比べ、あいまいに記載されている。以上からこれからのこの研究では、やはり情報量の多い「諸宗作事図帳」を主に利用する。ただし上記のように、高い類似性が認められる項目が存在するので、「御府内寺社備考」も無視してはいけない史料だと考えられる。

第Ⅱ部

3　寺院空間構成の具体的な検証

(1)　考察の内容と結果の考察

　この節では、近世期江戸の寺院境内空間構成の具体的な検証を行う。ただし時間的制約により前節の6項目、「①門の総数、②子院の総数、③道から敷地へのアプローチ、④表門から本堂までの道のり、⑤表門の記載方法、⑥表門のセットバック」についてのみとし、比較対象も両境内配置図が揃う622ヶ寺のみとした。そしてこれらの項目に対して、「諸宗作事図帳」を利用し考察した。

①「門の総数」の結果（表2参照）。1ヶ所のみというもの77％あり、大部分を占める。また2ヶ所ある寺院も2割程度ある。しかしそれ以上の数を持つ寺院はごく少数である。

②「子院の総数」の結果（表4参照）。子院を持たない寺院が90％と、ほとんどであった。子院を持つ寺院は全体の10％程度である。その内多くの子院を抱える大寺院は1％ほどである。

③「道から敷地内へのアプローチ」の結果（表7参照）。A（特にA―1）、B（特にB―1）でほとんどを占める（A、B、A―1、B―1については表1、表9を参照）。またパターンAが55％、土地の有効活用を考慮していると考えられるパターンB、C、Dがまとめて40％である。

④「表門から本堂までの道のり」の結果（表9参照）。A（直線）が36％、B（左右にずれる）が40％、C（直角に折れる）が15％、その他、10％程度になっている。AよりBが多いということは、左右にずらす事に何らかの意図があった可能性も考えられる。

⑤「表門の記載方法」の結果（表11参照）。分類パターンHⅠが33％を占めている。よって「諸宗作事図帳」で表門の表記はこのパターンで統一されていたと考えられる。

⑥「表門のセットバック」の結果（表12参照）。セットバックしているという図が76％と多い。

(2)　考察のまとめ

　以上が「諸宗作事図帳」での各項目の結果である。①「門の総数」は1ヶ所のみという寺院が大部分を占める。また2ヶ所ある寺院も2割程度ある。門が1ヶ所のみの寺院は、1つの表門のみ配置し、2ヶ所ある寺院は表門、裏門をそれぞれ1つ持っている。門が3ヶ所以上ある寺院は、表門、裏門の他にもう1つ表門があるものや、非常口、用心門などを持つものがあった。②「子院の総数」については子院を持たない寺院がほとんどであった。子院を持つ寺院は全体の10％程度である。その内多くの子院を抱える大寺院は1％ほどである。これは土地的条件により、敷地を大きくとることに難があったことが原因と考えている。③「道から敷地への

アプローチ」は、門の両側に塀が続く場合が55％、門の両側に町屋が形成されているものが35％とこの２パターンでほとんどを占めていた。また門の両側に町屋、子院が形成されているものがまとめて40％である。これらは土地の有効活用を考慮しているもので、当時の江戸の土地事情を表していると考えている。④「表門から本堂までの道のり」は、表門から本堂まで直線でいけるのが36％、左右にずれるものが40％、直角に折れていくものが15％、その他10％という結果になった。以上より、表門から本堂が直接確認できる寺院が８割と多いことがわかる。また本堂を表門の直線上に置かないことに何らかの意図があった可能性も考えられる。⑤「表門の記載方法」は、ほとんどの寺院が、１種類のパターンで記載されていたことから、「諸宗作事図帳」で表門の表記は、このパターンで統一されていて、特に細かく表記する必要は無かったと考えられる。⑥「表門のセットバック」は、セットバックしている寺院が全体の76％を占めており、表門は道より少し敷地の内に入って設けるのが当時の主流であったと考えられる。以上の結果により、「御府内寺社備考」に記載のある寺院という制限はあるものの、江戸時代、江戸の寺院境内配置の性質をある程度具体化する事ができたと考えている。

おわりに

　以上、史料「御府内寺社備考」、「諸宗作事図帳」の先行研究からの考察と、両史料を素材にした、近世期江戸の寺院境内配置について考察してきた。時間的制約により「御府内寺社備考」に記載のある寺院のみの考察となったが、江戸時代、江戸における寺院境内配置の一端を具体化できたと思われる。最後に各節のまとめと今後の課題を述べる。まず第１節では、「諸宗作事図帳」と「御府内寺社備考」の作成経緯を、金行氏と日塔氏の論考に導かれつつ明らかにし、記載内容についての相違を考察した。明らかにした作成経緯と記載内容の違いについて簡単に説明しておく。「諸宗作事図帳」は、寺社奉行所が行っていた建築審査・認可手続きを省力化・効率化するために寺社奉行松平伊賀守が天保12年(1841)に作成を発案したものであり、その具体的な方法としては、御府内各寺社に現状絵図を提出させることであった。また作成方法と認可手続きに関する規定は、年々明確化され、寺社建築に対する統制が強く進められたことが分かる。

　「御府内寺社備考」は、文政８年(1825)から文政11年(1828)までに地誌編纂のための史料集として作成されたものであり、「寺社書上」をもとにまとめられたものである。また、「寺社書上」は御府内各寺社から提出させたものであるが、提出を免除された寺院や地域もあり、全寺社を対象としたものではなかった。「寺社書上」自体は記載について手本を示して統一させているが、記載内容については精粗があるため調査員が書式に沿って書き直し、不足分には現地調査をして書き足している。記載内容については、両史料ともに一致する部分も多く、寺院名・所在地・宗派・寺格・規模・境内地などの種類の記載が、両史料に見られた。一方、一致

第Ⅱ部

しない部分においては一番重要な指図の記載方法に関して違いが見られた。「諸宗作事図帳」は、指図が詳細に記載されており、建物を見ると寸法記載まである。また大寺院に関しては、敷地全体の図とともに個々の建物図や子院の境内図まで描かれている。しかし、寸法や、個々の建物図は記載がない場合もある。一方、「御府内寺社備考」においては、指図の記載は粗く、指図を記載している寺院も掲載寺院978ヶ寺に対して、737ヶ寺と指図の記載がない寺院も存在している。「御府内寺社備考」は、「諸宗作事図帳」に記載のない寺院の起立、本尊、宝物が最も詳しく記載されており、指図は最後に記載されているだけであった。以上のように、作成経緯と記載内容について述べた。「諸宗作事図帳」については、作成目的・経緯ともに明らかとなったが、「御府内寺社備考」の方は、なぜ作成に至ったのかが明らかにならなかった。しかし、地誌編纂のためとはいえ、指図として境内図を載せているのは大きな特徴であり、本章においても無視するわけにはいかず、どこまで指図が正確に記載されているかを検証する必要が出てきた。そこで第2節においては、「諸宗作事図帳」と「御府内寺社備考」に記載されている指図について比較・検討を行った。「御府内寺社備考」の指図と、建築台帳として作成された「諸宗作事図帳」の指図とを比較することで、「御府内寺社備考」の図がどこまで正確に記載されているのかを検討した。その比較対象・方法としては、両史料の境内配置図が揃う622ヶ寺のみとし、「①敷地の形状、②門の総数、③子院の総数、④道から敷地内へのアプローチ、⑤表門から本堂までの道のり、⑥表門の記載方法、⑦表門のセットバック」の7項目について、両境内配置図の比較を行った。では以下において、各比較項目の結果と原因を述べる。

①「敷地の形状」においては、両史料である程度一致している。敷地の東西―南北の長さの比が違うものと、敷地の一部の形状が違うものについては、作成時において作成用紙のサイズに合わすこと、作成年代の違いから敷地が変化していることなどの原因が考えられる。そしてこれらを考慮すると両史料で、90％以上一致しているとなり、両史料で類似性は高いといえる。

②「門の総数」では裏門などの記載が無い図により、多少のずれが生じているが、両史料で90％以上一致している。この項目は、数を比較する項目なので分類間違いによって、相違するとなった結果は、他の項目に比べ少ない。相違する原因としては、門の位置が読み取れない図の存在、または片方の史料において裏門の記載がなかったりしたためである。

③「子院の総数」は96％一致している。この項目も数を比較する項目なので分類間違いの可能性は低い。一部の相違の原因は、子院が火災やその他の理由により無くなった場合記載しなかったことであると考えられる。

④「道から敷地内へのアプローチ」についても類似性は非常に高く、94％とほぼ一致している。それはこの項目が指図の作成段階において一番初めに記載していく事柄であり、それによりある程度正確に記載されたと考えられるからである。しかしそれでも相違してしまうのは、この項目は、門の位置が少しでも変化すると、アプローチが全く別の形になってしまうからである。

第4章　江戸の寺院境内配置と生態学的把握

⑤「表門から本堂までの道のり」では全体で80％に達している。この値は他の項目よりも小さく、類似性は他の項目よりも小さい。これは表門から本堂までの道のりは、本堂の記載の精度だけでなく、他の建物の記載によっても左右されるからである。とりわけ、「御府内寺社備考」は境内地内部の記載が粗く、内部の間取りを記載しているものがほとんどない。このような「御府内寺社備考」の敷地内部の記載精度の粗さにより、類似数が低くなったと考えられる。

⑥「表門の記載方法」が7つの項目の中で、類似性が一番低く、10％程度と、ほとんど一致していない。これについては「諸宗作事図帳」において、ほとんど1つの形で表門が表されているのに対して、「御府内寺社備考」ではその表現を多くの図が簡略化していることが原因である。こうしたことから、両史料ともに門の記載に関してはそれほど詳細に記載する必要がなく、記載に関して重要とされなかったと考えられる。

⑦「表門のセットバック」に関しては53.9％しか合っていない。この結果は、「表門の記載方法」でも述べているように両史料ともに記載方法が異なったためである。つまり両史料を見る限り、表門のセットバックにおいては、その判断は難しいために、現段階においては類似性が低くなってしまったと考えている。ただ「御府内寺社備考」では分類パターンeをセットバックしている表門として表現していた可能性が確認できた。

以上が比較結果であるが、「御府内寺社備考」は史料の性質、指図の精度、作成年代の違いを考慮しても、比較対象の7項目の内、敷地の形、門や子院の数、建物外部からのアプローチ、に関しては「諸宗作事図帳」と同じレベルで記載されているといえる。しかし内部の配置は「諸宗作事図帳」に比べ、あいまいに記載されている。それにより今後の研究では、指図の精度が高く、情報量の多い「諸宗作事図帳」を主に利用する。ただし記載精度の粗い「御府内寺社備考」の指図もあながち無視してはいけない史料ということが明らかになった。

第3節においては、近世期江戸の寺院境内空間構成についての基礎的な考察を行った。その対象・方法としては、「諸宗作事図帳」の662ヶ寺の指図を対象とし、「①門の総数、②子院の総数、③道から敷地へのアプローチ、④表門から本堂までの道のり、⑤表門の記載方法、⑥表門のセットバック」の6項目について分類した。

①「門の総数」は、門が1ヶ所のみという寺院が大部分を占めており、複数の門を持つ寺院は少ない。複数の門を持つ寺院は、表門の他に裏門、用心門、非常口などをもつものがあった。

②「子院の総数」は、子院を持たない寺院が多く、子院を持つ寺院はわずか1割という結果であった。その内多くの子院を抱える大寺院は1％ほどである。これは土地的条件により敷地を大きくとることに難があったことが原因と考えている。

③「道から敷地へのアプローチ」は、門の両側に塀が続く場合が55％、門の両側に町屋が形成されているものが35％と、この2パターンでほとんどを占めていた。また門の両側に町屋、子院が形成されているものがまとめて40％である。これらは土地の有効活用を考慮し

第Ⅱ部

ているもので、当時の江戸の土地事情を表していると考えている。

④「表門から本堂までの道のり」は、表門から本堂まで直線でいけるのが36％、左右にずれるものが40％、直角におれていくものが15％、その他10％という結果になった。以上より、表門から本堂が直線で確認できる寺院が8割と多いことがわかる。また本堂を表門の直線上に置かないことに何らかの意図があった可能性も考えられる。

⑤「表門の記載方法」は、表11の分類パターンⅢが93％を占める。よって「諸宗作事図帳」において、表門はこの表記方法で、統一されていた可能性がある。

⑥「表門のセットバック」は、セットバックしている寺院が全体の76％を占めており、表門は道より少し敷地の内に入って設けるのが当時の主流であったと考えられる。

このように本章では、「御府内寺社備考」に記載のある寺院という制限はあるものの、当時の江戸の寺院境内配置の性質をある程度具体化する事ができたと考えている。

以上が考察の結果であるが、今回、重要視したのは「諸宗作事図帳」と「御府内寺社備考」の基礎データの作成であるため、データを使用した近世期江戸における寺院境内空間構成についての深い考察は行っていない。今後の考察時における１つの考察の方法を提示しただけとなってしまったのは、データ作成に多くの時間を費やしてしまったためである。

本章は、江戸時代の寺院境内空間構成について論考するための基礎研究である。そして「諸宗作事図帳」と「御府内寺社備考」の先行研究からの考察と、両境内配置図の比較を行った。今回の研究を元に以後、研究を続け、江戸時代の空間構成を再考する時の、一つの考え方を提示するという事が「近世期江戸における寺院境内空間構成についての研究」の最終目的である。

「諸宗作事図帳」には本章で用いた指図の他にもまだ多数あり、それについても考察を行い、全ての指図において検討を行う必要がある。また、寺院境内内部、すなわち建物については本章で扱っていないため、さらに詳細な分析が必要である。次に、寺院境内空間の傾向を読み取るとき、宗派的な様式を検討するだけではなく、寺院の建てられた土地的要素すなわち土地の高低さ、敷地の大きさ、道との関係などから傾向を読み取っていく必要があると考えられる。

ところで本章では、前節までの史料批判に基づき、寺院のアプローチについて考察しているが、「御府内寺社備考」と「諸宗作事図帳」、これらからシークエンス的になにがいえるのであろうか。１つは門の位置、それから門・本堂とのつなぎ、そして付属建物の位置関係からみえてくる、街路から本堂へのアプローチがある。まず①街路から門が直接みえる場合と、②門が奥へ入り込んだ事例があった。このうち①は街路から門があることを直接視覚的に宣言するものであり、わかりやすいが、門をセットバックしている場合をどう考えるか。これには色々な意見があると思われるが、街路から門を視覚的に隠すことによって、視覚的に門の位置や境内をより効果的に演出している可能性が考えられる。

次に門から本堂へのアプローチであるが、①真っ直ぐにするもの、②斜めにするもの、以上２つが多く見られた。これも②は、門と同じことで本堂をいきなりみせるのでは視覚的効果が

薄れるものの、参道をやや斜めにすることによって、結果的にシークエンス的な効果を狙ったものではないかと考えられる。なかには門から入っていきなり庫裏があり、その庫裏をやり過ごすことによってはじめて本堂へたどり着く事例も散見された。これらはいずれも、結果的にシークエンス的効果を多少とも意識したものであると考えられる。例えばセットバックした門をもっている場合、そこに寺院があることは確認できない。セットバックしている門を潜ってはじめて、本堂がその全容を参拝者にみせるが、左右いずれかの角をみせるだけで、向拝などは本堂にあがる直前で確認するといった手順を踏む。寺院ではこの向拝が見せ場の1つであるので、見せ場を最後までみせないようなアプローチをとることになる。また浄土真宗の御坊クラスなどだと、門から入っていきなり塀があり、本堂を直接みせない場合があるが、これは明らかに、結果としてシークエンス的な見え隠れ、を意識したものだろう。

このように大都市江戸において決して広大とはいえない寺院敷地でも、アプローチに工夫がみられるということは、結果として、近世の人々がシークエンス性というものを意識していたことを物語っている。

〔注〕

1）「諸宗作事図帳」国立国会図書館所蔵旧幕府引継書寺社奉行書類マイクロフィルムハリール No.126〜155。
2）『御府内寺社備考』全7冊・別冊1（名著出版、1986〜1987年）。
3）金行信輔「幕府寺社奉行所における建築認可システムの史学的検討」（『江戸の都市政策と建築に関する研究』私家版、1999年）。
4）日塔和彦「江戸御府内寺院の全体的把握」、同「江戸御府内寺院本堂建築の研究」（『建築史の鉱脈』中央公論美術出版、1995年）。
5）『江戸明治東京重ね地図』（エーピーピーカンパニー、2004年）。

おわりに

　以上が第Ⅱ部の内容である。やや広範囲に渡ってしまった感はあるが、日本建築における人と歴史的環境について、新たな視点が提供できたと、自負している次第である。

　先述したが参拝者が歴史的建築環境を歩きながら見るのではなく、歴史的建築環境によってみせられているという考えは、環境デザイン学からの援用である。決してオリジナルではないことを付言しておきたい(宮岸先生の教授による)。とはいえ、この手の見方が今までの日本建築史学になかったことも、また事実であり、こうした見方によって、形状の解釈であるとか、環境の構成などの解釈に役に立つと思われる。

　近世商業空間の構成に対する考察は、一見、人でごった返しているだけのようにみえる絵図が、客と店員との関係を精査していくと、ある一定の秩序がみえてきた。客の座る位置が多くの場合、軒先から街路を眺める位置にあったということは、客は座っているが、街路を歩く人々、大八車、駕籠といった移動する要素を見ながら、店のサービスをうけるという点では、シークエンス性に富んだ客の配置であるといえよう。

　また江戸の寺院の史料からは、門のセットバック、境内のアプローチからなどから、市中にある寺院でも、シークエンシャルな環境構成が明らかになった。

　このように歴史的環境には、結果としてシークエンスを考慮した造形が見て取ることが明らかになった。もっとも彼らはシークエンスや人のふるまいを知っていて、そうした造形を用いたのかも知れない。これに関しては今後の課題である。

第Ⅲ部

付章　仮設店舗が構成する参道空間における人のふるまい

はじめに

　歩行空間に関する研究は膨大な数があり、それらについて限られた紙面の中でまとめることは不可能であるが、その多くは防災の観点からなされているのが現状である。当然のことながら、多くの人々が安全に歩行行為を行えるように計画するためにはこうした観点からの研究は重要である。その一方で、B. ルドフスキーなどのように近代以降の街路空間の形骸化を叫ぶ文献も数多くあり、街路空間をより豊かにするための方策を考えていくことの必要性について述べた論考も多い。そこで本章では、寺社の祭事などにおいて簡易な方法でもって設営される仮設店舗群、およびそれによって形成される参道（以下、参道空間とする）が持つ魅力について考察を試みる。

　ところで本章にかかわる、興味深い研究として矢田、森田、郭東氏らの研究がある。矢田氏らは、沖縄や横浜などセットバックした商業施設前にある歩行行動について分析をしているが、分析の結果、歩行者はよほどの混み具合がない限り、1階部分のセットバックした部分に入り込まないなど、商業空間における歩行者のふるまい特性について指摘している[1]。また森田氏らは、神戸ルミナリエや祇園祭りにおける群集歩行と日常の群集歩行について比較検討を行い、前者が自由歩行可能な状態であっても人々の歩行速度はあまり速くならないことを指摘、その理由としてイルミネーションなどを人々が見ながら歩くためであるとする[2]。

　筆者らのねらいは、人々が知らぬ間に行動してしまう環境内の隠された意匠である。そこで本章では仮設店舗の大きな特徴である、大きく張り出した庇の効果に焦点をあて、庇の出と歩行行動との関わりについて考察する。

　寺社の祭礼時、参道に仮設店舗が並ぶ姿は日本のどこでも見られる風景である。仮設店舗がつくる参道は、著名な建築家がデザインしたわけでもなく、近代科学・工学も用いられていないにも関わらず、現代を生きる多くの人々でにぎわいをみせる。もちろん祭礼など年に数回しかないという「特殊性」が、こうしたにぎわいを考える上で重要な要素の一つであろう。

　しかし個々の仮設店舗、あるいは仮設店舗

第Ⅲ部

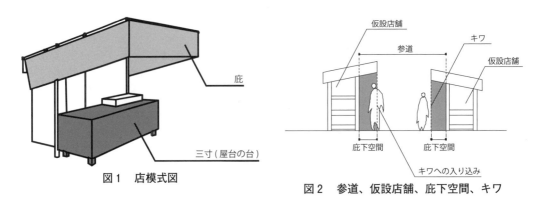

図1　店模式図

図2　参道、仮設店舗、庇下空間、キワ

が連続する参道空間にも、にぎわいを演出する何らかの仕組みが隠されているのではないか。本章では、こうした問題意識のもと、仮設店舗(以下単に「店」と呼ぶ)がつくる参道のにぎわいについて基礎的考察を行う。具体的には店の庇(図1、2参照)と、参道を歩く参拝者の行動に注目し、それらの相互関係について考える。

そこで第1節では、研究のための前提、つまりデータ収集のための調査とデータ加工について述べる。

1　基礎データの収集法

(1)　予備調査

さて第Ⅱ部では、近世期の人が描かれた絵画や図会を手がかりに、町家と店員、歩行者、参拝者のふるまいと、建築との関係について考察を試みたが、絵画や図会に描かれた人は動かないので店員と客との関係はなかなか確認できない。では、サービスの提供にかかわる人とサービスをうける人のふるまいをどのように観察すればよいのか。例えば「重要文化財」などのような町家が並ぶ街並みは、店が連続して並んでいないため、「ふるまい」の把握は難しい。今回の研究テーマは、できるだけ前近代的な店舗が並び、「にぎわい」がたえない街路における「人のふるまい」について考察するため、祭りなどで連続して設けられる仮設店舗を対象にすることにした。とはいえ、人のふるまいをどのように記録すればよいのか……。

そこで、大阪府藤井寺市の道明寺天満宮に全面的な協力をうけ、夏祭りの参道と、そこに並ぶ店における参拝者のふるまいについて予備調査を行うことにした。以下、予備調査の手順と、そこから本調査へのフィードバックについて述べていく。次にこうした予備調査をもとに、仮設店舗が並ぶ参道を歩く参拝者と、仮設店舗の庇について考察を行う。

いうまでもなく本章の研究で最も重要なのは、参拝者の歩行行動の記録にあるので、できるだけ基礎データの段階で、参拝者を明確に撮影する必要があった。もちろん人の歩行行動を記録するもっとも分かりやすい方法は、参拝者を真上から撮影することである。しかしこれが単

付章　仮設店舗が構成する参道空間における人のふるまい

純なようで、なかなか難しい。写真1-1～4は、ホームセンターなどで単管やロープを購入し、その先にCCDカメラをとりつけてみたものであるが、風でゆれるし、歩行者には危険だし、店主にも極めて不人気であった。

　その後、色々と試行錯誤を試み、道明寺天満宮夏祭りの様子を撮影しようと境内を調べていると(参拝者を真上から撮影することはできなかったが)、さいわい道明寺天満宮の参道には巨大な石碑をしめ縄で繋いだ鳥居があったので、この2つの石碑に竹を渡し、竹の中央にCCDカメラを設置、参拝者の行動を斜め上から撮影することにした(写真1-5～14、図1-1～6、表1-1)。しかしこの手法では、参道を歩く参拝者のふるまいを、仮設店舗との関係で考えていく上では限界性がある。つまり参拝者がまばらに歩行している場合、参拝者の行動をある程度分析できるが、19時あたりを過ぎたころから、参道は人で溢れ参拝者の行動が参拝者で隠されてしまい、知りたい歩行者のふるまいが、撮影されない。実に当たり前な状況となった(写真1-7～11)。しかし、こんな欠点だらけの予備調査であるが、いくつかの収穫はあった。

①やはり、真上から撮影する必要がある
②参拝者は思いのほか、店の庇下に入らない
③庇下には金魚すくいなどのゲームなどの商品を購入するといったサービスを受ける場合や、それらをみる観客が多く存在していた
④①～③より店の前に出ている庇には、水よけや日よけ以外にサービスを提供する、店側・客側双方にとって、何らかの意味をもっているのではないか

　予備調査から、こうした傾向が浮かび上がった。そこで、参道に並ぶ仮設店舗と歩行者のふるまいとの関係を検証するためには、参拝者の歩行を真上から撮影する必要性を再確認し、色々と手をかえ品をかえ、試行錯誤した結果、結局リンク・アソシエーションの島田氏の全面的な協力のもと、足場屋さんに門型の足場を等間隔に単管で作ってもらい、等間隔にCCDを装置、真上から参拝者の動きを撮影することを提案して頂いた。この調査のねらいと手法は、いってしまえば簡単なものであるが、実にさまざまな難題と、宮司様、奥様、禰宜様をはじめとする神社の方など、実に多くの人々の協力があって調査ができた。

　次にこうしたプロセスを経た上で、考え出された調査準備の過程を示す。

第Ⅲ部

参拝者を真上から撮影する実験装置作成の試行錯誤(写真1-1～12)

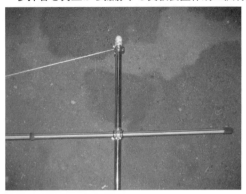

写真1-1
ホームセンターで別注した物干竿を単管ジョイントでつなぎ、ナイロンロープでつなぐ。

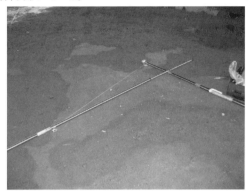

写真1-3
こうして出来上がったカメラ台上部。

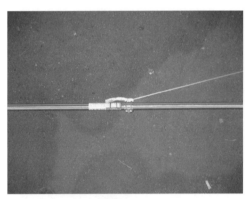

写真1-2
左の写真の先端部分。

写真1-4
物干竿の先端にCCDカメラをつけ、写真のようにカメラ台にしようとしたが、バランスが悪く失敗(干竿を持つのは妻木三佳)。手前にはカメラ台を支えようとした杭とげんのう。

付章　仮設店舗が構成する参道空間における人のふるまい

写真1-5　鳥居の石柱に渡す竹を加工中(妻木靖延)。

写真1-6　仮設店舗が並ぶ地面に1mごとにポイント作成(宮元、千葉氏)。

写真1-7　門から鳥居側(仮設店舗が並ぶ参道)を見る(店舗なし)。

写真1-8　門から鳥居側を見る(店舗あり、人なし)。

写真1-9　門から鳥居側をみる(店舗あり、人あり)。人がいてはじめて「サマ」になる空間。

写真1-10　鳥居石柱に渡されたHDカメラで撮影した参道(人がまばら)。

写真1-11　鳥居石柱に渡されたHDカメラで撮影した参道(人が過密)。

写真1-12　作業は夜更けまで続く(千葉、宮元氏)。

第Ⅲ部

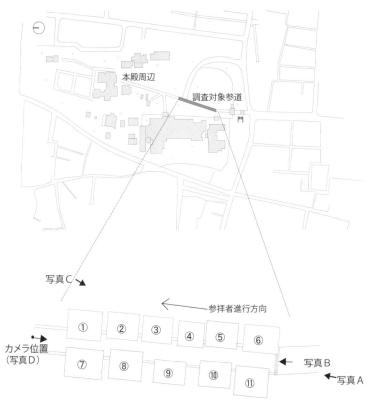

図1-1　境内周辺図と仮設店舗配置状況

①クレープ　②くじ　③冷やしパイン　④マスコットヨーヨー　⑤くじ　⑥金魚すくい

⑦風船くじ　⑧いかやき　⑨くじ　⑩ボールすくい

写真A　　　　　写真B　　　　　写真C　　　　　写真D

写真1-13　HDカメラの位置および仮設店舗の位置と参道の様子。

付章　仮設店舗が構成する参道空間における人のふるまい

写真 1-14　夏祭り時の仮設店舗

①クレープ

②くじ

③冷やしパイン

④マスコットヨーヨー

⑤くじ

⑥金魚すくい

⑦風船くじ

⑧いかやき

第Ⅲ部

⑨くじ

⑩ボールすくい

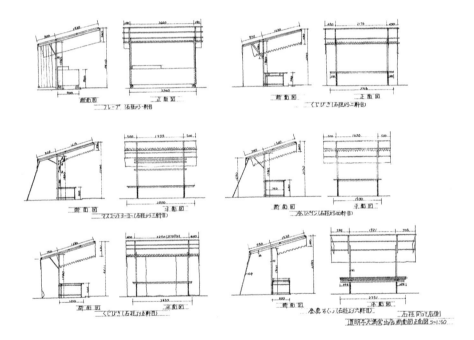

図1-2　手作業で各店舗を実測、図面化したもの

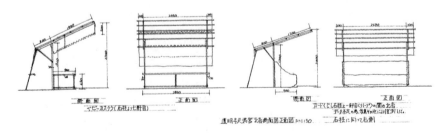

図1-3　手作業で各店舗を実測、図面化したもの

付章　仮設店舗が構成する参道空間における人のふるまい

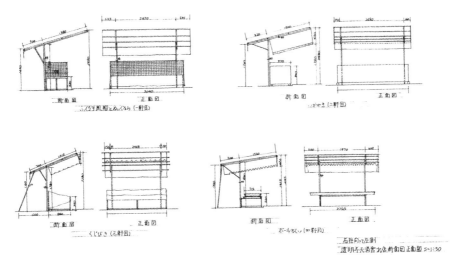

図1-4　手作業で各店舗を実測、図面化したもの

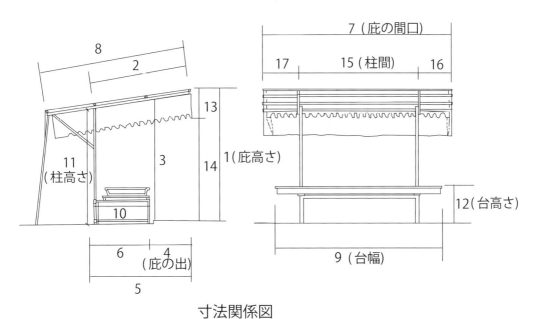

寸法関係図

図1-5　手作業で各店舗を実測、図面化したもの

第Ⅲ部

表 1 − 1　夏祭り時の仮設店舗の各部寸法（図 1 − 8 参照）

		カードクジ	クレープ	クジ1	マスコットヨーヨー	冷やしパイン	クジ2	金魚すくい	ベビーカステラ	スーパーボール	クジ3	イカ焼き	風鈴ぬいぐるみクジ	平均	最大	最小
1	庇高さ	2300	2410	2230	2260	2150	2211	2290	2700	2045	2280	2430	2490	2316	2700	2045
2	庇長さ	1700	1920	1630	1615	1500	1650	1520	1930	1550	1410	1900	1880	1684	1930	1410
3	台(外)から屋根高さ	2025	2150	2050	2075	2000	2050	2150	2400	1950	2200	2150	2200	2117	2400	1950
4	庇の出	650	875	550	775	450	500	725	800	700	425	950	850	688	950	425
5	店主から庇下	1800	2050	1800	1850	1600	1875	1750	2075	1875	1700	2175	2075	1885	2175	1600
6	店主から台(外)	1150	1150	1250	1075	1150	1300	1050	1250	1150	1250	1200	1225	1183	1300	1050
7	庇の間口	3140	3240	3036	2935	2620	3090	3390	3050	3070	3035	3210	3640	3121	3640	2620
8	屋台奥行き	2500	2720	2500	2435	2240	2400	2470	2730	2350	2110	2720	2280	2455	2730	2110
9	台幅	2680	2740	2716	2800	1900	2670	2751	2820	2750	2500	3000	3040	2697	3040	1900
10	台の奥行き	900	900	1000	825	875	1050	800	1000	900	1000	870	1000	927	1050	800
11	台高さ	475	800	540	500	680	566	675	650	550	540	840	530	612	840	475
12	水切りの長さ	0	560	630	350	420	631	410	500	420	450	650	0	502	650	0
13	水切り高さ	0	1850	1600	1910	1730	1580	1880	2200	1625	1830	1780	0	1799	2200	0
14	柱間	2680	2660	2176	1935	1620	2290	1921	2650	1870	2465	2690	2470	2286	2690	1620
15	水切りから柱(右)	230	290	430	500	500	400	735	200	600	285	260	585	418	735	200
16	水切りから柱(左)	230	290	430	500	500	400	735	200	600	285	260	585	418	735	200

付章　仮設店舗が構成する参道空間における人のふるまい

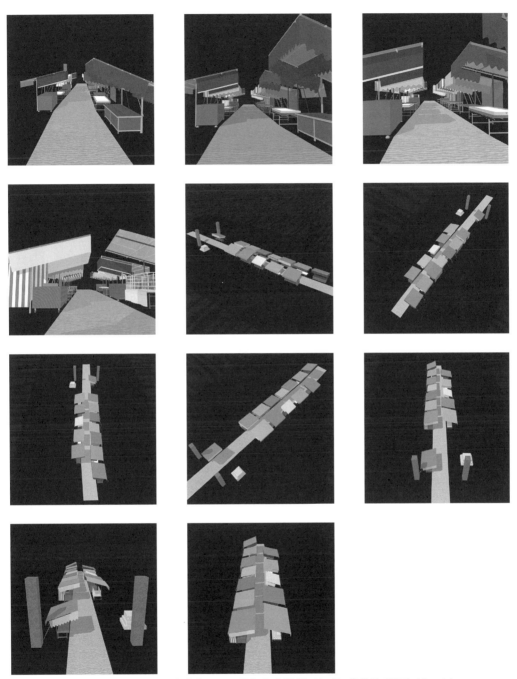

図1-6　図1-2〜4をもとにCG化した参道(驚くほどの作業量が必要であった)。

第Ⅲ部

(2) 本調査

ここでは予備調査に続き、本調査について、データ収集のプロセスを述べる。本調査も大阪府藤井寺市道明寺天満宮の全面的な協力のもとに調査を行った。

仮設店舗が並ぶ参道上にカメラを設置、歩行者の行動を撮影し記録された映像を基礎データとした。調査の具体的な日時・場所などについては以下の通り。

　日時：2006年12月31日〜2007年1月3日（各9：00〜20：00）
　場所：大阪府藤井寺市　道明寺天満宮

道明寺天満宮の周辺状況を図に、さらに調査対象地域周辺を図に示した（図1-7〜9）。

今回の調査は前回の予備調査と比べものにならない程、大規模なものとなった。まず調査対象参道を図1-7〜9のように変更し、歩行者の行動を撮影するため、調査対象地に単管でフ

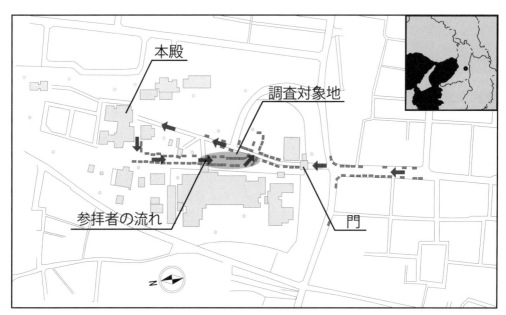

図1-7　道明寺天満宮周辺図

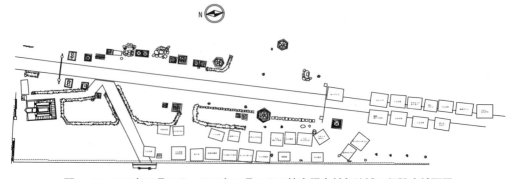

図1-8　2006年12月31日〜2007年1月2日の境内調査対象地域の仮設店舗配置

付章　仮設店舗が構成する参道空間における人のふるまい

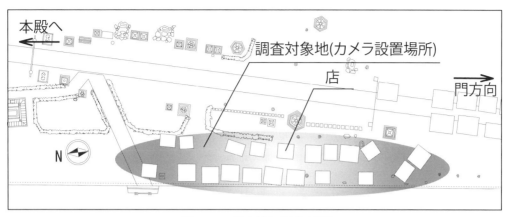

図 1-9　調査対象地域周辺図

写真 1-15　単管フレーム設置風景

写真 1-16　単管フレーム設置風景

写真 1-17　1mのポイントを記入

写真 1-18　庇投影線を地面に記入

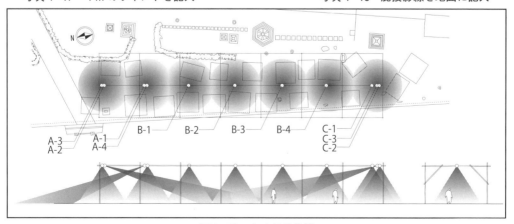

図 1-10　カメラの位置

第Ⅲ部

写真1-19　3Dスキャナ全景（オペレーターとして、宮元・千葉氏）

写真1-20.21　この部分がレーザー光線を出しながら、一回転することで目に見える周辺をスキャニングする。

写真1-22　関大博物館前に置かれた3Dスキャナ

写真1-23　博物館スキャニング完了時のパソコン画面

写真1-24
3Dスキャナでのデータ取得風景（1つの位置でのスキャニングに約2時間。2007年1月2日の未明から朝にかけてスキャニングが行われた。宮元・千葉氏、布施君に感謝。）

付章　仮設店舗が構成する参道空間における人のふるまい

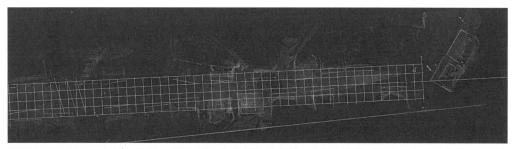

写真1-25　スキャンデータは、360°どの角度からでもデータを3次元で見ることができる。上図は参道を真上から見たところ。

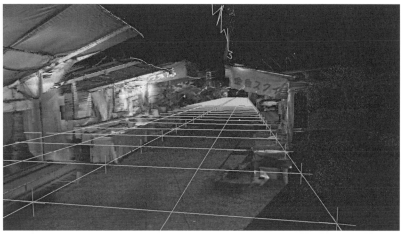

写真1-26　スキャンデータに1mグリッドと参道中央軸を加筆した図

写真1-27　両側に仮設店舗が並んでいる様子が点で示されている

第Ⅲ部

レームを組み、単管上に計11台のCCDカメラを設置した。このカメラによって真上から歩行行動を撮影した。また分析の目安とするため調査終了後、参道上に1m間隔のポイントと庇投影線を石灰で記入し、別途参道を撮影した(写真1-15〜18、図1-10)。

　次にRaica社製3Dスキャナにより正確な店の位置、高さを取得した(写真1-19〜27)。この3Dスキャナは空間上の物体を細かな点で認識し、パソコン上に参道空間を再現できる。

(3) データ加工

　分析では撮影した映像のうち、2007年1月1日の9：03〜12：03の映像を使用した。この時間帯を選んだのは、12：03をこえると人が混みすぎ、渋滞・停滞するなど分析が困難になるためである。

　また動画については以下のような加工を行った。11台のカメラのうち、参道を真上から撮影したカメラ8台分の映像にAdobe社「Premiere Pro」で、参道上1m間隔のポイント・庇投影線を重ね合わせた。さらにそれを1つの映像に繋いだ(写真1-28〜32)。

　次に3Dスキャナにより取り込んだデータを平面図に加工する。このときに店の庇・三寸の位置、石灰で記入した1mポイントの位置も記入した。

　ところで、CCDカメラは店の庇の内側の状況が記録されているという利点を持つ一方で、映像が大きく湾曲、ゆがみが生じるという欠点もある(写真1-33)。

写真1-28　CCDカメラB2の映像

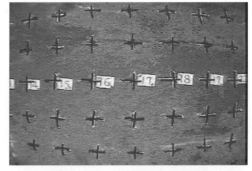
写真1-29　1mポイントを記入

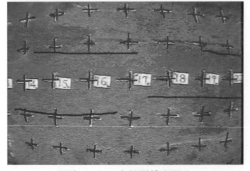
写真1-30　庇投影線を記入

写真1-31　店が並ぶ

付章　仮設店舗が構成する参道空間における人のふるまい

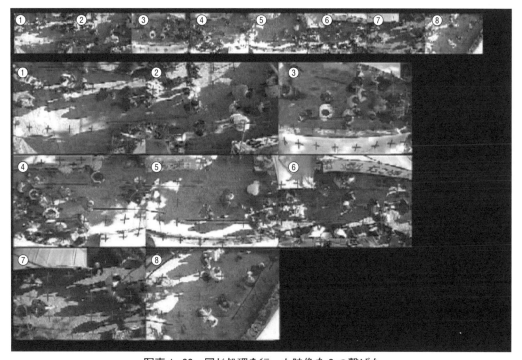

写真1-32　同じ処理を行った映像を8つ繋げた
1番上が、8つの画像をならべたもの。下の図は、左上から順に、映像をならべたもの。

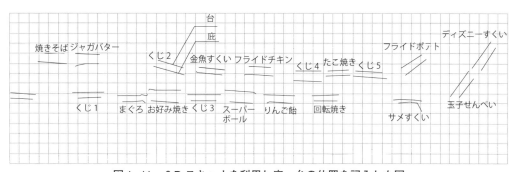

図1-11　3Dスキャナを利用し庇・台の位置を記入した図

そこでCCDカメラの映像と3Dスキャナ平面図を組み合わせゆがみのないデータを作成した（図1-12～16）。映像1mポイントを映像のゆがみに合わせて9分割し、このポイントを手がかりにして、参道平面に歩行者を単位時間ごとに目算でプロットし、このデータをもとに歩行状況図を作成した（図1-12）。

最後に再度、用語について説明する。

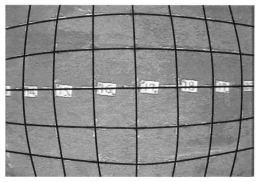

写真1-33　カメラレンズの歪み

171

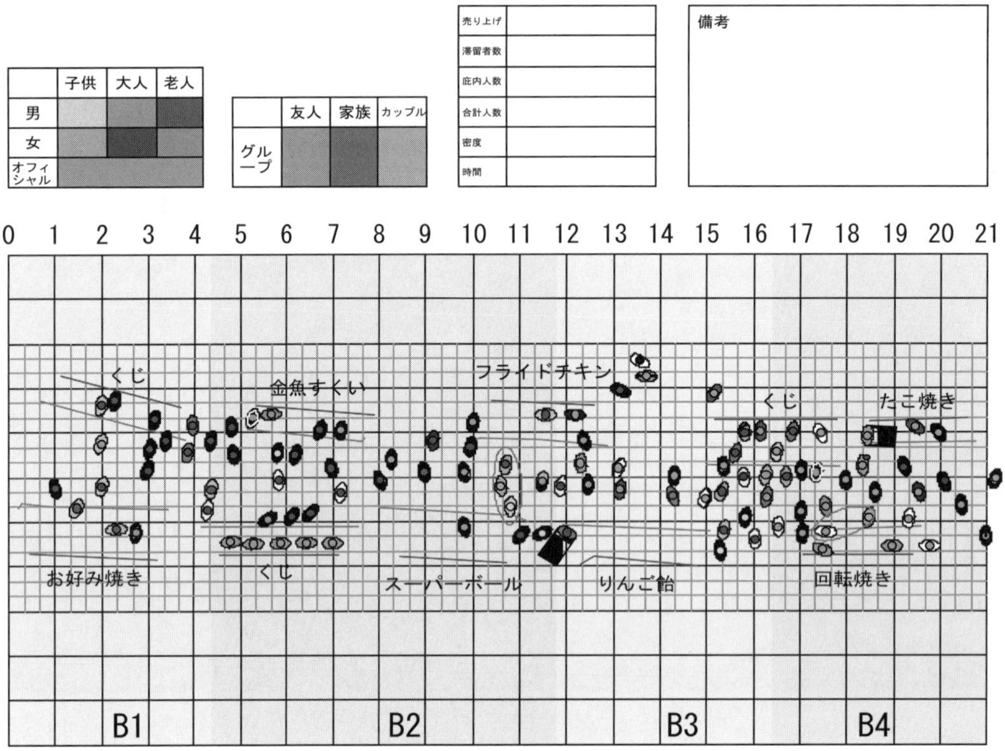

第Ⅲ部

図1-12 歩行状況図シート一例

「庇下空間」とは庇の地面への投影線と三寸までの空間を指し、参道に含まれる。なお庇投影線または面のことを「庇のキワ」と呼ぶ。「庇下への人の入り込み」とはキワへ体が半分以上入った状態を指す(図1-12)。

次節では、こうして収集・加工された基礎データを用いて、仮設店舗と人のふるまいとの関係について考察を試みる。

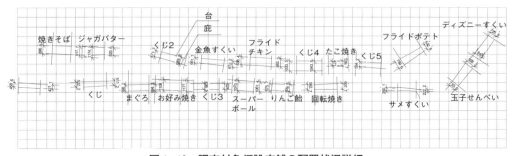

図1-13 調査対象仮設店舗の配置状況詳細

付章　仮設店舗が構成する参道空間における人のふるまい

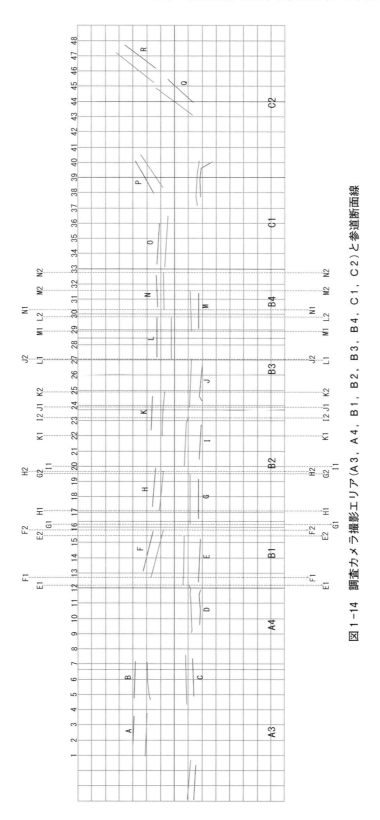

図 1-14　調査カメラ撮影エリア(A3, A4, B1, B2, B3, B4, C1, C2)と参道断面線

第Ⅲ部

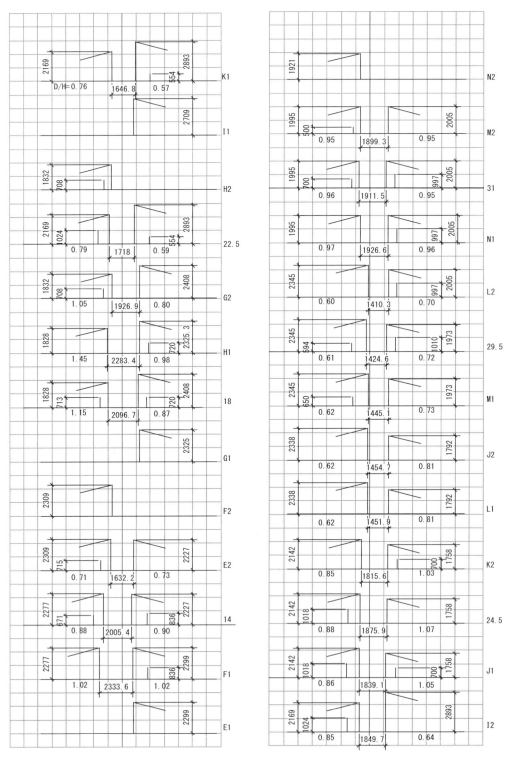

図1-15　図1-14をもとにした調査対象参道、および仮設店舗の断面

付章　仮設店舗が構成する参道空間における人のふるまい

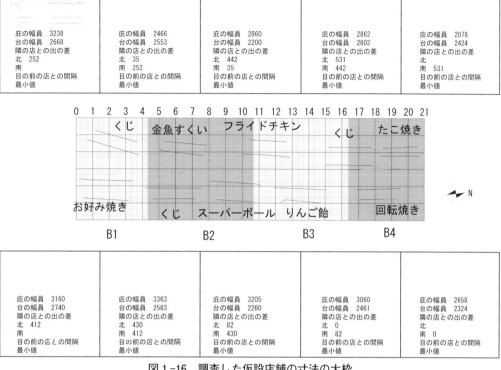

図1-16　調査した仮設店舗の寸法の大枠

2　参道での客の購買直前行動と仮設店舗の庇との関係について

　本節では、にぎわいの形成を考察するうえで、仮設店舗の造形を手がかりとし、人々が仮設店舗をどのように意識して行動するかに注目する。そこで参道を歩く人々(以下、参拝者とする)が客になる瞬間にどのような行動(以下、購買直前行動とする)をとるのかについて、立ち止まる位置・店別・時間から考察する。

　分析は先述の実験で得られた映像のうち、2007年1月1日午前9時30分〜12時30分、店は図1-11のうち、くじ2、お好み焼、フライドチキン、スーパーボール、金魚すくい、くじ3、りんご飴、くじ4、回転焼、たこ焼を対象とした。なお購買直前行動をとった者は、計637名である(客の定義として、庇下に3秒以上立ち止まっている者とする)。そこから購買直前行動を6種類の行動に分類することができた(図2-1)。

① 参拝者が庇周辺に一端立ち止まり、庇下へ入る者。
② ①と同様歩行者が庇周辺で一端立ち止まるが、店の手前に立ち止まる者。
③ 店前を通過したが、一端立ち止まって引き返し、庇下へ入る者。
④ 参拝者が庇下を歩いてやってくる者。

第Ⅲ部

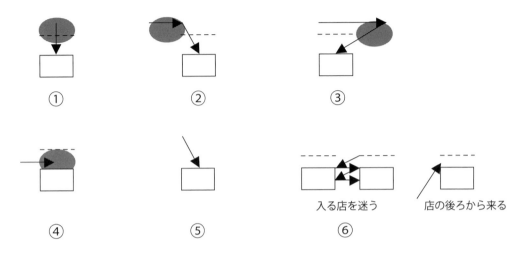

--- は、庇線を示す。　● は、立ち止まる位置を示す。

図2-1　行動パターン

表2-1　各行動パターンの人数

店名	①	②	③	④	⑤	⑥	合計
人数	334(66)	69(17)	46(4)	105(13)	64(14)	19(1)	637(115)

※(　)は、子供の人数、その左の数は子供も含めた人数。

⑤　参拝者が立ち止まらず、店に直行して庇下へ入る者。
⑥　①〜⑤に当てはまらない特殊な行動をとって庇下へ入る者。
(なお分析の基礎資料は図2-2〜11および本節末分析基礎資料参照)。
　上の表2-1が①〜⑥の行動パターンの合計である。

(1)　客と店に立ち止まる位置の考察——行動パターン①を中心に

　図2-1、表2-1を見ると、行動パターン①〜⑥のなかで、①が圧倒的に多いことがわかる。行動パターン①②③のように、参拝者が客になる動きの前に、なんらかのかたちで庇周辺に一端立ち止まる傾向が多い。次に具体的な分析を行動パターン①を用いて行った。なお分析に際し、次のような点に注目した。まず参拝者の行動を大まかに見ると、大人と幼児(自力で歩くもの)とで購買直前行動に違いが見られたのでこれを考慮し分析した。また店の状況については、店前に客がいるかいないかを考慮した。この考慮を行ったのは次の理由からである。歩行参拝者が店で購買行動を行う場合、すでに店前で「ひやかし」や購買行動を行っている客がいる場合、庇周辺が参拝者の行動パターン①に関係しているというよりは、店前の客の存在によって、庇前に立ち止まらざるを得ない結果、参拝者が行動パターン①を行うと考えられるからである。したがって歩行する参拝者と庇との関係を考察する場合は、すでに店前の客の立ち止まりの有無を考慮する必要がある。そこで庇下に客の立ち止まりのある場合とない場合に

付章　仮設店舗が構成する参道空間における人のふるまい

ついても考慮した上で、行動パターン①を参道配置図上にプロットしたのが図2-1～11であり(○は成人した者、●は幼児を示す)、店ごとに数値化したのが表2-2である。

　行動パターン①を行った全人数と、庇下部分にまで入り込んで立ち止まる客数との比率をみると、店前の客の有無に関わらず、客になろうとしている参拝者は、庇の外側で立ち止まることが多い。つまり購買直前行動で最も多い行動パターン①では、多くの場合、庇のキワで一端立ち止まるといえ、このことから参拝者の購買直前行動において、庇のキワは意識されたものであるといえる。

　さらに子供に注目すると、行動パターン①を行った客のうち、子供は20％と少ないものの、このうち32％が庇下に入り込んで立ち止まっている。このことから、大人に比べ、子供は、庇のキワ、あるいは庇下空間に対して意識が少ないといえよう。これに対し、庇下に入り込んで立ち止まる大人は、行動パターン①を行った大人のわずか9％と少なく、ほとんどの大人は庇のキワで一端立ち止まっていることがわかる。

　図2-1～11を見ると、店前の客の有無にかかわらず参拝者は庇周辺で一端立ち止まってい

表2-2　店別の店前に客がいる時と店前に客がいない時の客数

〈店前に客がいる時〉

店名	くじ2	お好み焼	金魚すくい	くじ3	フライドチキン	スーパーボール	くじ4	りんご飴	回転焼	たこ焼
立ち止まった客数	0	15(5)	22(3)	13(1)	2(1)	1	14(2)	10(5)	45(5)	3
庇下に入り込んだ客数	0	1	2(2)	5(3)	2(2)	3(1)	2	3	0	1
全体の客数	0	16(5)	24(5)	18(4)	4(3)	4(1)	16(2)	13(5)	45(5)	4

〈店前に客がいない時〉

店名	くじ2	お好み焼	金魚すくい	くじ3	フライドチキン	スーパーボール	くじ4	りんご飴	回転焼	たこ焼
立ち止まった客数	21(6)	15(1)	9(3)	32(4)	18	3	4	37(10)	22(1)	4
庇下に入り込んだ客数	5(3)	2	3(1)	6(5)	2	0	1	6(4)	0	0
全体の客数	26(9)	17(1)	12(4)	38(9)	20	3	5	43(14)	22(1)	4

〈店前に客がいる時と店前に客がいない時の合計〉

店名	くじ2	お好み焼	金魚すくい	くじ3	フライドチキン	スーパーボール	くじ4	りんご飴	回転焼	たこ焼
立ち止まった客数	21(6)	30(4)	31(6)	45(5)	20(1)	4	18(3)	47(15)	67(6)	7
庇下に入り込んだ客数	5(3)	3	5(3)	11(8)	4(2)	3(1)	3	9(4)	0	1
全体の客数	26(9)	33(4)	36(9)	56(13)	24(3)	7(1)	21(2)	56(19)	67(6)	8

※( )は、子供の人数、その左の数は子供も含めた人数。
　各店舗客数は、庇下の各店舗客数も含めた人数。

第Ⅲ部

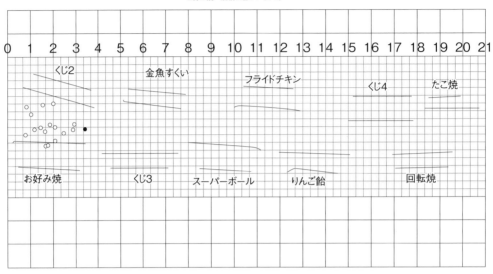

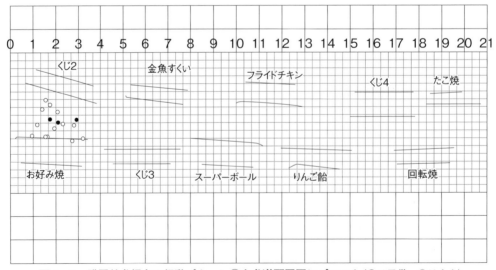

図2-2　購買前参拝者の行動パターン①を参道配置図にプロット（●は子供、○は大人）

付章　仮設店舗が構成する参道空間における人のふるまい

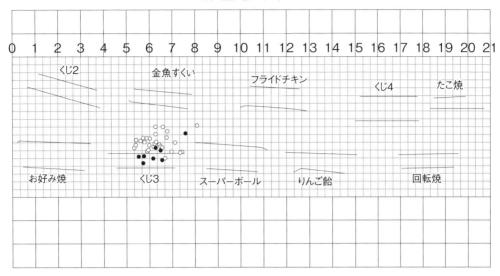

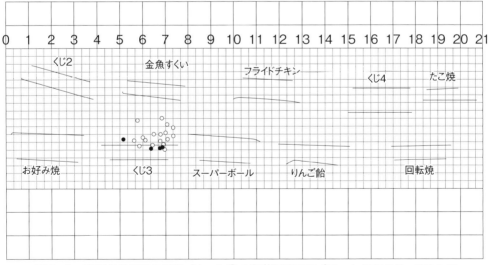

図2-3　購買前参拝者の行動パターン①を参道配置図にプロット（●は子供、○は大人）

第Ⅲ部

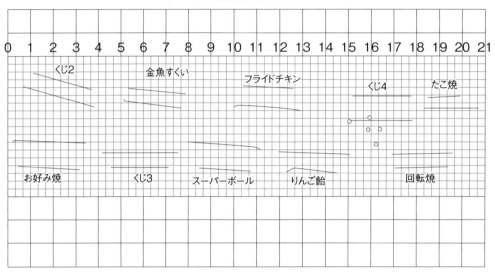

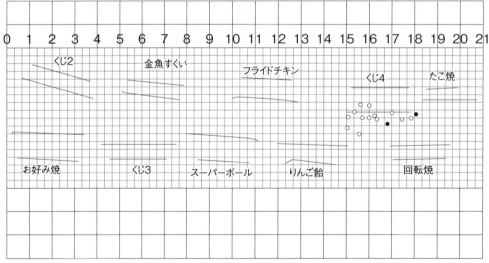

図2-4　購買前参拝者の行動パターン①を参道配置図にプロット（●は子供、○は大人）

付章　仮設店舗が構成する参道空間における人のふるまい

スーパーボール　店前に客がいない時

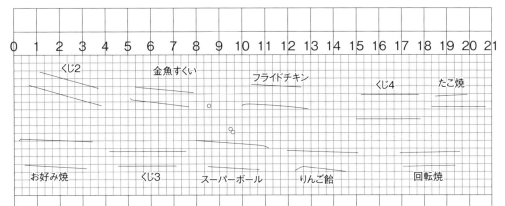

スーパーボール　店前に客がいる時

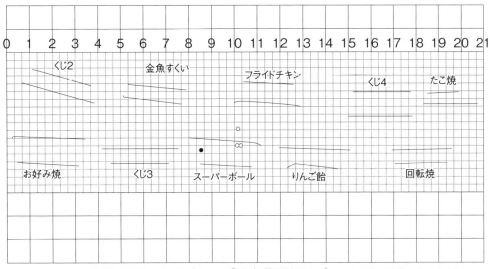

図2-5　購買前参拝者の行動パターン①を参道配置図にプロット（●は子供、○は大人）

第Ⅲ部

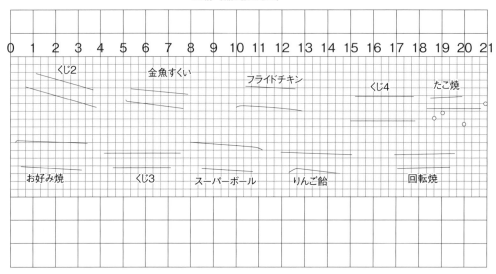

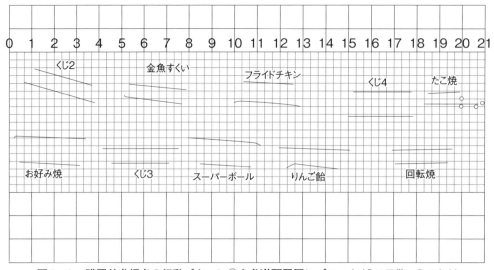

図2-6　購買前参拝者の行動パターン①を参道配置図にプロット（●は子供、○は大人）

付章　仮設店舗が構成する参道空間における人のふるまい

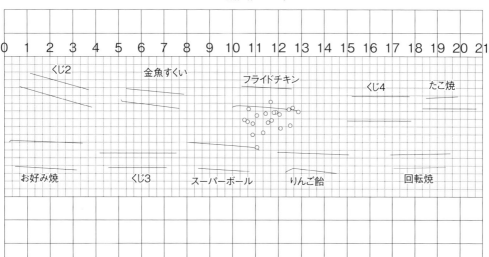

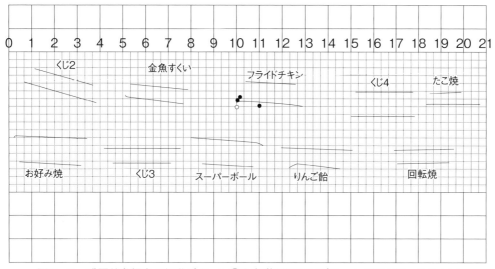

図2-7　購買前参拝者の行動パターン①を参道配置図にプロット（●は子供、○は大人）

第Ⅲ部

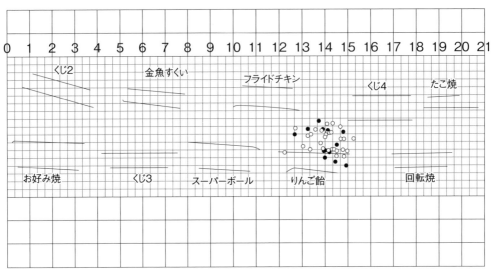

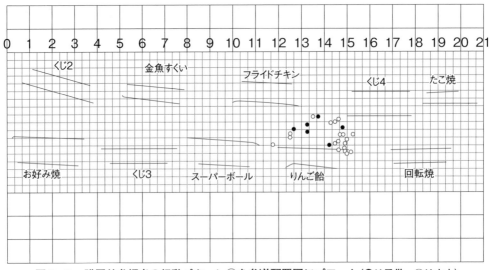

図2-8　購買前参拝者の行動パターン①を参道配置図にプロット（●は子供、○は大人）

付章　仮設店舗が構成する参道空間における人のふるまい

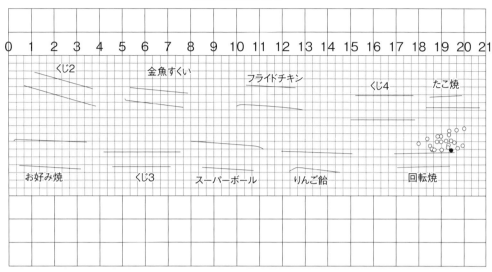

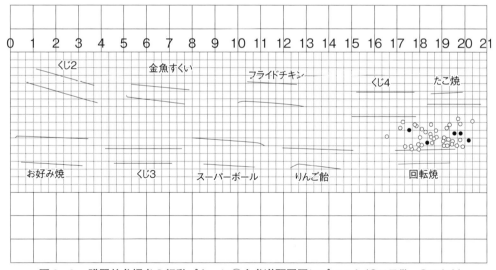

図2-9　購買前参拝者の行動パターン①を参道配置図にプロット（●は子供、○は大人）

第Ⅲ部

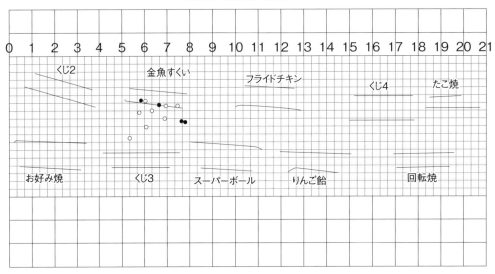

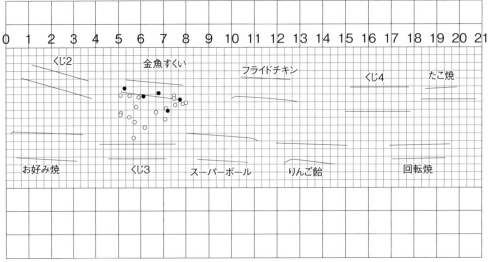

図2-10　購買前参拝者の行動パターン①を参道配置図にプロット（●は子供、○は大人）

付章　仮設店舗が構成する参道空間における人のふるまい

行動パターン①　客がいない時

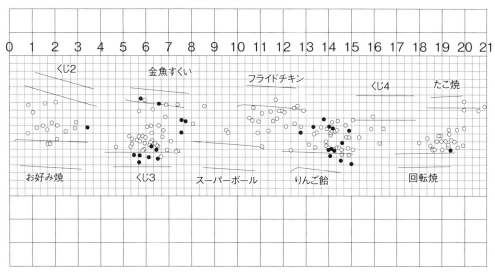

行動パターン①　客がいる時

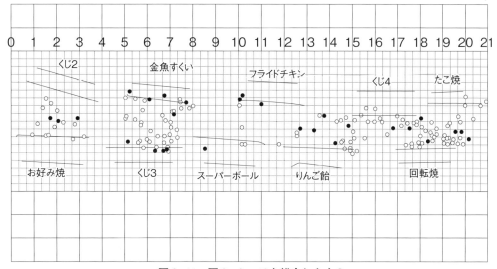

図2-11　図2-2〜10を総合したもの

ることがわかる。また庇下へ入り込む客で多いのが幼児である。

次に庇下への入り込みについて分析したのが表2-3である。行動パターン①を行った全人数と、庇下部分にまで入り込んで立ち止まる客数との比率をみると、店前の客の有無に関わらず、客になろうとしている参拝者は、庇の外側で立ち止まることが多い。つまり購買直前行動で最も多い行動パターン①では、多くの場合、庇のキワで一端立ち止まるといえ、参拝者の購買直前行動において庇のキワは意識されている。

さらに子供に注目すると、行動パターン①を行った客のうち、子供は20％台と少ないものの、このうち32％が庇下に入り込んで立ち止まっている。このことから、大人に比べ、子供は、庇のキワ、あるいは庇下空間に対して意識が少ないといえよう。これに対し、庇下に入り込んで立ち止まる大人は、行動パターン①を行った大人のわずか9％と少なく、ほとんどの大人は庇のキワで一端立ち止まっていることがわかる。

(2) 店別の傾向について

次に、行動パターン②〜⑥も含めて各店の購買直前行動の違いについて考察する。まず店舗

表2-3　行動パターン①と庇下への入り込み

	大人全体の人数	子供全体の人数	子供全体の割合	庇下まで入り込んだ大人の人数	庇下まで入り込んだ子供の人数	庇下まで入り込んだ大人の割合%	庇下まで入り込んだ子供の割合%
店前に客がいる時	114	30	26	11	8	10	27
店前に客がいない時	154	36	23	12	13	8	36
店前に客がいる時と店前に客がいない時の合計	268	66	25	23	21	9	32

※子供全体の割合は、子供全体の人数を大人全体の人数で割ったものである。
庇下まで入り込んだ大人の割合は、庇下まで入り込んだ大人の人数を大人全体の人数で割ったものである。
庇下まで入り込んだ子供の割合も同様に、庇下まで入り込んだ子供の人数を子供全体の人数で割ったものである

表2-4　店舗別の行動パターン

	①	②	③	④	⑤	⑥	合計
くじ2	26(9)	8(3)	0	2	3(2)	0	39(14)
お好み焼	33(4)	7(1)	4(2)	4	2	0	50(7)
金魚すくい	36(9)	10(5)	0	13(1)	2	0	61(15)
くじ3	56(13)	5(1)	10(2)	16(6)	7	1	95(21)
フライドチキン	24(3)	8	1	0	3(3)	5	41(6)
スーパーボール	7(1)	4(1)	0	14	7	4(1)	36(3)
くじ4	21(2)	13(3)	3	19	5(3)	6	66(8)
りんご飴	56(19)	0	7	19(5)	10(1)	0	92(25)
回転焼	67(6)	13(3)	21	23(1)	16(3)	3	140(13)
たこ焼	8	1	0	5	9(2)	0	23(2)

※( )は、子供の人数、その左の数字は子供も含めた人数

付章　仮設店舗が構成する参道空間における人のふるまい

表2-5　①②③の内訳

行動パターン		①		②		③	
一端立ち止まる場所		庇の前	庇下	庇の前	庇下	庇の前	庇下
くじ2	店前に客がいる時	0	0	2	1	0	0
	店前に客がいない時	21(6)	5(3)	4(2)	1(1)	0	0
お好み焼	店前に客がいる時	16(3)	1	1(1)	2	0	0
	店前に客がいない時	14(1)	2	3	1	2(1)	2(1)
金魚すくい	店前に客がいる時	22(3)	2(2)	4(2)	0	0	0
	店前に客がいない時	9(3)	3(1)	6(3)	0	0	0
くじ3	店前に客がいる時	13(1)	5(3)	5(1)	0	1	2
	店前に客がいない時	32(4)	6(5)	0	0	6(1)	2(1)
フライドチキン	店前に客がいる時	2(1)	2(2)	8	0	1	0
	店前に客がいない時	18	2	0	0	0	0
スーパーボール	店前に客がいる時	1	3(1)	0	0	0	0
	店前に客がいない時	3	0	4(1)	0	0	0
くじ4	店前に客がいる時	14(2)	2	13(3)	0	3	0
	店前に客がいない時	4	1	0	0	0	0
りんご飴	店前に客がいる時	10(5)	3	0	0	1	0
	店前に客がいない時	37(10)	6(4)	0	0	6	0
回転焼	店前に客がいる時	45(5)	0	0	0	18	0
	店前に客がいない時	22(1)	0	13(3)	0	2	1
たこ焼	店前に客がいる時	3	1	1	0	0	0
	店前に客がいない時	4	0	0	0	0	0

※( )は、子供の人数、その左の数字は子供も含めた人数

ずつ、店前に客がいる時と店前に客がいない時の区別をし、行動パターン①と同様の条件で、①〜⑥の行動パターンに振り分けた(表2-4)。また立ち止まる場所は、一端立ち止まる動作を、庇の手前と庇下に区別したものである。行動パターン④⑤⑥は一端立ち止まる動作をしないので省くことにした(表2-5)。

表2-4、2-5をみると、スーパーボール、くじ4、たこ焼以外の店は、各店とも行動パターン①が多く半数以上あった。スーパーボールとくじ4は行動パターン④が多い。この2店は、庇の出っ張りが大きいためではないかと考えられる(第3節参照)。さらに表2-5の庇下の人数を見ると、庇の前の人数と比べ少ないが、その中で子供の割合が高い。ここでも子供を除いた歩行者が購買直前行動を行う場合、店の庇のキワで一端立ち止まった上で購買行動を行うことが多いことがうかがえる。

(3) 購買直前行動と時間による考察

ところで参道は、空いている時・混み合っている時など、時間ごとに歩行者の様々な動きが見られる。時間が経つにつれ混雑する参道空間で、購買直前行動は時間により特徴があるものなのか。次は店別ではなく時間別で①〜⑥の行動パターンを見ることにした。

2007年1月1日9：30〜12：30の180分の映像を、1分ごとに購買直前行動の人数の合計をグラフに示した。比較のため参道の混みぐあいを、映像のスタートから1分刻みでストップさせ、その映像に写ったすべての歩行者人数をカウントし、参道総数として（グラフ2-1〜7）に示した。必ずしも参道総数とは言えないが、参道の歩行者が増えていく様子を見ることができる。また購買直前行動を各行動パターンにわけたのが表2-6である。行動パターン①は、すべての時間において多いのに対し、行動パターン④は70分後から急に確認できる。これについては参道総数が増えてきたため、庇下に入らざる終えなくなったためではないか。

とはいえ全体としては、行動パターン①が多くを占めた。これは、参道の空いている時、混み合っている時とはそれほど関係なく、歩行者は庇の手前でいったん立ち止まり、庇内に入る行為をしているといえる。

(4) まとめ

以上本節では、参拝者の購買直前行動について考察を試みた結果、参拝者が購買行動を行う多くの場合、その直前に店の庇のキワで一端立ち止まり、購買行動へと移行することが明らかになった。なぜ参拝者がこうした行動を行うのか、これについての考察は今後の課題であるが、ここではこうした現象から考え得るいくつかの事柄を指摘することでまとめとしたい。まず参拝者の購買直前行動の多くが、庇のキワで立ち止まる、という行動そのものから、参拝者にとって庇のキワは参拝者の行動を何らかのかたちでコントロールする要素が内在している場であると考えられる。つまり庇のキワあたりには目に見えない境界の存在の可能性である。この境界が果たして庇によるものなのか、それとも、そもそも参拝者と店員との人間同志の心理的な距離がそうさせているのかは不明である。ただし例えば後者であれば、庇は人間同志の距離を考慮し造形されたものであると考えられる。いずれにせよ、庇はなんとなく張り出されたものではなく、人のふるまいを考慮した造形である可能性は指摘できよう。

付章　仮設店舗が構成する参道空間における人のふるまい

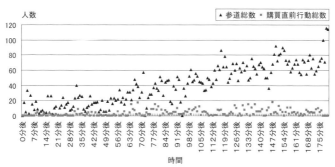

グラフ2-1　参道総数と購買直前行動総数

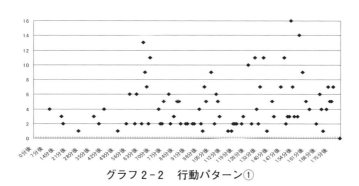

グラフ2-2　行動パターン①

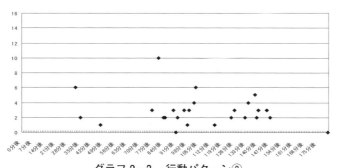

グラフ2-3　行動パターン②
グラフ2-1〜3　行動パターン①〜②と時間との関係

第Ⅲ部

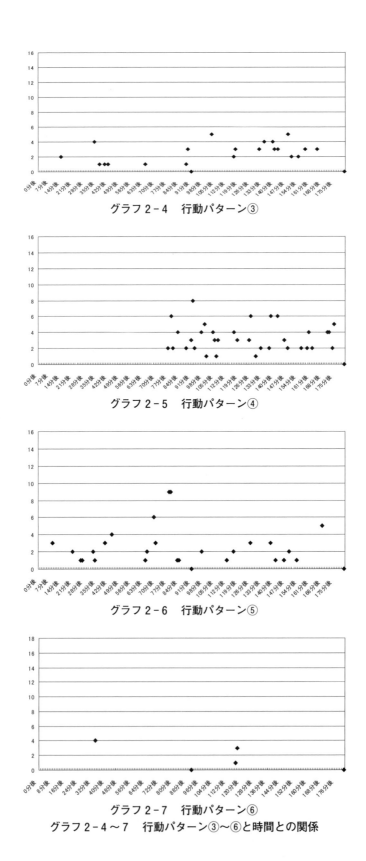

グラフ2-4　行動パターン③

グラフ2-5　行動パターン④

グラフ2-6　行動パターン⑤

グラフ2-7　行動パターン⑥
グラフ2-4〜7　行動パターン③〜⑥と時間との関係

第2節 分析基礎資料　参拝者の購買前直前行動（180分間の仮設店別行動）パターン

◆経過時間

例）8：45→8分45秒。

◆仮設店舗

くじ2、お好み焼、金魚すくい、くじ3、フライドチキン、スーパーボール、りんご飴、くじ4、たこ焼、回転焼。

◆行動パターン

図2-1 行動パターン①〜⑥に分類。

◆人数

（　）内の数字は幼児、その左の数は幼児も含めた人数は、参道の進行方向とは逆に進む人を示す。

表2-6　時間別、店舗別行動パターン

経過時間	仮設店舗名	行動パターン	人数
8：45	回転焼	⑤	3(1)
9：44	回転焼	①	4(1)
13：55	回転焼	③	2
16：10	りんご飴	①	3(1)
17：11	スーパーボール	①	3(1)
20：42	お好み焼	⑤	2
25：17	回転焼	⑤	1
26：25	りんご飴	⑤	1
26：30	お好み焼	①	1
31：44	フライドチキン	①	6
32：07	スーパーボール	⑤	2
33：11	回転焼	⑤	1
		③	4
33：45	スーパーボール	⑥	4(1)
34：00	お好み焼	②	2
35：18	たこ焼	①	1
35：31	りんご飴	①	2
36：40	回転焼	③	1
38：52	りんご飴	①	2
39：25	回転焼	⑤	3(1)
39：54	りんご飴	③	1
41：15	フライドチキン	①	1
41：31	りんご飴	①	3(1)
	フライドチキン	③	1

経過時間	仮設店舗名	行動パターン	人数
43：32	回転焼	⑤	4(1)
46：06	回転焼	②	1
49：55	回転焼	①	1
54：04	金魚すくい	①	2
56：15	りんご飴	①	6(2)
59：58	回転焼	①	2
60：44	くじ2	①	6(2)
63：10	りんご飴	③	1
63：33	金魚すくい	①	2
63：36	たこ焼	⑤	1
64：24	回転焼	⑤	2
64：47	金魚すくい	①	8(3)
	くじ4	①	5(1)
65：17	りんご飴	①	9(4)
66：23	回転焼	①	7(3)
67：35	フライドチキン	①	2
68：00	回転焼	①	2
68：20	回転焼	①	2
	フライドチキン	①	4
68：31	回転焼	①	3
68：44	くじ4	⑤	6(2)
69：04	たこ焼	⑤	3(1)
73：05	回転焼	①	2
73：18	りんご飴	①	2

第 III 部

経過時間	仮設店舗名	行動パターン	人数
74:48	フライドチキン	①	2
75:50	くじ4	①	2
76:25	回転焼	④	2
76:28	フライドチキン	①	2
76:37	くじ4	②	3
76:48	フライドチキン	①	3(1)
77:08	りんご飴	⑤	3(1)
77:28	フライドチキン	⑤	5(1)
77:44	たこ焼	⑤	1
78:03	くじ3	⑤	6(2)
78:29	たこ焼	⑤	3(1)
78:37	スーパーボール	④	6(2)
79:42	金魚すくい	④	2
	くじ2	①	2(1)
	フライドチキン	①	4
80:15	回転焼	①	2
80:38	回転焼	②	4
80:48	回転焼	②	6(2)
82:05	くじ4	④	4
82:33	りんご飴	⑤	1
		①	3(1)
83:38	回転焼	⑤	1
83:43	フライドチキン	①	2
84:26	フライドチキン	②	2
84:39	回転焼	①	2
84:46	りんご飴	①	3(1)
85:21	フライドチキン	①	5(2)
86:51	くじ4	①	2
87:11	回転焼	④	2
		③	1
88:07	りんご飴	①	3(1)
89:16	回転焼	①	3(1)
		②	3(1)
90:46	りんご飴	①	2(1)
90:50	くじ4	④	3
91:10	くじ4	④	1
91:15	スーパーボール	④	2
91:16	回転焼	④	2
91:22	くじ4	④	3
91:52	回転焼	②	2

経過時間	仮設店舗名	行動パターン	人数
92:30	くじ2	④	2
93:51	スーパーボール	①	2(1)
94:57	くじ4	①	2
95:52	金魚すくい	②	3(2)
96:03	金魚すくい	⑤	2
96:42	金魚すくい	④	3
96:43	回転焼	④	1
97:23	回転焼	①	4(1)
97:34	たこ焼	②	1
98:00	回転焼	①	2
98:15	りんご飴	①	2(1)
98:28	くじ4	②	3
98:46	くじ3	④	3(2)
99:37	回転焼	④	1
		①	1
100:18	くじ3	①	4(1)
100:30	お好み焼	①	3
101:02	くじ3	①	2
101:14	くじ2	①	3
101:38	スーパーボール	②	5(3)
102:13	回転焼	①	3
102:29	くじ4	②	5
102:50	くじ3	①	3
103:14	りんご飴	④	4
103:21	りんご飴	①	2
104:05	金魚すくい	①	4(1)
104:05	回転焼	①	5(1)
104:28	たこ焼	④	3
105:13	くじ4	④	1
106:28	回転焼	①	3
106:58	りんご飴	①	2
107:02	回転焼	①	4
107:53	お好み焼	①	2
108:06	くじ2	①	2
108:13	たこ焼	①	1
108:??	たこ焼	①	2
109:23	くじ3	①	3
111:52	くじ4	⑤	1
113:59	くじ2	②	1

付章 仮設店舗が構成する参道空間における人のふるまい

経過時間	仮設店舗名	行動パターン	人数
114：15	回転焼	①	1
115：00	スーパーボール	④	4
115：34	くじ3	③	2(1)
115：37	りんご飴	⑤	2
116：37	フライドチキン	①	3
116：40	くじ3	⑥	1
116：45	回転焼	③	3
117：10	回転焼	⑥	3
117：33	金魚すくい	④	3
117：54	くじ4	①	2(1)
118：36	りんご飴	①	2
119：24	くじ3	①	2
122：17	たこ焼	⑤	1
122：30	金魚すくい	①	2
123：00	くじ3	①	3(1)
123：52	くじ4	②	2
124：08	金魚すくい	④	3(1)
125：08	金魚すくい	②	3(1)
125：29	回転焼	④	2
125：32	くじ3	④	2(1)
125：46	フライドチキン	⑤	3(2)
125：50	たこ焼	④	2(1)
125：50	お好み焼	①	2
126：05	お好み焼	①	2
126：12	スーパーボール	①	3(2)
126：17	お好み焼	①	2
126：34	金魚すくい	①	3(1)
127：02	りんご飴	①	2(1)
128：41	回転焼	①	2
		④	1
130：00	金魚すくい	①	3(1)
130：06	くじ2	①	3(2)
130：27	りんご飴	③	3
130：34	くじ3	①	5
131：12	回転焼	④	2
131：26	くじ2	①	4(2)
		②	2
132：33	お好み焼	①	2
133：03	金魚すくい	①	6(2)
133：21	金魚すくい	②	4(2)

経過時間	仮設店舗名	行動パターン	人数
133：30	りんご飴	①	1
		③	2
133：46	回転焼	③	2
135：40	くじ3	①	6(2)
135：58	くじ3	①	4(1)
135：58	くじ4	①	1
136：22	スーパーボール	④	2
137：06	くじ2	⑤	3(1)
	金魚すくい	①	1
137：34	くじ4	④	3
137：42	りんご飴	④	2
137：43	くじ2	②	5(3)
137：43	くじ4	④	1
138：12	お好み焼	③	4(29
138：42	くじ3	②	2(1)
139：45	くじ3	②	3
139：50	くじ3	③	3
140：00	くじ3	①	2
140：21	金魚すくい	①	3
140：39	りんご飴	⑤	1
141：25	回転焼	④	3
141：48	くじ4	③	3
141：49	くじ2	①	3(1)
141：51	くじ4	④	3
144：09	くじ3	④	4(1)
144：30	お好み焼	②	3(2)
145：03	回転焼	④	3
145：11	くじ3	⑤	1
		①	2
145：15	お好み焼	①	1
145：57	くじ2	①	4(1)
146：39	お好み焼	②	2
147：21	お好み焼	①	3
147：21	回転焼	③	5
147：34	金魚すくい	①	1
147：49	回転焼	①	3
	くじ3	①	3(1)
147：55	りんご飴	④	2
148：00	りんご飴	⑤	2
148：08	金魚すくい	①	2

第Ⅲ部

経過時間	仮設店舗名	行動パターン	人数
149:03	たこ焼	①	2
149:43	くじ3	①	1
149:45	くじ3	③	2
150:37	お好み焼	①	3
151:02	金魚すくい	①	3
151:26	くじ4	①	4
151:54	くじ4	①	4
151:57	くじ3	①	2
152:02	くじ3	①	2
152:12	りんご飴	①	3(2)
152:18	たこ焼	①	2
152:30	回転焼	⑤	1
153:01	回転焼	③	2
153:13	お好み焼	①	1
153:25	お好み焼	①	2(1)
155:16	くじ3	④	2
155:28	回転焼	①	3
156:12	くじ2	①	3
156:47	お好み焼	①	3
156:55	くじ3	①	4(2)
	回転焼	①	1
157:13	回転焼	③	3
158:17	りんご飴	①	6(3)
158:36	回転焼	④	2
158:40	お好み焼	①	3
159:01	りんご飴	④	2

経過時間	仮設店舗名	行動パターン	人数
159:26	回転焼	④	2
160:01	回転焼	①	5(3)
161:14	りんご飴	④	2
162:22	くじ3	①	4(2)
164:45	くじ3	③	3(1)
166:58	くじ2	①	2(1)
167:14	りんご飴	①	3(1)
167:42	スーパーボール	⑤	5
168:13	回転焼	①	6
169:00	金魚すくい	①	4
170:07	くじ3	④	4(2)
170:15	お好み焼	①	1
171:34	金魚すくい	④	4
172:06	回転焼	①	4
173:30	くじ3	①	4(2)
173:43	りんご飴	④	2(1)
173:59	お好み焼	①	3(2)
174:02	りんご飴	①	2
174:20	りんご飴	①	3(2)
174:52	りんご飴	④	5(3)
175:38	りんご飴	①	5
176:10	くじ3	①	3(2)
176:55	お好み焼	①	1
176:59	回転焼	①	3

3　仮設店舗の庇下空間と参拝者の歩行行動について

　仮設店舗の多くは屋根が前方に張り出す形で構成されている。この張り出しは雨除けや日除けとしての効果が期待できる。しかし、それにしては張り出しが大きすぎるのではないだろうか。このような点から参道において、仮設店舗の庇下空間と参拝者との間には何らかの関係がある可能性がある。本節ではこのような視点から、庇下空間について、参拝者の歩行行動との関係から考察する。

　今回は考察対象の条件として、日時を2007年1月1日9時3分から12時3分の参拝者1人ずつの歩行が確認できる映像とした。また、場所は真下の参道を撮影したカメラ8台分の映像（図1-10 A3・A4・B1・B2・B3・B4・C1・C2）のうち、仮設店舗が両側にあり、他の道と交わることなく直線で構成される参道がみられる、4つの映像（B1・B2・B3・B4）とした。

　その結果、参道の両側に5店舗ずつの計10店舗（参道進行方向に向かって左の手前から、くじ2・金魚すくい・フライドチキン・くじ4・たこ焼、参道進行方向に向かって右の手前から、お好み焼・くじ3・スーパーボール・リンゴ飴・回転焼）の映像が得られた。

　また、ここでは参拝者の歩行行動と仮設店舗の庇下空間について注目しているため、参道中央付近で突然立ち止まる者やグループ、参道の本来の進行方向とは逆に歩行する者やグループ、仮設店舗前で開店準備や荷物の運搬をする店員（回転焼きには客に商品を渡す店員が常にいたため除く）の3つの要素を除き、30秒以上それらが存在しない時間を抽出した。抽出した結果、18の映像（以下「サンプル1,2···」と呼ぶ）が得られた。次に、方向転換する参拝者や歩行速度が遅い参拝者などを追い越すため庇下へ入り込まざるを得なかった参拝者と、仮設店舗での商品やサービスを受けるために庇下へ入り込んだ参拝者を考察から除外した（表3-1）。

　表3-1は左から順に、サンプルごとの開始時間、終了時間、開始から終了までの経過時間（秒）、その時間帯に参道にいた参拝者の合計人数、店前を1店舗以上歩行した参拝者の人数、購買者と回避行動者の人数、除外項目に入らず考察対象となった歩行参拝者の人数、その時間帯に確認できた参拝者の合計人数/時間とその分布状況を示した。人数/時間により、各サンプル1秒あたりに何人の参拝者が通ったかがわかる。そのことから表3-1より、多少は上下するものの、時間がたつにつれて参拝者の人数は増えていく傾向にあることがわかる。また、その値は少ないときを1.5以下、中くらいのときを1.5以上2.0以下、多いときを2.0以上としたとき、ちょうど6サンプルずつ分類される。また抽出できたサンプル1からサンプル18までの時間帯はバラバラである。このことから抽出し得られた18サンプルは偏りのないデータであるといえる。

　次に、抽出したサンプルをもとに、参拝者の歩行行動について解析する（表3-2〜11、およ

第Ⅲ部

び節末の分析サンプル参照)。今回行う解析方法として、抽出したサンプルごとに各仮設店舗の前を歩行した参拝者の人数をカウントし、歩行参拝者が仮設店舗の庇下へ入り込んだのか、庇の外もしくは際を通ったのか、またそのときに仮設店舗の店前に参拝者の立ち止まりがあったかを調べた。

なお参拝者の歩行行動については次の条件で行った。各仮設店舗全長(約3m)をすべて通り過ぎた参拝者をカウントする。庇下へ入り込んだ参拝者は、入った時点でカウントする。よって、庇下へ入り込んだ参拝者に関しては仮設店舗の全長すべてを通り過ぎなくても良いものとした。

(1) 仮設店舗ごとの考察

さて、参道空間は仮設店舗が規則正しく整列しているわけではなく、仮設店舗によって店舗配置は異なっている。また、仮設店舗には商品を提供する店舗やサービスを提供する店舗など、その種類は様々である。そこでこの節では、仮設店舗ごとに考察を試みる。

参道における参拝者の歩行行動において、各仮設店舗前を歩行した参拝者のうち、その仮設店舗の庇下へ参拝者は入り込んだのか入り込まなかったのか、またそのときに仮設店舗には店前に立ち止まりがあったのかなかったのかを表したのが表3-2～11である。表より、参拝者

表3-1 サンプルの概要

	開始時間	終了時間	合計時間(秒)	合計人数	歩行人数	除外項目		考察対象歩行人数	合計人数／時間と分布状況		
						購買者	回避行動者		1.5以下	1.5以上2.0以下	2.0以上
サンプル1	10時05分15秒	10時06分03秒	48	41	30	5	4	21	0.85		
サンプル2	10時06分39秒	10時07分53秒	74	68	61	2	5	54	0.92		
サンプル3	10時15分20秒	10時16分05秒	45	42	26	0	3	23	0.93		
サンプル4	10時16分28秒	10時17分26秒	58	52	46	5	6	35	0.9		
サンプル5	10時18分25秒	10時19分00秒	35	51	39	3	2	34	1.46		
サンプル6	10時29分35秒	10時31分06秒	91	59	47	11	4	32	0.65		
サンプル7	10時41分17秒	10時42分13秒	56	100	87	3	26	58		1.79	
サンプル8	10時51分55秒	10時52分40秒	45	72	58	5	9	44		1.6	
サンプル9	10時53分14秒	10時53分50秒	36	55	39	1	6	32		1.53	
サンプル10	11時10分40秒	11時11分20秒	40	79	75	2	15	58		1.98	
サンプル11	11時16分35秒	11時17分08秒	33	85	65	0	9	56			2.58
サンプル12	11時22分00秒	11時22分30秒	30	81	63	6	7	50			2.7
サンプル13	11時22分40秒	11時23分30秒	50	98	76	4	7	65		1.96	
サンプル14	11時42分05秒	11時43分00秒	55	92	84	9	7	68		1.67	
サンプル15	11時43分07秒	11時43分52秒	45	102	88	2	9	77			2.27
サンプル16	11時48分55秒	11時49分25秒	30	87	67	0	34	33			2.9
サンプル17	11時50分53秒	11時51分45秒	52	136	114	3	10	101			2.62
サンプル18	11時59分33秒	12時00分03秒	30	102	85	1	49	35			3.4

付章　仮設店舗が構成する参道空間における人のふるまい

サンプルごとに行った仮設店舗ごとの解析結果
表3-2　くじ2

くじ2	参拝者の合計人数	店前の立ち止まりあり		店前の立ち止まりなし		入り込みあり合計人数	入り込みなし合計人数
		入り込みあり	入り込みなし	入り込みあり	入り込みなし		
サンプル1	13	0 / 0%	0 / 0%	3 / 23%	10 / 77%	3 / 23%	10 / 77%
サンプル2	44	0 / 0%	0 / 0%	4 / 9%	40 / 91%	4 / 9%	40 / 91%
サンプル3	3	0 / 0%	0 / 0%	0 / 0%	3 / 100%	0 / 0%	3 / 100%
サンプル4	20	0 / 0%	0 / 0%	4 / 20%	16 / 80%	4 / 20%	16 / 80%
サンプル5	23	0 / 0%	0 / 0%	2 / 9%	21 / 91%	2 / 9%	21 / 91%
サンプル6	21	0 / 0%	0 / 0%	3 / 14%	18 / 86%	3 / 14%	18 / 86%
サンプル7	37	0 / 0%	0 / 0%	3 / 8%	34 / 92%	3 / 8%	34 / 92%
サンプル8	24	0 / 0%	0 / 0%	1 / 4%	23 / 96%	1 / 4%	23 / 96%
サンプル9	11	0 / 0%	0 / 0%	4 / 36%	7 / 64%	4 / 36%	7 / 64%
サンプル10	29	0 / 0%	0 / 0%	3 / 10%	26 / 90%	3 / 10%	26 / 90%
サンプル11	23	0 / 0%	0 / 0%	1 / 4%	22 / 96%	1 / 4%	22 / 96%
サンプル12	21	0 / 0%	0 / 0%	3 / 14%	18 / 86%	3 / 14%	18 / 86%
サンプル13	34	0 / 0%	0 / 0%	3 / 9%	31 / 91%	3 / 9%	31 / 91%
サンプル14	30	0 / 0%	0 / 0%	2 / 7%	28 / 93%	2 / 7%	28 / 93%
サンプル15	42	2 / 5%	8 / 19%	1 / 2%	31 / 74%	3 / 7%	39 / 93%
サンプル16	7	0 / 0%	0 / 0%	0 / 0%	7 / 100%	0 / 0%	7 / 100%
サンプル17	52	0 / 0%	0 / 0%	7 / 13%	45 / 87%	7 / 13%	45 / 87%
サンプル18	14	0 / 0%	0 / 0%	0 / 0%	14 / 100%	0 / 0%	14 / 100%
表の見方	⑦	①	②	③	④	⑤	⑥
		⑧				⑨	

①・・・表上記の、店前に立ち止まりあり・入り込みありは、
　　　店前に参拝者の立ち止まりがあるときに、庇下へ入り込む参拝者の人数のことを指す
②・・・表上記の、店前に立ち止まりあり・入り込みなしは、
　　　店前に参拝者の立ち止まりがあるときに、庇下へ入り込まない参拝者の人数のことを指す
③・・・表上記の、店前に立ち止まりなし・入り込みありは、
　　　店前に参拝者の立ち止まりがないときに、庇下へ入り込む参拝者の人数のことを指す
④・・・表上記の、店前に立ち止まりなし・入り込みなしは、
　　　店前に参拝者の立ち止まりがないときに、庇下へ入り込まない参拝者の人数のことを指す
⑤・・・表上記の、入り込みあり合計人数は、
　　　仮設店舗の庇下へ入り込む参拝者の合計人数のことを指す。要するに①+③
⑥・・・表上記の、入り込みなし合計人数は、
　　　仮設店舗の庇下へ入り込まない参拝者の合計人数のことを指す。要するに②+④
⑦・・・表上記の、参拝者の合計人数は、
　　　仮設店舗前を歩行した参拝者の合計人数のことを指す。要するに①+②+③+④、もしくは⑤+⑥
⑧・・・表の①～④の下にそれぞれある数値は、①～④に占める割合(%)
⑨・・・表の⑤・⑥の下にそれぞれある数値は、⑤・⑥の占める割合(%)

表3-3 金魚すくい

金魚すくい	参拝者の合計人数	店前の立ち止まりあり 入り込みあり	店前の立ち止まりあり 入り込みなし	店前の立ち止まりなし 入り込みあり	店前の立ち止まりなし 入り込みなし	入り込みあり 合計人数	入り込みなし 合計人数
サンプル1	14	0 / 0%	14 / 100%	0 / 0%	0 / 0%	0 / 0%	14 / 100%
サンプル2	48	0 / 0%	6 / 13%	1 / 2%	41 / 85%	1 / 2%	47 / 98%
サンプル3	6	0 / 0%	0 / 0%	0 / 0%	6 / 100%	0 / 0%	6 / 100%
サンプル4	27	0 / 0%	0 / 0%	4 / 15%	23 / 85%	4 / 15%	23 / 85%
サンプル5	21	0 / 0%	0 / 0%	3 / 14%	18 / 86%	3 / 14%	18 / 86%
サンプル6	21	1 / 5%	20 / 95%	0 / 0%	0 / 0%	1 / 5%	20 / 95%
サンプル7	29	0 / 0%	29 / 100%	0 / 0%	0 / 0%	0 / 0%	29 / 100%
サンプル8	21	0 / 0%	0 / 0%	0 / 0%	21 / 100%	0 / 0%	21 / 100%
サンプル9	15	0 / 0%	15 / 100%	0 / 0%	0 / 0%	0 / 0%	15 / 100%
サンプル10	30	0 / 0%	30 / 100%	0 / 0%	0 / 0%	0 / 0%	30 / 100%
サンプル11	29	0 / 0%	29 / 100%	0 / 0%	0 / 0%	0 / 0%	29 / 100%
サンプル12	19	2 / 11%	17 / 89%	0 / 0%	0 / 0%	2 / 11%	17 / 89%
サンプル13	43	2 / 5%	41 / 95%	0 / 0%	0 / 0%	2 / 5%	41 / 95%
サンプル14	27	3 / 11%	24 / 89%	0 / 0%	0 / 0%	3 / 11%	24 / 89%
サンプル15	45	0 / 0%	45 / 100%	0 / 0%	0 / 0%	0 / 0%	45 / 100%
サンプル16	11	0 / 0%	11 / 100%	0 / 0%	0 / 0%	0 / 0%	11 / 100%
サンプル17	48	8 / 17%	40 / 83%	0 / 0%	0 / 0%	8 / 17%	40 / 83%
サンプル18	15	0 / 0%	15 / 100%	0 / 0%	0 / 0%	0 / 0%	15 / 100%

表3-4 フライドチキン

フライドチキン	参拝者の合計人数	店前の立ち止まりあり 入り込みあり	店前の立ち止まりあり 入り込みなし	店前の立ち止まりなし 入り込みあり	店前の立ち止まりなし 入り込みなし	入り込みあり 合計人数	入り込みなし 合計人数
サンプル1	13	0 / 0%	0 / 0%	1 / 8%	12 / 92%	1 / 8%	12 / 92%
サンプル2	38	0 / 0%	11 / 29%	2 / 5%	25 / 66%	2 / 5%	36 / 95%
サンプル3	9	0 / 0%	0 / 0%	0 / 0%	9 / 100%	0 / 0%	9 / 100%
サンプル4	26	0 / 0%	11 / 42%	1 / 4%	14 / 54%	1 / 4%	25 / 96%
サンプル5	23	0 / 0%	23 / 100%	0 / 0%	0 / 0%	0 / 0%	23 / 100%
サンプル6	27	0 / 0%	0 / 0%	3 / 11%	24 / 89%	3 / 11%	24 / 89%
サンプル7	24	0 / 0%	0 / 0%	0 / 0%	24 / 100%	0 / 0%	24 / 100%
サンプル8	24	0 / 0%	0 / 0%	1 / 4%	23 / 96%	1 / 4%	23 / 96%
サンプル9	14	0 / 0%	0 / 0%	1 / 7%	13 / 93%	1 / 7%	13 / 93%
サンプル10	29	0 / 0%	0 / 0%	3 / 10%	26 / 90%	3 / 10%	26 / 90%
サンプル11	32	0 / 0%	0 / 0%	4 / 13%	28 / 88%	4 / 13%	28 / 88%
サンプル12	11	1 / 9%	10 / 91%	0 / 0%	0 / 0%	1 / 9%	10 / 91%
サンプル13	41	0 / 0%	0 / 0%	0 / 0%	41 / 100%	0 / 0%	41 / 100%
サンプル14	25	0 / 0%	0 / 0%	3 / 12%	22 / 88%	3 / 12%	22 / 88%
サンプル15	45	0 / 0%	0 / 0%	3 / 7%	42 / 93%	3 / 7%	42 / 93%
サンプル16	13	0 / 0%	0 / 0%	0 / 0%	13 / 100%	0 / 0%	13 / 100%
サンプル17	61	0 / 0%	0 / 0%	12 / 20%	49 / 80%	12 / 20%	49 / 80%
サンプル18	12	0 / 0%	12 / 100%	0 / 0%	0 / 0%	0 / 0%	12 / 100%

表3-5 くじ4

くじ4	参拝者の合計人数	店前の立ち止まりあり		店前の立ち止まりなし		入り込みあり合計人数	入り込みなし合計人数
		入り込みあり	入り込みなし	入り込みあり	入り込みなし		
サンプル1	9	0 0%	9 100%	0 0%	0 0%	0 0%	9 100%
サンプル2	33	7 21%	26 79%	0 0%	0 0%	7 21%	26 79%
サンプル3	22	6 27%	13 59%	0 0%	3 14%	6 27%	16 73%
サンプル4	29	0 0%	0 0%	14 48%	15 52%	14 48%	15 52%
サンプル5	14	0 0%	14 100%	0 0%	0 0%	0 0%	14 100%
サンプル6	29	15 52%	14 48%	0 0%	0 0%	15 52%	14 48%
サンプル7	28	2 7%	24 86%	0 0%	2 7%	2 7%	26 93%
サンプル8	32	15 47%	0 0%	0 0%	17 53%	15 47%	17 53%
サンプル9	27	0 0%	0 0%	8 30%	19 70%	8 30%	19 70%
サンプル10	25	0 0%	0 0%	9 36%	16 64%	9 36%	16 64%
サンプル11	25	0 0%	0 0%	13 52%	12 48%	13 52%	12 48%
サンプル12	10	0 0%	10 100%	0 0%	0 0%	0 0%	10 100%
サンプル13	35	6 17%	29 83%	0 0%	0 0%	6 17%	29 83%
サンプル14	37	0 0%	0 0%	16 43%	21 57%	16 43%	21 57%
サンプル15	40	0 0%	0 0%	13 33%	27 68%	13 33%	27 68%
サンプル16	10	0 0%	0 0%	2 20%	8 80%	2 20%	8 80%
サンプル17	54	0 0%	0 0%	26 48%	28 52%	26 48%	28 52%
サンプル18	5	0 0%	0 0%	0 0%	5 100%	0 0%	5 100%

表3-6 たこ焼き

たこ焼き	参拝者の合計人数	店前の立ち止まりあり		店前の立ち止まりなし		入り込みあり合計人数	入り込みなし合計人数
		入り込みあり	入り込みなし	入り込みあり	入り込みなし		
サンプル1	10	0 0%	0 0%	0 0%	10 100%	0 0%	10 100%
サンプル2	19	0 0%	0 0%	2 11%	17 89%	2 11%	17 89%
サンプル3	20	0 0%	0 0%	5 25%	15 75%	5 25%	15 75%
サンプル4	23	0 0%	0 0%	6 26%	17 74%	6 26%	17 74%
サンプル5	12	0 0%	0 0%	0 0%	12 100%	0 0%	12 100%
サンプル6	30	0 0%	0 0%	5 17%	25 83%	5 17%	25 83%
サンプル7	30	0 0%	30 100%	0 0%	0 0%	0 0%	30 100%
サンプル8	26	0 0%	17 65%	3 12%	6 23%	3 12%	23 88%
サンプル9	25	0 0%	0 0%	4 16%	21 84%	4 16%	21 84%
サンプル10	22	0 0%	0 0%	0 0%	22 100%	0 0%	22 100%
サンプル11	26	0 0%	0 0%	6 23%	20 77%	6 23%	20 77%
サンプル12	10	0 0%	0 0%	0 0%	10 100%	0 0%	10 100%
サンプル13	31	0 0%	0 0%	3 10%	28 90%	3 10%	28 90%
サンプル14	32	0 0%	0 0%	6 19%	26 81%	6 19%	26 81%
サンプル15	38	0 0%	0 0%	5 13%	33 87%	5 13%	33 87%
サンプル16	12	0 0%	0 0%	3 25%	9 75%	3 25%	9 75%
サンプル17	45	0 0%	0 0%	10 22%	35 78%	10 22%	35 78%
サンプル18	5	0 0%	0 0%	0 0%	5 100%	0 0%	5 100%

表3-7 お好み焼き

お好み焼き	参拝者の合計人数	店前の立ち止まりあり 入り込みあり	店前の立ち止まりあり 入り込みなし	店前の立ち止まりなし 入り込みあり	店前の立ち止まりなし 入り込みなし	入り込みあり 合計人数	入り込みなし 合計人数
サンプル1	16	0 / 0%	0 / 0%	1 / 6%	15 / 94%	1 / 6%	15 / 94%
サンプル2	46	0 / 0%	0 / 0%	10 / 22%	36 / 78%	10 / 22%	36 / 78%
サンプル3	1	0 / 0%	0 / 0%	0 / 0%	1 / 100%	0 / 0%	1 / 100%
サンプル4	24	0 / 0%	0 / 0%	2 / 8%	22 / 92%	2 / 8%	22 / 92%
サンプル5	24	0 / 0%	0 / 0%	2 / 8%	22 / 92%	2 / 8%	22 / 92%
サンプル6	23	0 / 0%	0 / 0%	3 / 13%	20 / 87%	3 / 13%	20 / 87%
サンプル7	34	0 / 0%	0 / 0%	2 / 6%	32 / 94%	2 / 6%	32 / 94%
サンプル8	23	0 / 0%	0 / 0%	5 / 22%	18 / 78%	5 / 22%	18 / 78%
サンプル9	11	0 / 0%	0 / 0%	1 / 9%	10 / 91%	1 / 9%	10 / 91%
サンプル10	31	0 / 0%	0 / 0%	6 / 19%	25 / 81%	6 / 19%	25 / 81%
サンプル11	25	0 / 0%	0 / 0%	3 / 12%	22 / 88%	3 / 12%	22 / 88%
サンプル12	22	0 / 0%	0 / 0%	0 / 0%	22 / 100%	0 / 0%	22 / 100%
サンプル13	37	0 / 0%	0 / 0%	4 / 11%	33 / 89%	4 / 11%	33 / 89%
サンプル14	34	1 / 3%	33 / 97%	0 / 0%	0 / 0%	1 / 3%	33 / 97%
サンプル15	48	6 / 13%	42 / 88%	0 / 0%	0 / 0%	6 / 13%	42 / 88%
サンプル16	10	0 / 0%	0 / 0%	0 / 0%	10 / 100%	0 / 0%	10 / 100%
サンプル17	54	0 / 0%	0 / 0%	11 / 20%	43 / 80%	11 / 20%	43 / 80%
サンプル18	9	0 / 0%	0 / 0%	1 / 11%	8 / 89%	1 / 11%	8 / 89%

表3-8 くじ3

くじ3	参拝者の合計人数	店前の立ち止まりあり 入り込みあり	店前の立ち止まりあり 入り込みなし	店前の立ち止まりなし 入り込みあり	店前の立ち止まりなし 入り込みなし	入り込みあり 合計人数	入り込みなし 合計人数
サンプル1	18	0 / 0%	0 / 0%	0 / 0%	18 / 100%	0 / 0%	18 / 100%
サンプル2	50	0 / 0%	0 / 0%	6 / 12%	44 / 88%	6 / 12%	44 / 88%
サンプル3	5	0 / 0%	0 / 0%	0 / 0%	5 / 100%	0 / 0%	5 / 100%
サンプル4	28	0 / 0%	0 / 0%	0 / 0%	28 / 100%	0 / 0%	28 / 100%
サンプル5	17	0 / 0%	0 / 0%	1 / 6%	16 / 94%	1 / 6%	16 / 94%
サンプル6	20	0 / 0%	0 / 0%	2 / 10%	18 / 90%	2 / 10%	18 / 90%
サンプル7	34	1 / 3%	6 / 18%	0 / 0%	27 / 79%	1 / 3%	33 / 97%
サンプル8	22	1 / 5%	7 / 32%	4 / 18%	10 / 45%	5 / 23%	17 / 77%
サンプル9	14	0 / 0%	8 / 57%	1 / 7%	5 / 36%	1 / 7%	13 / 93%
サンプル10	32	0 / 0%	0 / 0%	3 / 9%	29 / 91%	3 / 9%	29 / 91%
サンプル11	25	0 / 0%	0 / 0%	4 / 16%	21 / 84%	4 / 16%	21 / 84%
サンプル12	9	0 / 0%	0 / 0%	0 / 0%	9 / 100%	0 / 0%	9 / 100%
サンプル13	40	0 / 0%	40 / 100%	0 / 0%	0 / 0%	0 / 0%	40 / 100%
サンプル14	28	2 / 7%	9 / 32%	1 / 4%	16 / 57%	3 / 11%	25 / 89%
サンプル15	48	0 / 0%	0 / 0%	10 / 21%	38 / 79%	10 / 21%	38 / 79%
サンプル16	11	0 / 0%	11 / 100%	0 / 0%	0 / 0%	0 / 0%	11 / 100%
サンプル17	41	0 / 0%	0 / 0%	6 / 15%	35 / 85%	6 / 15%	35 / 85%
サンプル18	15	0 / 0%	15 / 100%	0 / 0%	0 / 0%	0 / 0%	15 / 100%

表3-9　スーパーボール

スーパーボール	参拝者の合計人数	店前の立ち止まりあり		店前の立ち止まりなし		入り込みあり合計人数	入り込みなし合計人数
		入り込みあり	入り込みなし	入り込みあり	入り込みなし		
サンプル1	17	2 / 12%	9 / 53%	0 / 0%	6 / 35%	2 / 12%	15 / 88%
サンプル2	43	7 / 16%	18 / 42%	5 / 12%	13 / 30%	12 / 28%	31 / 72%
サンプル3	8	0 / 0%	0 / 0%	1 / 13%	7 / 88%	1 / 13%	7 / 88%
サンプル4	33	0 / 0%	0 / 0%	0 / 0%	33 / 100%	0 / 0%	33 / 100%
サンプル5	21	0 / 0%	0 / 0%	4 / 19%	17 / 81%	4 / 19%	17 / 81%
サンプル6	24	0 / 0%	0 / 0%	4 / 17%	20 / 83%	4 / 17%	20 / 83%
サンプル7	31	5 / 16%	26 / 84%	0 / 0%	0 / 0%	5 / 16%	26 / 84%
サンプル8	22	0 / 0%	0 / 0%	3 / 14%	19 / 86%	3 / 14%	19 / 86%
サンプル9	15	0 / 0%	0 / 0%	3 / 20%	12 / 80%	3 / 20%	12 / 80%
サンプル10	28	10 / 36%	18 / 64%	0 / 0%	0 / 0%	10 / 36%	18 / 64%
サンプル11	29	5 / 17%	24 / 83%	0 / 0%	0 / 0%	5 / 17%	24 / 83%
サンプル12	23	0 / 0%	0 / 0%	2 / 9%	21 / 91%	2 / 9%	21 / 91%
サンプル13	40	0 / 0%	0 / 0%	7 / 18%	33 / 83%	7 / 18%	33 / 83%
サンプル14	25	1 / 4%	3 / 12%	8 / 32%	13 / 52%	9 / 36%	16 / 64%
サンプル15	47	0 / 0%	0 / 0%	21 / 45%	26 / 55%	21 / 45%	26 / 55%
サンプル16	15	0 / 0%	15 / 100%	0 / 0%	0 / 0%	0 / 0%	15 / 100%
サンプル17	54	12 / 22%	42 / 78%	0 / 0%	0 / 0%	12 / 22%	42 / 78%
サンプル18	14	0 / 0%	0 / 0%	1 / 7%	13 / 93%	1 / 7%	13 / 93%

表3-10　リンゴあめ

リンゴあめ	参拝者の合計人数	店前の立ち止まりあり		店前の立ち止まりなし		入り込みあり合計人数	入り込みなし合計人数
		入り込みあり	入り込みなし	入り込みあり	入り込みなし		
サンプル1	9	0 / 0%	0 / 0%	0 / 0%	9 / 100%	0 / 0%	9 / 100%
サンプル2	33	0 / 0%	0 / 0%	2 / 6%	31 / 94%	2 / 6%	31 / 94%
サンプル3	14	0 / 0%	0 / 0%	3 / 21%	11 / 79%	3 / 21%	11 / 79%
サンプル4	33	0 / 0%	0 / 0%	0 / 0%	33 / 100%	0 / 0%	33 / 100%
サンプル5	15	2 / 13%	5 / 33%	0 / 0%	8 / 53%	2 / 13%	13 / 87%
サンプル6	29	0 / 0%	9 / 31%	2 / 7%	18 / 62%	2 / 7%	27 / 93%
サンプル7	23	2 / 9%	0 / 0%	1 / 4%	20 / 87%	3 / 13%	20 / 87%
サンプル8	26	0 / 0%	0 / 0%	2 / 8%	24 / 92%	2 / 8%	24 / 92%
サンプル9	24	0 / 0%	0 / 0%	0 / 0%	24 / 100%	0 / 0%	24 / 100%
サンプル10	29	1 / 3%	28 / 97%	0 / 0%	0 / 0%	1 / 3%	28 / 97%
サンプル11	25	1 / 4%	24 / 96%	0 / 0%	0 / 0%	1 / 4%	24 / 96%
サンプル12	14	0 / 0%	0 / 0%	2 / 14%	12 / 86%	2 / 14%	12 / 86%
サンプル13	41	0 / 0%	0 / 0%	1 / 2%	40 / 98%	1 / 2%	40 / 98%
サンプル14	23	1 / 4%	18 / 78%	2 / 9%	2 / 9%	3 / 13%	20 / 87%
サンプル15	43	0 / 0%	0 / 0%	8 / 19%	35 / 81%	8 / 19%	35 / 81%
サンプル16	15	0 / 0%	0 / 0%	0 / 0%	15 / 100%	0 / 0%	15 / 100%
サンプル17	63	0 / 0%	0 / 0%	5 / 8%	58 / 92%	5 / 8%	58 / 92%
サンプル18	16	0 / 0%	0 / 0%	0 / 0%	16 / 100%	0 / 0%	16 / 100%

表 3-11　回転焼

回転焼	参拝者の合計人数	店前の立ち止まりあり		店前の立ち止まりなし		入り込みあり合計人数	入り込みなし合計人数
		入り込みあり	入り込みなし	入り込みあり	入り込みなし		
サンプル1	10	0 0%	10 100%	0 0%	0 0%	0 0%	10 100%
サンプル2	32	0 0%	13 41%	3 9%	16 50%	3 9%	29 91%
サンプル3	20	0 0%	20 100%	0 0%	0 0%	0 0%	20 100%
サンプル4	23	0 0%	0 0%	0 0%	23 100%	0 0%	23 100%
サンプル5	14	0 0%	14 100%	0 0%	0 0%	0 0%	14 100%
サンプル6	28	0 0%	18 64%	1 4%	9 32%	1 4%	27 96%
サンプル7	31	0 0%	31 100%	0 0%	0 0%	0 0%	31 100%
サンプル8	26	0 0%	26 100%	0 0%	0 0%	0 0%	26 100%
サンプル9	26	0 0%	26 100%	0 0%	0 0%	0 0%	26 100%
サンプル10	23	2 9%	21 91%	0 0%	0 0%	2 9%	21 91%
サンプル11	26	0 0%	26 100%	0 0%	0 0%	0 0%	26 100%
サンプル12	10	0 0%	10 100%	0 0%	0 0%	0 0%	10 100%
サンプル13	32	0 0%	32 100%	0 0%	0 0%	0 0%	32 100%
サンプル14	37	2 5%	35 95%	0 0%	0 0%	2 5%	35 95%
サンプル15	37	0 0%	37 100%	0 0%	0 0%	0 0%	37 100%
サンプル16	14	1 7%	13 93%	0 0%	0 0%	1 7%	13 93%
サンプル17	48	0 0%	48 100%	0 0%	0 0%	0 0%	48 100%
サンプル18	6	1 17%	5 83%	0 0%	0 0%	1 17%	5 83%

が庇下へ入り込む合計人数は、すべての仮設店舗で低い値を示す。これは、参拝者が庇下空間を意識していて、仮設店舗の庇の先端から見えない心理的な壁を作っていた結果ではないだろうか。ただ、庇下へ入り込む歩行参拝者の人数の割合が若干多い仮設店舗としてスーパーボールと、くじ4がある。その理由として、この仮設店舗の庇が手前の仮設店舗の庇より出ていること、その仮設店舗の前方の仮設店舗との参道の幅が狭いことなどが考えられる。

　次に、仮設店舗ごとにサンプルの値を合計してグラフにしたのがグラフ3-1である。グラフ3-1より店前に参拝者の立ち止まりがないときに仮設店舗の庇下には入り込まない人数の割合が、金魚すくい、回転焼以外で最も高い値を示す。仮設店舗の庇の形状から、参道を歩く参拝者は仮庇下を自由に歩きまわることができる。しかし店前に立ち止まる参拝者がいれば、その人を避けるという意味で庇下へ入り込まない可能性がある。今回の例では、金魚すくいや回転焼などは、我々が抽出したサンプル上で半分以上に店前に参拝者の立ち止まりがあるために、歩行参拝者が庇下へ入り込まなかったと解釈することが可能である。しかし、それ以外の仮設店舗については、店前に参拝者の立ち止まりがない場合が多いにも関わらず、歩行参拝者の庇下への入り込みがほとんどない。このことから、店前に立ち止まっている参拝者がいない場合、要するに歩行参拝者が自由に仮設店舗の庇下に入り込める状況にあっても、多くの歩行参拝者は庇下へは入り込まないことがわかった。このことは言い方を換えれば、庇によって庇

付章　仮設店舗が構成する参道空間における人のふるまい

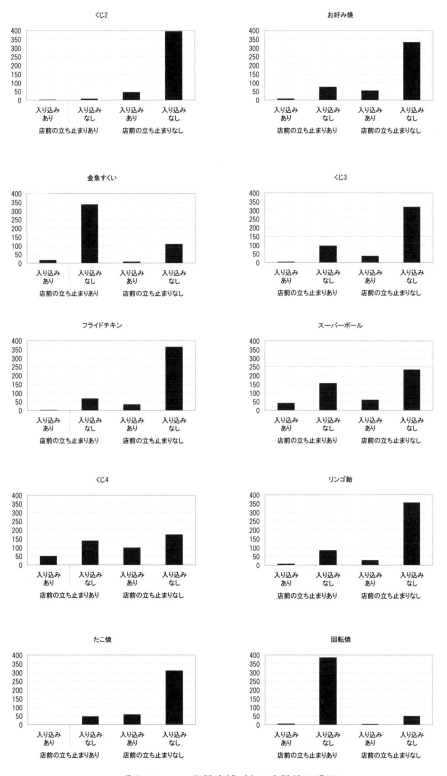

グラフ3-1　仮設店舗ごとの合計値のグラフ

表 3-12　仮設店舗の類型での庇下への入り込み人数

	店前に立ち止まりがあるとき庇下へ入り込んだ	%	店前に立ち止まりがないとき庇下へ入り込んだ	%
ゲーム系5店舗	115	85%	250	58%
食べ物系5店舗	21	15%	178	42%
合計	136	100%	428	100%

下空間が歩行参拝者とって入り込みにくい空間として意識されていることを物語っているといえよう。

(2)　仮設店舗ごとの類型による考察

さて今回の考察した仮設店舗は、扱う商品・サービスによって様々な特徴がみられる。ここでは各仮設店舗を特徴ごとに分類することにより考察を行う。

まず日本の夏祭りや初詣などに出店される仮設店舗は、①遊戯要素を含む仮設店舗、②食べ物を商品として提供する仮設店舗に分類できる。今回考察の対象とした仮設店舗のうち、①はくじ2・金魚すくい・くじ3・スーパーボール・くじ4の5店舗(以下「ゲーム系5店舗」と呼ぶ)、②はフライドチキン・たこ焼・お好み焼・りんご飴・回転焼の5店舗(以下「食べ物系5店舗」と呼ぶ)に5店舗ずつ分類できる。そしてゲーム系5店舗と食べ物系5店舗の店前に参拝者の立ち止まりがあるときとないときで、歩行参拝者が庇下へ入り込む人数を調べた(表3-12、および表3-1～11参照。またこれらを配置図上におとしたものがグラフ3-2～11)。

店前に参拝者の立ち止まりがないときに庇下へ入り込む歩行参拝者の人数は、食べ物系5店舗よりゲーム系5店舗のほうが若干多いものの、両者ともにその割合はそれほど変わりはない。しかし、店前に参拝者の立ち止まりがあるときに庇下へ入り込む歩行参拝者の人数は、食べ物系5店舗では21人(15%)と低い値を示す。もちろん店前に参拝者の立ち止まりがある場合は、それを避けるために庇下へは入り込まないと考えることもできるため、店前に立ち止まりがない、すなわち庇下を自由に歩ける場合に比べ、庇下へ入り込む歩行参拝者の人数は減る。しかし、ゲーム系5店舗では115人(85%)と食べ物系5店舗に比べ、高い値になる。これは店前に立ち止まる参拝者、すなわち客が仮設店舗にいるときに、ゲーム系の仮設店舗では食べ物系の仮設店舗より、歩行する参拝者に対して興味をそそるものとなり、結果庇下へ入り込む参拝者が多かったのではないだろうか。

(3)　まとめ

以上本節での考察から、参拝者は仮設店舗の庇下に入り込む参拝者はほとんどいないこと、このことは店前に立ち止まりがないときにもいえる。つまり店前に入り込める空間があるにも関わらず、庇下に入り込まない参拝者がほとんどであることがわかった。これらのことから、

付章　仮設店舗が構成する参道空間における人のふるまい

参拝者にとって仮設店舗の庇下空間は入り込みづらい空間となっていると考えられ、庇下空間もしくは庇自体が意識されていると考えられる。このような入り込みづらい空間は、店側にとってみれば参拝者に商品やサービスを遠ざけるわけであるから、売り上げなどを考えたとき一見、よくない空間である。しかしその一方で、店前の立ち止まり、すなわち滞留という行為を考えたとき、庇下は参拝者が意識的に入り込みにくい空間だからこそ、逆にそこに人が「客」として滞留することが可能になるのではないだろうか。また「客」としての滞留があるからこそ、つまり「人」が店舗前にいることから、参道空間には一般的な商業施設に比べ、にぎわいをみせる空間へとなるのではないだろうか。また今回の研究対象とした場所は、仮設店舗の数がゲーム系で5店舗、食べ物系が5店舗の計10店舗であり、ゲーム系の仮設店舗の割合が、一般的に考えられるタイプと比べると多い商業空間となっている。参道にはこのような特性をもった商業空間としての顔もあり、これがにぎわいをみせるための要素となるのではないだろうか。

　今後は、今回得られたデータを手掛かりに、参拝者の滞留行動について考察を深める必要があるだろう。くり返すが、客が庇下に入り込まないということは、商業的に不理になる。しかし、逆に庇下において、客が商品を吟味する場が確保ができているといえるだろう。この吟味が一度成立すると、多くの客が存在するようになる。庇下空間には、このような仕組が内包されているといえよう。

　また庇と参道のキワでたちどまる参拝者が存在したが、これはまさに、サービスの吟味のものと思われる。

第Ⅲ部

グラフ3-2（表3-1〜11参照）店舗別の歩行者に対する庇空間への入り込み。グラフ凡例は、配置図中の4本の棒グラフをさす。

グラフのサンプル1,2

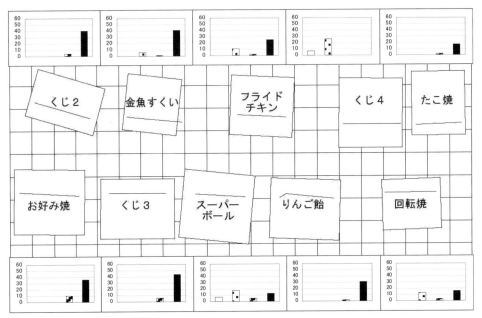

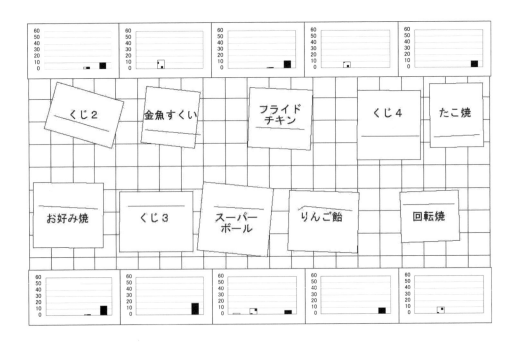

付章　仮設店舗が構成する参道空間における人のふるまい

サンプル 3,4

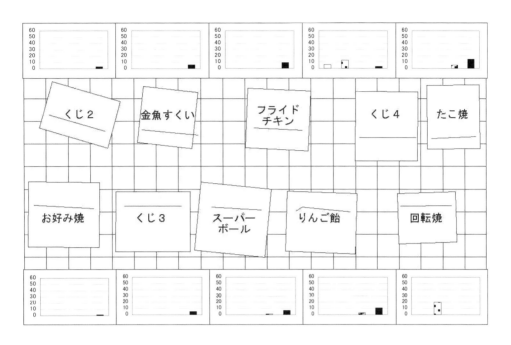

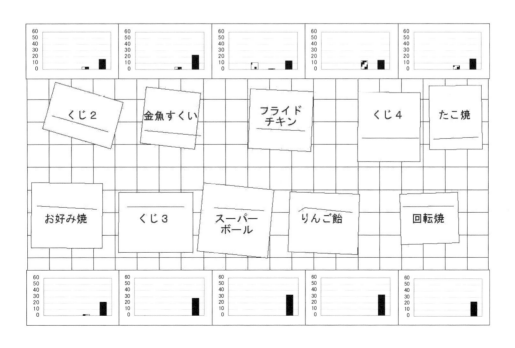

第Ⅲ部

サンプル5,6

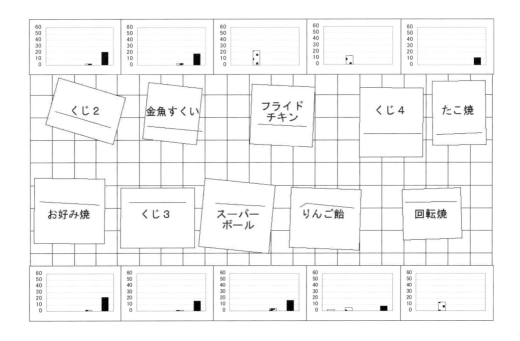

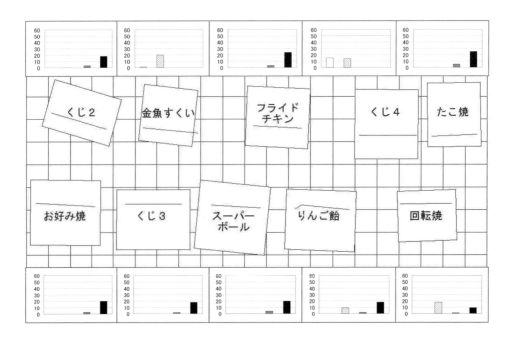

付章　仮設店舗が構成する参道空間における人のふるまい

サンプル 7,8

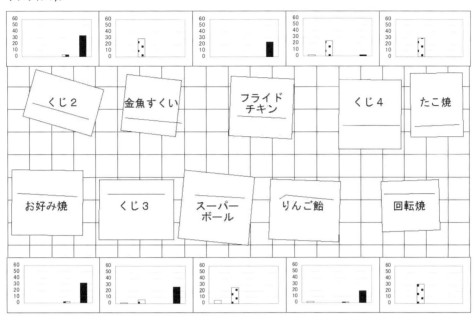

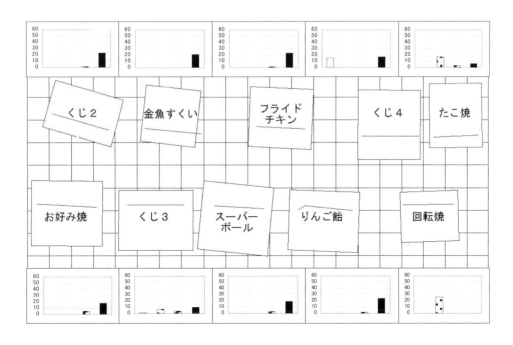

第 Ⅲ 部

サンプル 9,10

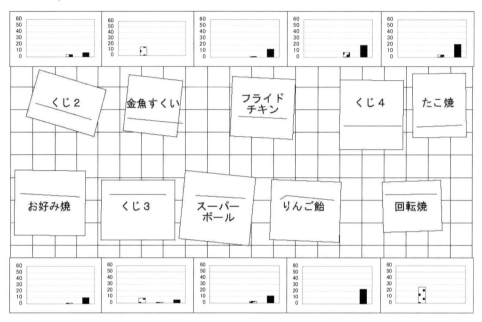

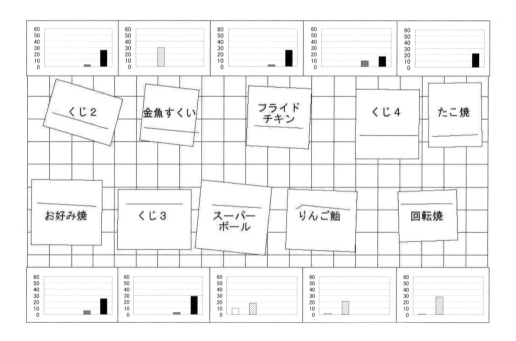

付章　仮設店舗が構成する参道空間における人のふるまい

サンプル 11,12

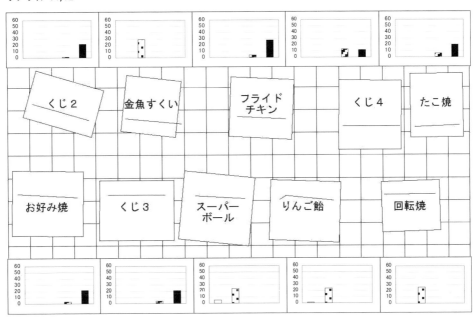

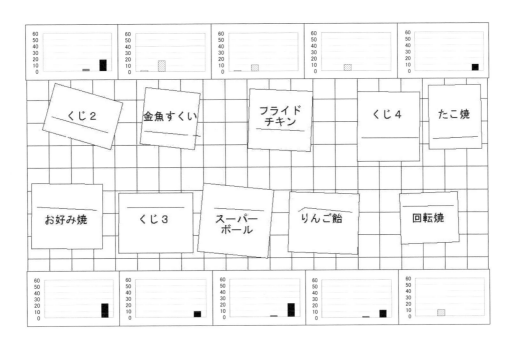

213

第Ⅲ部

サンプル 13,14

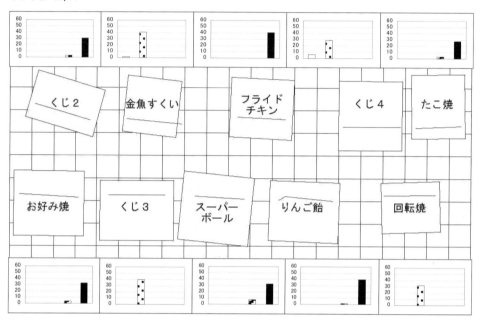

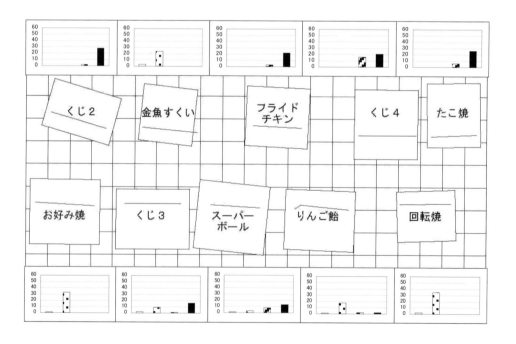

付章　仮設店舗が構成する参道空間における人のふるまい

サンプル 15,16

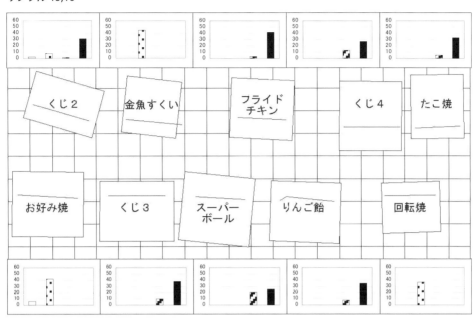

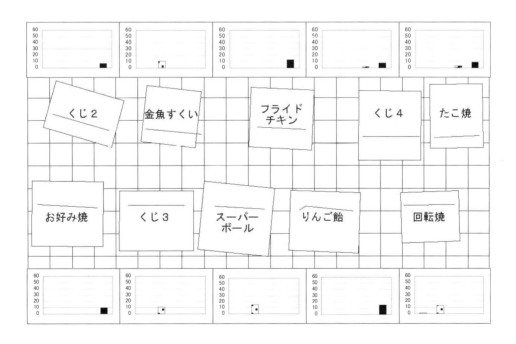

第Ⅲ部

サンプル 17,18

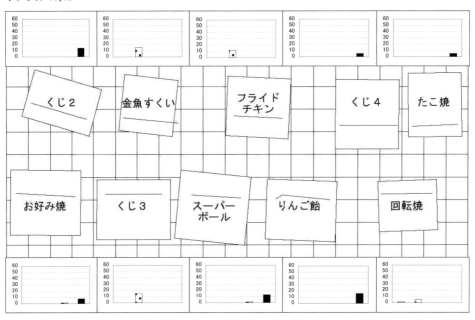

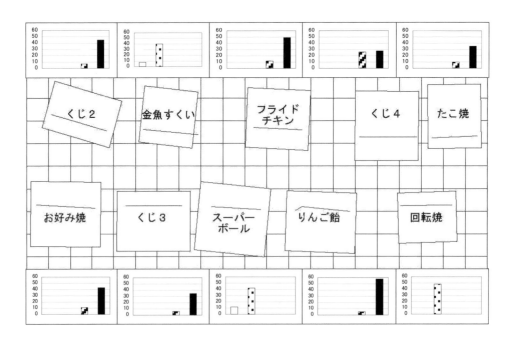

付章　仮設店舗が構成する参道空間における人のふるまい

4　参道空間における人の密度変化の概要

　材野博司氏は、氏の著書『かいわい』[3]において「(前略)都市の魅力の核としての「かいわい」について「かいわい」空間が基本的に都市空間にその拠り所を置いていると共に、庶民により支えられている空間だという限りにおいて、特に祝祭に深く関わっていると言えよう。(後略)」と述べると共に、都市の「にぎわい」と「市」との関係性を指摘、これに関連して縁日における「にぎわい」についてふれている。

　さて寺社の祭礼時、参道に仮設店舗が並ぶ姿は、日本のどこでも見られる風景である。仮設店舗がつくる参道は、著名な建築家がデザインしたわけでもなく、近代科学・工学も用いられていないにも関わらず、現代を生きる多くの人々でにぎわいをみせる。もちろん祭礼など年に数回しかないという「特殊性」が、こうしたにぎわいを考える上で重要な要素の一つであろう。しかし個々の仮設店舗、あるいは仮設店舗が連続する参道空間にも、にぎわいを演出する何らかの仕組みが隠されているのではないか。こうした問題意識のもと、前節では仮設店舗の庇が構成する空間と、参拝者の歩行、および購買前行動に注目し、仮設店舗が構成する参道空間において、仮設店舗の庇が構成する空間は、参拝者にとって何らかのかたちで意識された空間であることを明らかにした。

　そこで本節は、前節に続いて仮設店舗がつくる参道のにぎわいについて基礎的考察を行うべく、参道空間における人の分布について、主に各空間における人の密度を手がかりに考察する。なお本書でいう、「仮設店舗庇下」とは仮設店舗が構成する庇下空間をさし、また仮設店舗と仮設店舗の間にあるスキマを「店仮設店舗間スキマ」とよぶ。

　さらにこれら以外の参道、つまり一部の滞留を除いた基本的に参拝者が歩行する参道を「歩行参道」とよぶ。また参道に立地する仮設店舗庇のうち、東側の庇を「庇上」、西側の庇を「庇下」、とよぶ。

(1)　データの扱いと加工について

　実験の日時・場所、方法はさきと同じであるが、以下大枠について説明する。日時は2007年1月1日9：30〜12：30)、場所は大阪府藤井寺市　道明寺天満宮である(図1-7・9・10)。

　次に歩行者の行動を撮影するため、調査対象地に単管フレームを組み(写真4-1)、単管上に計12台のCCDカメラを設置、真上から歩行行動を撮影した。またRaica社製3Dスキャナにより正確な仮設店舗の位置、高さを取得した(写真4-2)。また動画については次のような加工を行った。カメラのうち参道を真上から撮影したカメラ8台分の映像にAdobe社「Premiere Pro」で参道上1m間隔のポイントと庇投影線を重ね合わせ、さらにそれを1つの映像に繋いだ(写真4-3)。次に3Dスキャナにより取り込んだデータを利用して、分析のベース

写真４－１（左上）　単管足場（写真１－６に同じ）。
写真４－２（右上）　３Ｄスキャナ（写真１－15に同じ）。
写真４－３（左下）　映像合成（写真１－19に同じ）。

図４－１　調査対象地域の配置図（メッシュは１㎡）

図４－２　道空間のメッシュ化

	1	2	3	4	5	6	7	8	9	10	11	12	13	14	15	16	17	18	19	20	21
1	1 0	0.5 0.5	0.7 0.2	0.4 0.2	0.6	0.4	0.5	0.3	0.5	0.5	0.4	0.7	0.4 0.2	0.5	0.4	0.2	0.3	0.2	0.1 0.1	0.3	0.2 0.1
2	1	1	1	0 1	1	1	1	0.1 0.9	1	1	0.1 0.9	0.2 0.8	0.1 0.9	1	1	0.6 0.4	0.7 0.3	0.6 0.4	0.9 0.1	0.2 0.8	0.1 0.9
3	0.8 0.2	0.7 0.4	0.7 0.3	0.9 0.1	1	1	1	1	0.9 0.1	0.8 0.2	0.9 0.1	1	1	1	1	1	1	1	1	1	1
4	0.6 0.4	0.8	0.8	0.2 0.8	0.7 0.3	0.4 0.6	0.4 0.6	0.9 0.1	0.4	0.8	0.7	0.8	0.5 0.3	0.2 0.7	0.2 0.6	0.9	0.8	0.2 0.5	0.2 0.6	0.4 0.2	1

図４－３　エリアの面積（㎡）

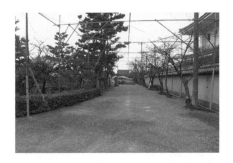

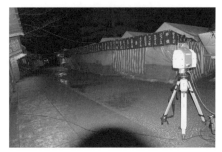

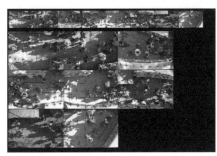

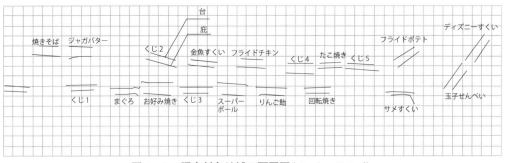

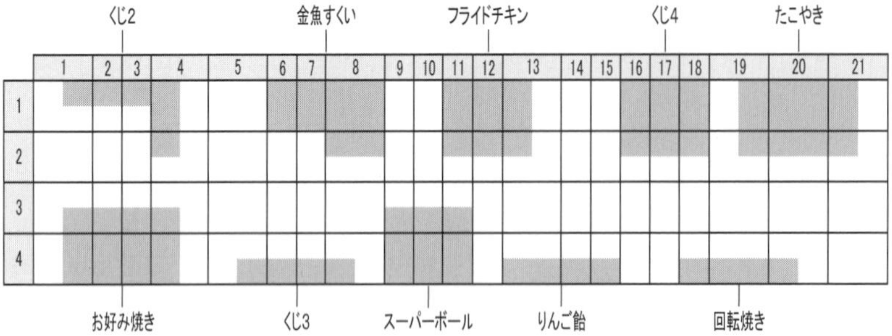

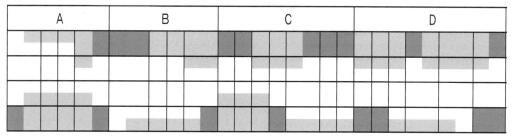

図4-4　調査対象をメッシュ化(濃いメッシュはスキマ、薄いメッシュは庇下、白色は参道)。

となる配置図を作成した(図4-1)。

さて今回は参道空間を考察する上で、密度を手がかりとするため、ここでは考察の基礎データとなる密度の算定方法について述べる。まず図4-1を参考に参道空間を、縦21列、横4行に1㎡ずつ区切り、真上からみた図4-2を作成した。図4-2のうちメッシュ部分は店舗庇下を示す。

なお今回は、より詳細なデータ解析のため、参道空間をA〜Dに分類した(図4-4)。なおA〜Dの分類理由は、①仮設店舗の中央で区切らない位置、②参道と庇とキワがわけやすく判断しやすいこと、以上により区切った。また今回は、歩行参道密度・仮設店舗庇下密度のほか、仮設店舗と仮設店舗の間(仮設店舗間スキマ)についても、図4-4のように設定、密度考察を行った。

以上のデータを手がかりに、180分の映像を3秒おきに静止させ、各グリッドに位置する参拝者数を数え、それぞれの位置の密度の算出、12分ごとのグラフを作成した。なお本節考察上必要なグラフとして、①歩行参道密度、②店舗庇下密度(庇上・庇下を含む)、③店舗間スキマ密度、および④店舗別庇下密度、以上のグラフを作成し、それぞれをもとに考察を行った(グラフ4-1〜3)。

(2) 空間別にみた密度分布パターン

以上の加工データのもと、4つのエリア(ABCD)ごとに、①歩行参道密度、②店舗庇下密度、③店舗間スキマ密度、以上について考察を試みる。

まず歩行参道における密度の時間経過をみると、全時間帯を通して大きな変化はなく、0.5〜1(人/㎡)前後であることがわかる。これに対し、店舗庇下密度についてみると、午前10時30分あたりから密度が全体的に歩行参道密度を超えることが多くなり、2(人/㎡)を超える場合が多く見られるようになる。また歩行参道密度が全体を通して少しずつ上昇しつつ、一定の範囲で推移しているのに対し、店舗庇下密度は、上昇と下降が短時間でみられ、全体として密度変化にバラツキがみられる。これらから参道空間には、比較的安定かつ低密度で推移する歩行参道と、歩行参道と比較して高密度、かつ高密度と低密度を繰り返す(密度としてバラツキのある)店舗庇下がみられ、歩行参道と店舗庇下には密度的な境界があることがわかる。

第Ⅲ部

分析シート4-1
9時半頃の参道Cの密度(上のグラフ)、および庇下Cの密度(下のグラフ)、およびその時の映像

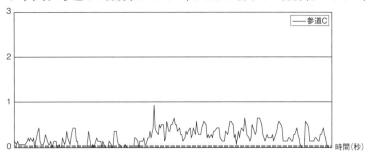

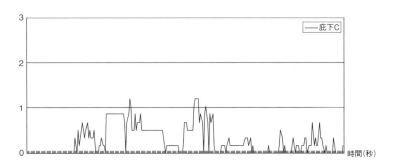

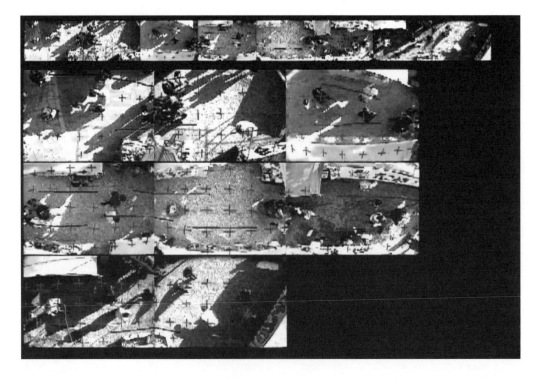

付章　仮設店舗が構成する参道空間における人のふるまい

分析シート 4-2
10時半頃の参道Cの密度(上のグラフ)、および庇下Cの密度(下のグラフ)、およびその時の映像

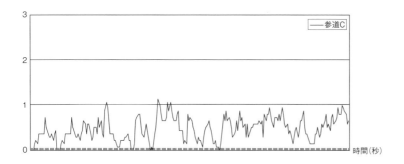

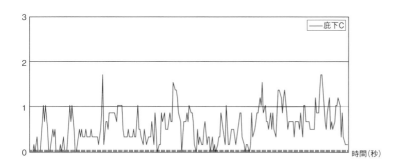

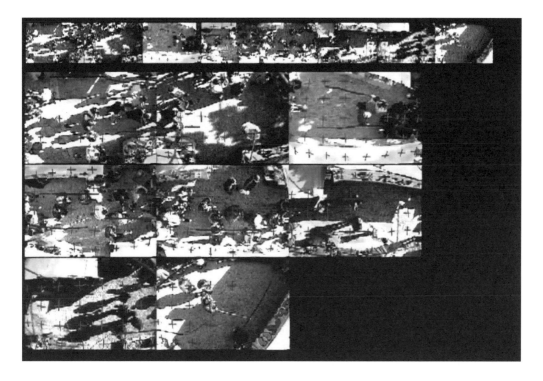

第Ⅲ部

分析シート4-3
11時半頃の参道Cの密度(上のグラフ)、および庇下Cの密度(下のグラフ)、およびその時の映像

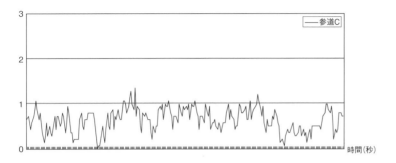

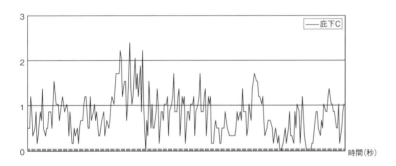

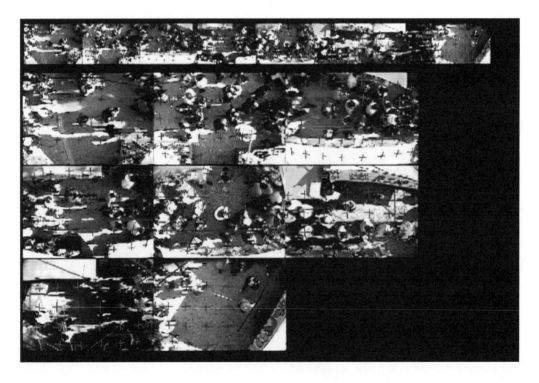

付章　仮設店舗が構成する参道空間における人のふるまい

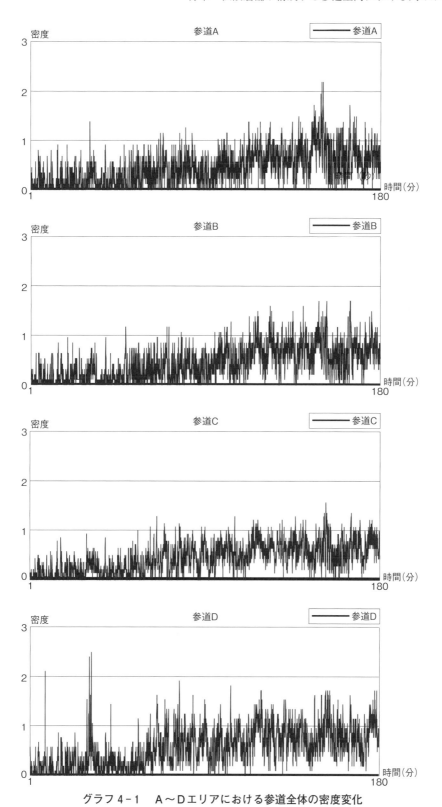

グラフ 4-1　A～Dエリアにおける参道全体の密度変化

第Ⅲ部

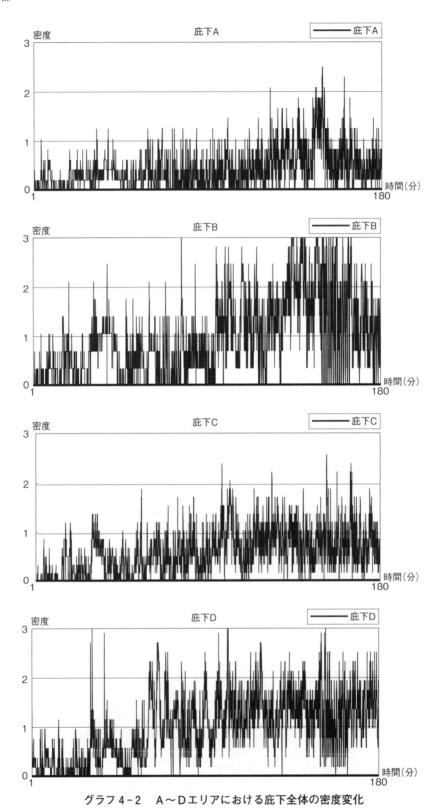

グラフ4-2　A〜Dエリアにおける庇下全体の密度変化

付章　仮設店舗が構成する参道空間における人のふるまい

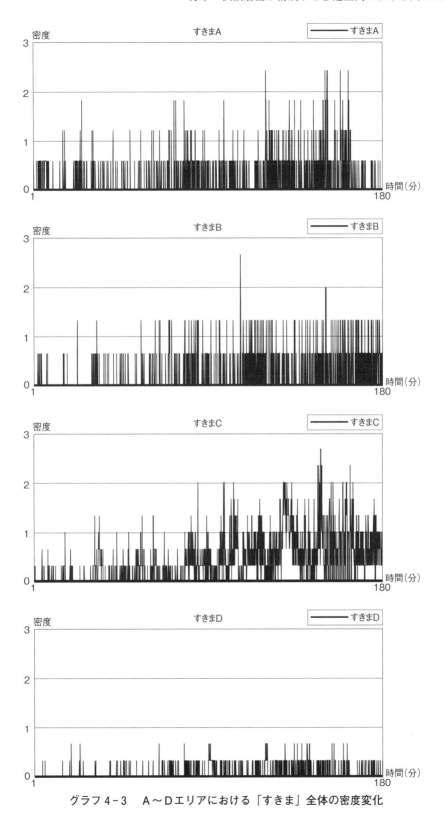

グラフ4-3　A～Dエリアにおける「すきま」全体の密度変化

第Ⅲ部

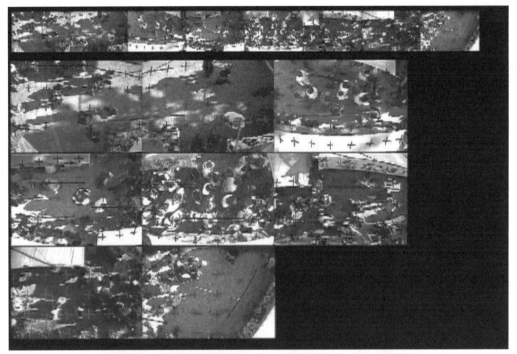

写真4-4　調査対象参道　2007年1月1日、11時33分30秒の映像

　次に店舗間スキマ密度についてみると、店舗庇下密度と同様、上昇と下降を繰り返しつつも、人の滞留が何らかのかたちで認められることがわかる。そこで滞留のみられる店舗間スキマについて実際に映像をみると、飲食、あるいは短時間の待ち合わせなどといった行為のために用いられていることが明らかになった。

(3) まとめ

　以上本節では、第1節で行った加工データをもとに店舗によって構成される参道空間を、①歩行参道、②店舗庇下、③店舗と店舗の間(スキマ)の密度の時間変化、以上について考察を行った。その結果、祭礼時など店舗によって構成される参道空間は、比較的安定かつ低密度で推移する歩行参道空間と、歩行参道と比較して高密度、かつ高密度と低密度を繰り返す(密度としてバラツキのある)店舗庇下密度がみられ、歩行参道と店舗庇下に密度的境界があることを明らかにした。また店舗間スキマについて、密度-時間経過を通して見た結果、店舗庇下密度と同様、上昇と下降を繰り返しつつも、人の滞留が何らかのかたちで認められること、これらは飲食、あるいは短時間の待ち合わせなどに利用されていることが明らかになった。

5 店舗別庇下空間における人の密度変化の概要

　ここでは、先の第4節で明らかになった点、つまり祭礼時など仮設店舗によって構成される参道空間には、比較的安定かつ低密度で推移する歩行参道空間と、歩行参道と比較して高密度、かつ高密度と低密度を繰り返す(密度としてバラツキのある)店舗庇下密度がみられたことを受け、仮設店舗庇下密度の変化について仮設店舗別に考察する。

　考察に先立って次の仮設店舗については考察から除外した(仮設店舗名称と配置についてはグラフ3-2参照)。まず庇が歩行参道に大きくせり出しているくじ4や、映像のつなぎ目であるスーパーボールなど、庇下内の購買者の様子が詳細に確認できないものは今回の考察から除いた。また仮設店舗の横から滞留者が流れ込んでくるため、仮設店舗自体の滞留者と区別しづらい仮設店舗であるたこ焼きについても考察から除いた。以上を考慮した上で、各仮設店舗別の仮設店舗庇下密度と時間経過の関係がグラフ5-1〜15である。以下では、これらのグラフを手がかりに考察を試みる。

　さてグラフ5-1〜15をみると、大きく分けて、①金魚すくいや回転焼きのように一定度の密度を維持する仮設店舗(以下、「密度維持型」とする)と、②フライドチキンやリンゴ飴のように、瞬間の密度上昇をくり返すタイプ(「密度バラツキ型」とする。写真5-1の○はフライドチキン)に分けることができる。このうち密度維持型は、金魚すくいなどサービス提供に比較的時間を要する店舗、あるいは回転焼など店前に人を並ばせる仮設店舗であり、「人が滞留する庇空間」である(あるいは「人が店に貼りついている」ともいえよう)。一方、瞬間の密度上昇下降をくり返す密度バラツキ型は、りんご飴やフライドチキンなど、商品購入(サービス提供)にそれほど時間を要しない店であり、結果として庇空間には「人」の長時間滞留はみられない、いわば人が頻繁に入れ替わる庇空間であるといえる。このように庇下の密度変化をみる限り、庇下には「人が滞留する庇空間」と「人が頻繁に入れ替わる庇空間」という、2つの客の存在形態がみられた。

　以上、上述で得られた庇下密度でみられた事柄と、前節で得られた事柄、つまり「参道空間の密度は比較的一定である」、あるいは「参道と庇下空間には密度的な境界がある」を合わせて参道空間を考えると、次のようなことがいえる。つまり仮設店舗が並ぶ参道は、①密度が比

 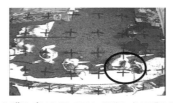 

写真5-1　リンゴ飴の購入者(○印で囲んだ購入者は購入開始から終了まで25秒)

第 Ⅲ 部

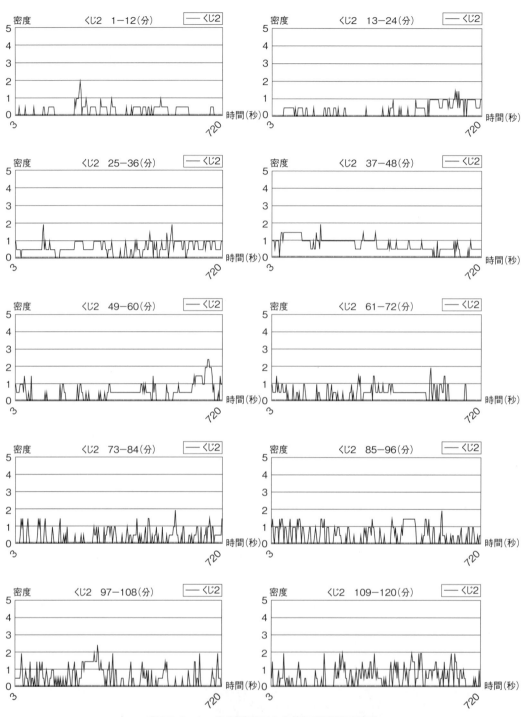

グラフ 5-1　各店舗別にみた庇下空間密度変化

付章　仮設店舗が構成する参道空間における人のふるまい

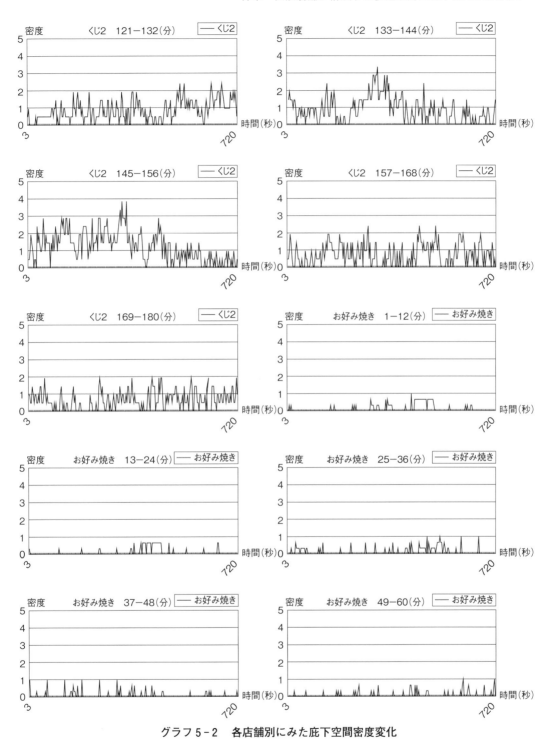

グラフ5-2　各店舗別にみた庇下空間密度変化

第Ⅲ部

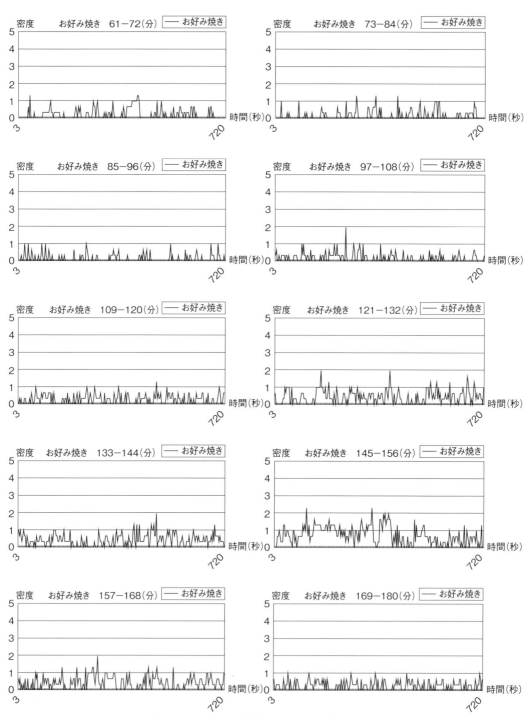

グラフ5-3　各店舗別にみた庇下空間密度変化

付章　仮設店舗が構成する参道空間における人のふるまい

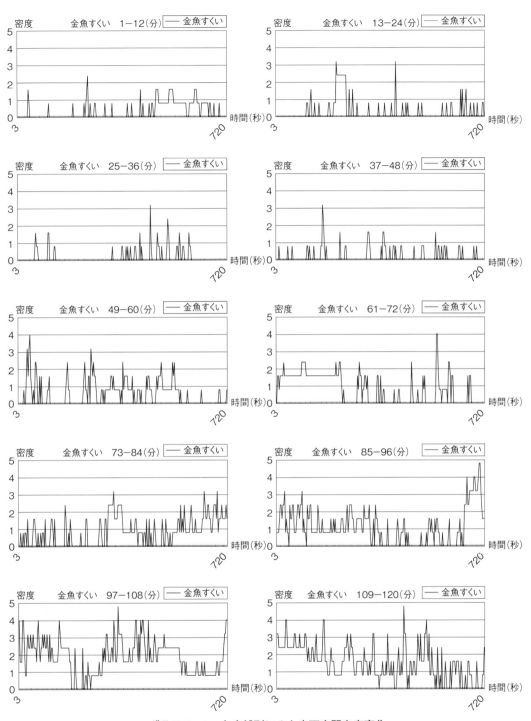

グラフ5-4　各店舗別にみた庇下空間密度変化

第 III 部

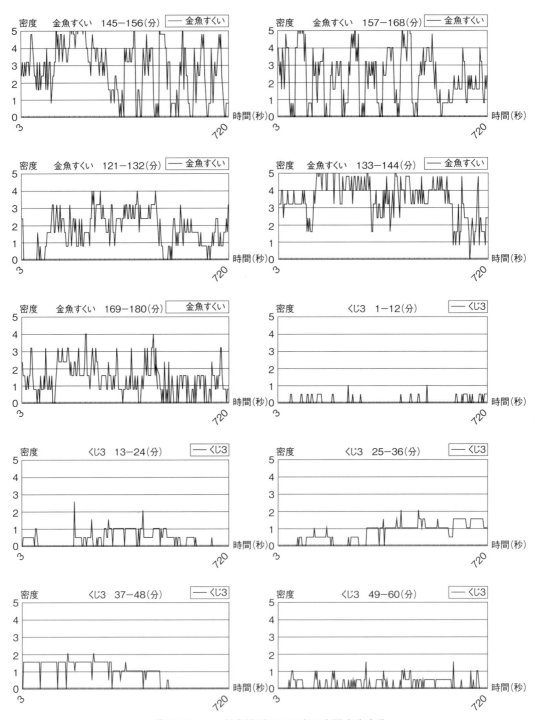

グラフ 5-5　各店舗別にみた庇下空間密度変化

付章　仮設店舗が構成する参道空間における人のふるまい

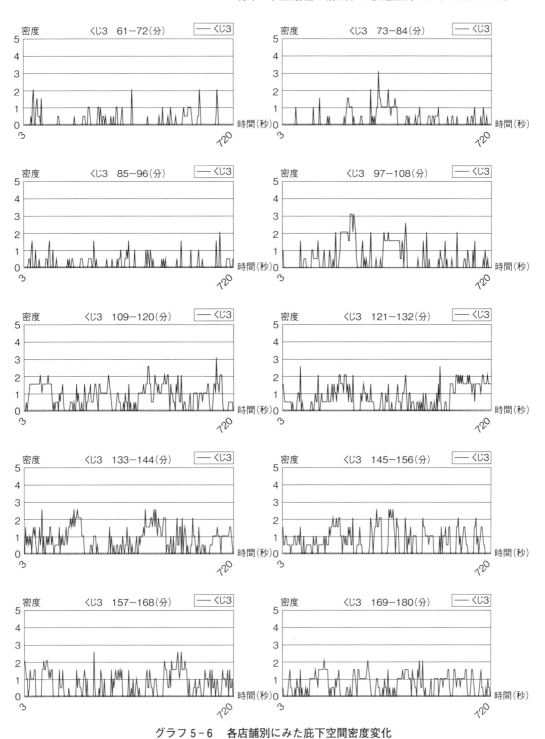

グラフ 5-6　各店舗別にみた庇下空間密度変化

233

第Ⅲ部

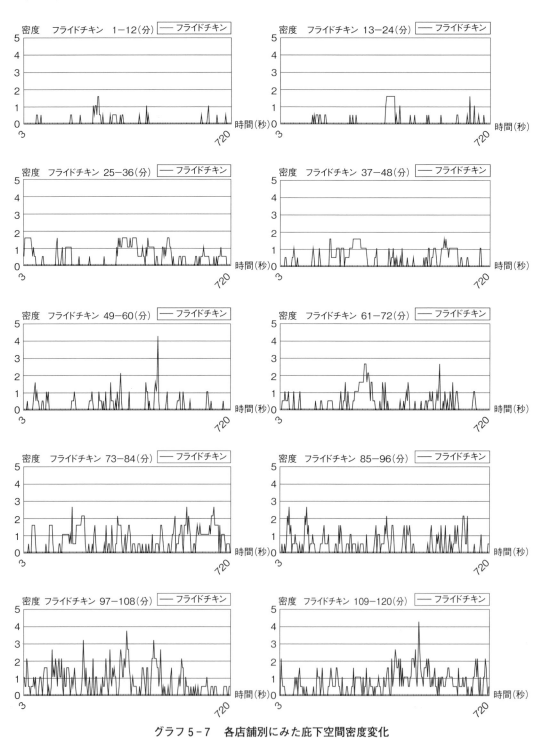

グラフ5-7　各店舗別にみた庇下空間密度変化

付章　仮設店舗が構成する参道空間における人のふるまい

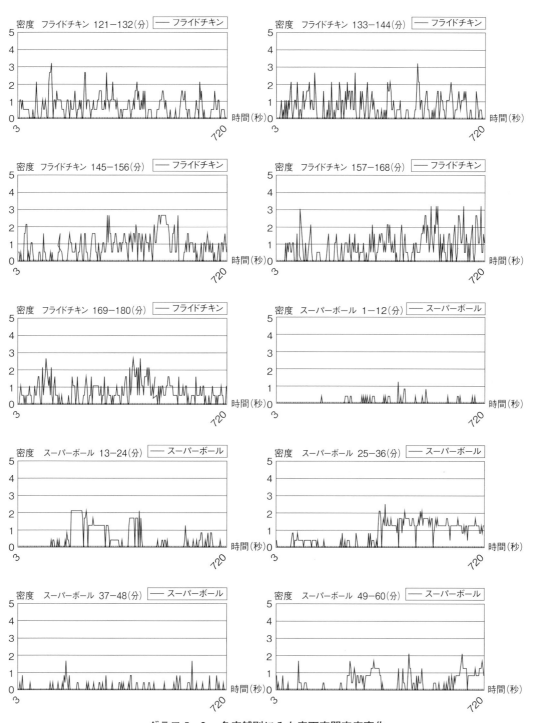

グラフ 5-8　各店舗別にみた庇下空間密度変化

第Ⅲ部

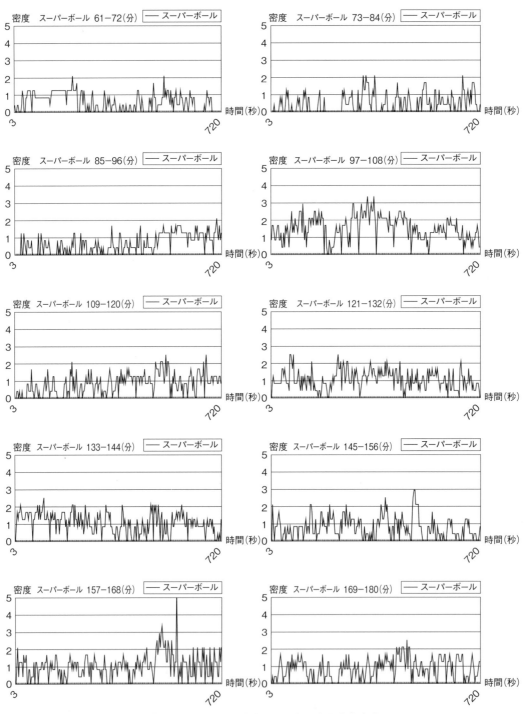

グラフ5-9　各店舗別にみた庇下空間密度変化

付章　仮設店舗が構成する参道空間における人のふるまい

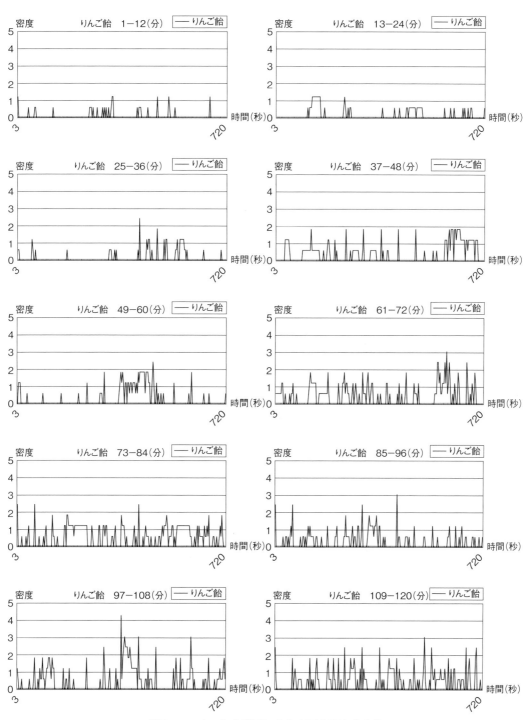

グラフ 5-10　各店舗別にみた庇下空間密度変化

第 Ⅲ 部

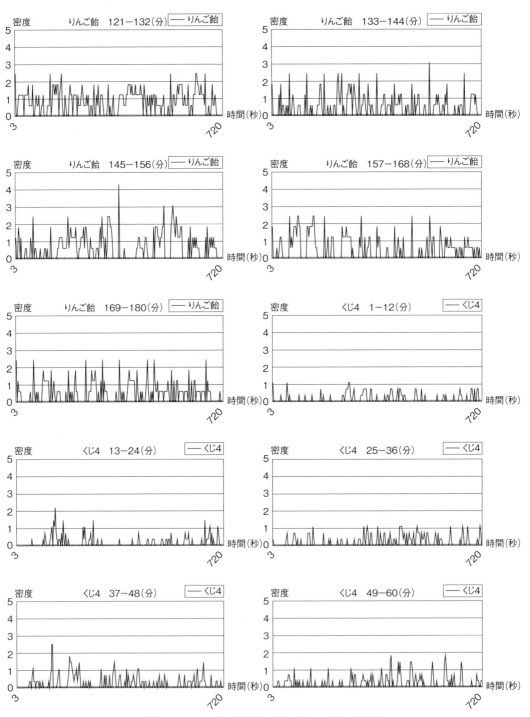

グラフ 5-11　各店舗別にみた庇下空間密度変化

付章　仮設店舗が構成する参道空間における人のふるまい

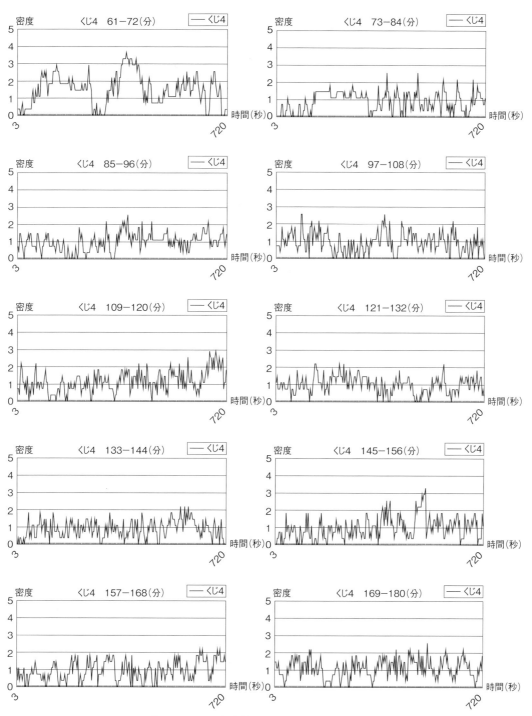

グラフ5-12　各店舗別にみた庇下空間密度変化

第Ⅲ部

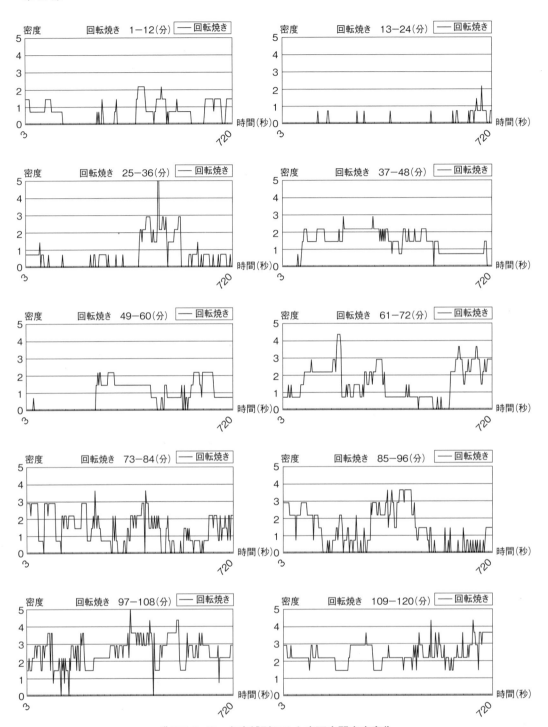

グラフ5-13 各店舗別にみた庇下空間密度変化

240

付章　仮設店舗が構成する参道空間における人のふるまい

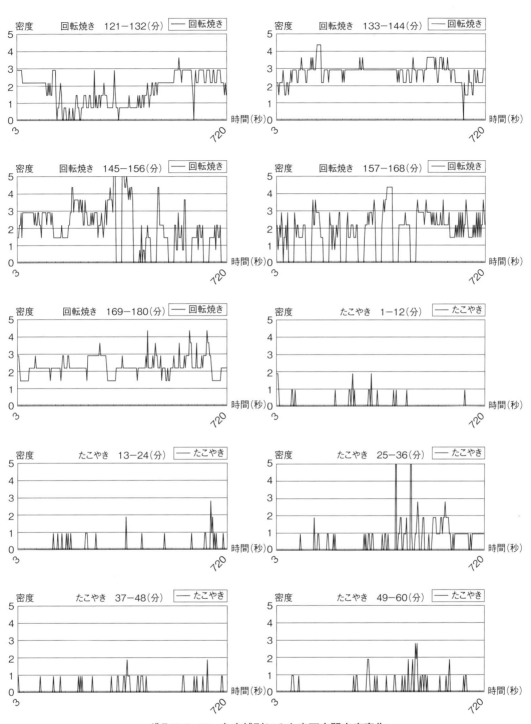

グラフ5-14　各店舗別にみた庇下空間密度変化

241

第Ⅲ部

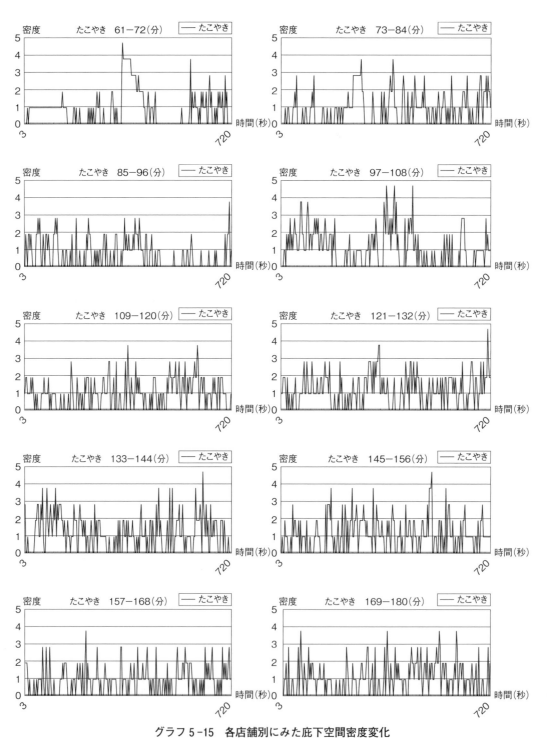

グラフ5-15　各店舗別にみた庇下空間密度変化

較的一定な歩行参道部分、②多様な密度が存在する仮設店舗庇下、③さらに休息や飲食といった場として利用される仮設店舗間スキマという、3つの空間によって構成されていると考えられる。こう考えたとき、参拝者は多様な密度状況の仮設店舗庇下空間に囲まれつつ、一定密度の歩行参道に身を置きながら参道空間を歩く、という状況下におかれることになる。参道密度がすべて均質なのではなく、逆に全くの不均質でもないといった構造こそ、参拝者にとっての「にぎわい感」を生み出す空間的に重要な要素であると考えることができるのではないか。あるいは参拝者が、ある一定密度である歩行参道から、密度的に変化のある仮設店舗庇下をみたり、近寄ったりする瞬間が、「にぎわい」を考える上で重要である可能性もある。密度と人の感覚との関係については、私の思考能力をを大きく超えるものであるが、こうした密度に対する人の感覚を、仮に「密度感」とすれば、参道における密度感の瞬間、瞬間の変化（あるいは人の存在の質）が、参拝者にとって「にぎわい」を感じる1つの要素として働いているとの仮説もあり得るだろう。この点において仮設店舗の庇は、参拝者（客）と店員とのふるまいを考慮した、理にかなった造形であるということができよう。

　参道空間における仮設店舗の庇は、前近代的なものであり、工学など考慮されていない、「前方へ伸びた単なる庇」であるが、人のふるまいからみとき、多様な意味を内包したものであると考えることができる。いわばこうした前近代的な要素・構造にも近代・現代の商業空間、さらには街が失った楽しさや、にぎわいを考える上で何かの手がかりを提供してくれていると考え得る。何も「欧米では○、だから日本もそうならなければならない、そうした方がよい」といった言説ではなく、日本の建築文化そのものの足下にも、建築や街ビジネスを考えるヒントが見て取れるといえよう。

おわりに

　本章では、仮設店舗が形成する参道における参拝者の行動について、第2節・第3節において、①仮設店舗によって構成される参道は、なぜあれだけ「にぎわっている」のか、②①との関連で仮設店舗そのものの空間構成にどのような工夫がああるのか、以上2つの問題意識のもと、主に歩行者であり客にもなる参拝者のふるまいと、店の空間構成との関連について考察を試みるべく、参拝者のふるまいを手がかりとした。その結果、

A：参拝者の購買直前行動について考察を試みた結果、参拝者が購買行動を行う多くの場合、その直前に店の庇のキワで一端立ち止まり、購買行動へと移行するという行動傾向にある

B：参拝者が歩く位置と庇との関係について考察したところ、歩行する参拝者は庇下空間に入り込まない場合が多い

以上が明らかになった。このうちAからは、参拝者の購買直前行動の多くが、庇のキワで立

ち止まる、という行動傾向そのものから、参拝者にとって庇のキワには、歩行者の行動を何らかのかたちでコントロールする、いわば目に見えない境界が存在している可能性を指摘した。この境界が果たして庇によるものなのか、それとも、そもそも参拝者と店員との心理的距離の結果、こうした庇の出を構成させたのか、これらについては不明であるが、いずれにせよ、庇の出は店員の、あるいは参拝者のふるまいという意味を内在させたものであることを指摘した。またBからは、庇のキワは購買直前行動同様、歩行する参拝者についても意識された場であることが明らかになった。ではなぜ店側は、こうした歩行参拝者や商品やサービスの購買を希望する客が入りにくい場を、わざわざ設けたのであろうか。歩行参拝者にとって入り込みにくい空間だからこそ、逆に一定数の「客」が店のサービスや商品を吟味できる場として機能するとともに、結果として適度な人の滞留が発生する、つまり滞留が場の「にぎわい」を演出する可能性を指摘した。

続く第4節・第5節では、仮設店舗がつくる参道のにぎわいについて、参道空間における人の分布(密度)に注目した結果、以下の点が明らかになった。

C：仮設店舗が並ぶ参道は、①密度が比較的一定な歩行参道部分、②多様な密度が存在する仮設店舗庇下、③さらに休息や飲食といった場として利用される仮設店舗間スキマという、3つの空間によって構成されていると考えられること

D：さらに仮設店舗の庇下空間は、大きく分けて、①金魚すくいや回転焼きのように一定度の密度を維持する仮設店舗(「密度維持型」)と、②フライドチキンやリンゴ飴のように、瞬間の密度上昇をくり返すタイプ(「密度バラツキ型」)があったこと

以上の点が明らかになった。

このように考えたとき、参拝者は多様な密度状況の仮設店舗庇下空間に囲まれつつ、一定密度の歩行参道に身を置きながら参道空間を歩く、という状況下におかれることになる。参道密度がすべて均質なのではなく、逆に全くの不均質でもないといった構造こそ、参拝者にとっての「にぎわい感」を生み出す空間的に重要な要素であると考えることができるのではないか。あるいは参拝者が、ある一定密度である歩行参道から、密度的に変化のある仮設店舗庇下をみたり、近寄ったりする瞬間が、「にぎわい」を考える上で重要である可能性もある。密度と人の感覚との関係については、私の思考能力をを大きく超えるものであるが、こうした密度に対する人の感覚を、仮に密度感とすれば、参道における密度感の瞬間、瞬間の変化(あるいは人の存在の質)が、参拝者にとって「にぎわい」を感じる1つの要素として働いているとの仮説もあり得るだろう。この点において仮設店舗の庇は、参拝者(客)と店員とのふるまいを考慮した、理にかなった造形である。また庇下密度が仮設店舗によって異なるということ、つまり仮設店舗前の密度変化という点からみたとき、1つのイベントにおける仮設店舗の配置は極めて重要な意味をもつことになる。

今回の考察によって、少なくとも人の歩行を観察した限りでは、仮設店舗の庇下は、単に雨や日よけだけでなく、歩行者に入りにくさを感じさせている可能性が明らかになった。これ

は、歩行者を店から遠ざけるわけであり、店側にとってはよくない空間である。しかし、参拝者を遠ざけるかわりに客が店の前に立ち止まりやすい空間を形成しているのではないか。その空間に人々が立ち止まり、にぎわいを見せているのかもしれない。仮設店舗の庇の出っ張りは、単に雨や日よけとして設けられておらず、にぎわいを形成するうえで、購買意欲の向上も意識されたものではないかと考えられる。もし店に庇がなければ、店前に立ち止まっている客は参拝者に邪魔され、サービスが受けにくくなり、売り上げが減少してしまうという現象が起こるのではないか。庇は、一定数の客が店前に立ち止まりやすい空間を提供することによって、つまり「客」が店のサービスや商品を吟味できる場として機能することで、結果として適度な人の滞留が発生し（滞留が場の「にぎわい」を演出する可能性）、しかも客の滞留は、参道密度がある程度一定であることから、参道歩行者を妨げない。つまり参道歩行者側からみたとき、歩行する上で滞留する客は、それほど邪魔とは感じないし、「滞留する客も歩行者の邪魔をしているのでは？」といった気遣い・心配をしないで、じっくりと商品やサービスの提供、あるいは観客として、その場に居続けられるわけである。

以上本章では、仮設店舗によって構成された参道について、庇下空間・参道空間などと、人のふるまいとの関係について述べ、結果として仮設店舗における庇下（キワ）が参道の「にぎわい」を構成する上で重要な役割を担っている可能性について述べた。最後に、今回考察の対象とした仮設店舗の庇下空間と人のふるまいとの関係（構造）を事例を交えながら考えてみたい。

写真6-1～3は、2009年10月中旬、神戸でみかけたイベントの一風景である。街の所々に写真6-1のようなテントを設置し、似顔絵コーナーや手作りの絵手紙などを販売していた。イベントのねらいはおそらく、街の要所要所に仮設店舗を置くことによって、人の「溜まり」を作り出し、街全体に「にぎわい」をつくり出そうとしたのであろう。残念ながら私がみた限り、こうした「ねらい」は思い通りにはいかなかったようである。その理由は色々あろうが、まず仮設店舗立地の悪さがある。非常に狭い、かつ人通りの多い歩道に半ば強引に仮設店舗を設置している（写真6-1）。結果として当然、人の通行ができなくなって、人の「溜まり」ができるわけであるが、お世辞にもこの「溜まり」が「にぎわい」を生んでいるとは思えない。これではどうみても渋滞である（写真6-2、3）。実際この場に身を置いた私はそう感じた。また仮設店舗の形状にも問題があるのではないか。仮設店舗の形状が、まるで運動会の本部のような「テント」であることから、いくつかの違和感をもった。つまり本章でとりあげた仮設店舗のように、庇下空間と街路との間の境界線がつくる商品吟味の場、これがないためにたとえ興味のある品物やパフォーマンスがテント内で行われていたとしても、多くの人が仮設店舗のすぐ横を歩いているため、それを立ち止まって眺める・吟味する、という行動がほとんどできなかった。要は仮設店舗に人が立つと、通行の邪魔になるのであり、「人が人を呼ぶ」といった状態になっていない。休日に街のあちこちに仮設店舗を置き、「人の溜まり」を作り出すことによって、街全体の「にぎわい」を演出することの有効性は、すでに先学によって指摘のあるところである[4]。しかし今回の事例のように、仮設店舗の形状や立地をよくよく考えなけれ

第Ⅲ部

写真6-1 と街路に仮設店舗を設け、にぎわいを狙っているが、テントでは……。

写真6-2 イベントに仮設された店舗（庇がないためか、店前は歩行者の混乱がみられた）。

写真6-3 街路に仮設店舗を設け、にぎわいを狙っているが……。

ば、先ほど述べたような効果は期待できないことがわかる。こうしたイベントは試みとしては大切だが、私たちの足元の文化、私たちにとってあまりに普通にあり、意識さえしないような文化から学びながら、こういった仮設店舗を用いたイベントを行う必要があろう。欧米での事例だけでは、実感レベルでは無理があるのだから。

〔注〕
1） 矢田努・仙田満・國吉真哉「街路空間におけるセットバックの形態と歩行線形に関する研究」（『日本都市計画学会学術研究論文集』1990年）など。
2） 森田孝夫・阪田弘・高木真人・山本宗「祝祭街路における群衆密度と歩行特性に関する研究―神戸ルミナリエを中心として―」（『日本建築学会技術報告集』2004年）。
3） 材野博司『かいわい―日本の都市空間―』（鹿島出版会、1978年）。そのほか本章では、B. ルドフスキー・平良敬一・岡野一宇訳『人間のための街路』（鹿島出版、1970年）、エドワード・ホール・日高敏隆ほか訳『かくれた次元』（みすず書房、1970年）などからも影響を受けている。
4） 森田孝夫・阪田弘・高木真人・山本宗「祝祭街路における群衆密度と歩行特性に関する研究―神戸ルミナリエを中心として―」（『日本建築学会技術報告集』2004年）、郭東潤・斎藤伊久太郎・北原理雄

付章　仮設店舗が構成する参道空間における人のふるまい

「中心市街地における街路空間の利活用と景観教育に関する研究──千葉市の「パラソルギャラリー」と「ビデオスタジアム」を中心に─」(『日本建築学会技術報告集』2004年)など。ただし氏の論考は実証がないため、いま一つ説得力に欠けるが。

あとがき

　以上、第Ⅰ部では室生寺、長谷寺、今井町、在郷神社をフィールドに、人間の視覚、人のふるまい、から建築環境を考えた。舌足らずのところが多かったが、人間は自ら歩き、見る場合もあれば、まわりの環境に歩かされ、見させられている点が明らかになったと考えている。これは環境デザイン学における手法の援用であり、筆者は大阪工業大学教授の宮岸幸正先生から薫陶を受けた。感謝する次第である。

　日本建築史学には素晴らしい特有の方法論（例えば復原論など）がある。であるが故に、逆にそれにしがみつき、他分野との交流がほとんどないのが現状である。そういった閉塞感の払拭も必要かと思い、今回一から勉強した次第である（機材は高かったが）。

　続く第Ⅱ部では、江戸時代に描かれた絵図などの絵画史料を素材に、人間のふるまいについて考察を試みた。その結果、名所図会など、人でごった返しているようにみえる絵図から客と店員との関係を抽出すると、客は街路に向かって腰掛け、商品を吟味するなどと共に、自身は動かないが、街路を行き交う人々をシークエンシャルに眺めていることが明らかになった。つまり客が動かなくとも街路を歩く武士、商人、売り子、大八車、駕籠といったものを見せられている場合があることが明らかになった。

　さらに第Ⅲ部の付章では、日本の屋台（仮設店舗）の庇の出が、人のふるまいに大きく影響している点を明らかにした。つまり参拝者は、よほどの混雑がない限り、庇のなかには入らず、もし入るとなると、その商品を購入する場合がほとんどであったことが明らかになった。何となく作られているようにみえる前近代的な装置としての仮設店舗にも、人のふるまいを誘導するさまざまな仕組みが内包されていたことが明らかになった。現在でも祭りなどで、多くの人々でにぎわう参道にも、よくよく観察するといろいろな仕掛けがみえてくるといえよう。

　今後は室生寺とおなじ頃の建築である平安前期三仏寺の境内アプローチを考察することで、大陸から入ってきた伽藍配置との差異を明らかにしたい。もちろん大陸の影響を強く受けた寺院も考察する予定である。また清水寺もシークエンスについても明らかにしたいところである。清水寺はすでに宮岸氏が定性的にこれを明らかにしているが、アイマークによる実験を是非とも行いたいと考えている。

　本書は大阪工業大学の宮岸幸正教授に、その多くを学び、また当時院生の野澤創君、姫野健二君、大畑憲一君、当時学部生の新田哲也君、および調査・研究・分析に協力してくれた学部生諸君なしでは成り立たなかった。ここに御礼申し上げます。また、さまざまな局面で指導を頂いた、曽我友良氏、橋本孝成氏に感謝します。またリンク・アソシエーツの島田氏には、実験を助けて頂きました。

　ところで大阪工業大学故青山賢信名誉教授には、建築史のいろはを教えてもらった。また兵庫県立

博物館館長の藪田貫先生には、歴史の奥深さを学びました。

また本書を編集・出版して頂いた前田正道氏、清文堂出版に感謝します。

私事になるが、自身の研究を理解してくれた家族、稲田家、清水家、妻木家には、よい学問的時空間を与えて頂いた。心から感謝したい。

そして何より宮岸先生、先生との「放課後」学習に感謝します。この学習がなければ、本書は成立しませんでした。これからも「放課後学習」続けて頂ければ光栄です。

これから残された人生で、どれだけのことができるのか。自信はないが地道に研究をすることが、色々と助けてくれた人たちへの恩返しだと考えつつ、筆を置きたい。

妻木 宣嗣

※なお本書第Ⅲ部は、妻木宣嗣著『なにわ・大阪文化遺産学叢書17　前近代のにぎわいと演出空間―日本におけるキワ空間と人のふるまいを手がかりに―』を、加筆・修正したものである。

妻木 宣嗣（つまき のりつぐ）

〔略　歴〕
1969年　大阪市生まれ
1999年　大阪工業大学大学院工学研究科建築学専攻博士後期課程修了
現　在　大阪工業大学ロボティクス＆デザイン工学部准教授　博士（工学）

〔主要著作〕
『近世の建築・法令・社会』（清文堂出版，2013年）
『ことば・ロジック・デザイン―デザイナー・クリエイターを目指す方々へ―』
　　（清文堂出版，2015年）
『近世の法令と社会―萩藩の建築規制と武家屋敷―』（共著・清文堂出版，2017
　　年）
『地域のなかの建築と人々』（清文堂出版，2018年）

ほか

生態学的建築史試論

2019年10月20日　初版発行

著　者　妻木　宣嗣
発行者　前田　博雄
発行所　清文堂出版株式会社
　　　　〒542-0082 大阪市中央区島之内 2-8-5
　　　　電話06-6211-6265　　FAX06-6211-6492
　　　　http://www.seibundo-pb.co.jp
印刷：亜細亜印刷株式会社　製本：株式会社渋谷文泉閣
ISBN978-4-7924-1446-7　C3052
Ⓒ2019　TSUMAKI Noritsugu　Printed in Japan